大展好書　好書大展
品嘗好書　冠群可期

大展好書　好書大展
品嘗好書　冠群可期

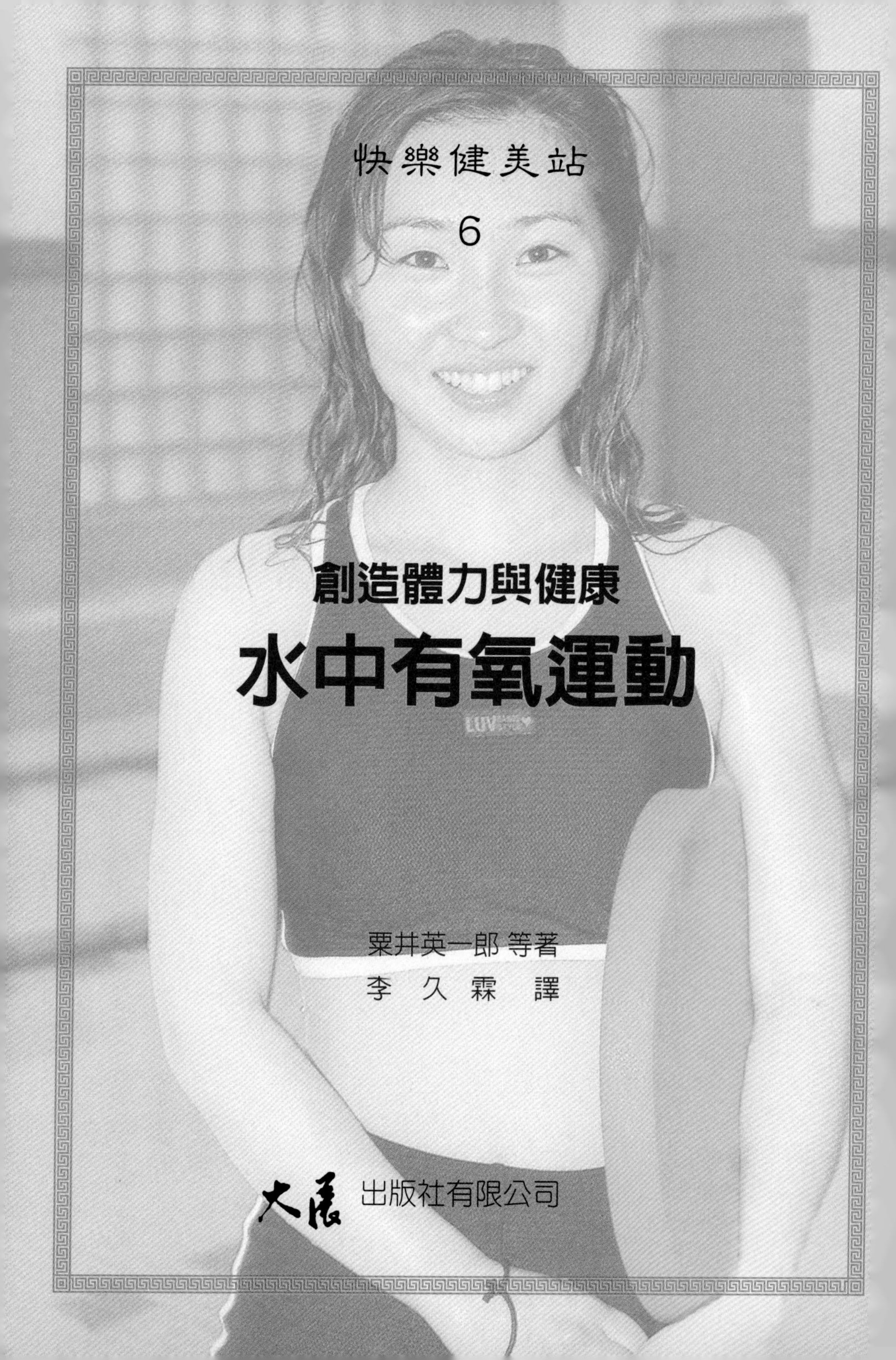

快樂健美站

6

創造體力與健康

水中有氧運動

粟井英一郎 等著

李　久　霖　譯

大展出版社有限公司

1

熟練４種游泳法

人類和魚類一樣，能夠自由自在的在水中游泳。事實上，游泳是人類實現變身願望的方法。游泳法包括自由式、蛙式、仰式與蝶式４種，充分享受在水中的快感吧！越喜歡水，就越能掌握游泳的方式，也就越會游泳。首先介紹４種游泳法。

Free style
自由式

雙手追趕划水，下肢變化成鞭子

四種游泳法當中，自由式是力量最強、姿勢最美的游泳法。首先好好的想像雙臂、搖擺與打腿動作等，這是自由式的三要素。

雙臂動作的基本是，手臂好像互相追趕似的（追趕划水）。手肘保持高位，做出抬臂動作。入水後，撥水的手將水撈起、抓水，將水拉過來再推出去，這樣就能擁有推進力。身體與水面呈斜角的搖擺動作，能夠提升雙臂動作的性能。此外，以股關節為支點，下肢好像鞭子一樣，柔軟的打腿，更能產生推進力。

Butterfly stroke
蝶　式

身體扭擺產生推進力

游蝶式的重點，在於雙臂動作與打水的時機和節奏。扭擺全身前進。以腰為支點，獨特的扭擺動作成為推進力的來源。

雙臂動作是用雙手同時進行自由式拉的動作。只要熟悉雙臂撥水的動作，則蝶式並不算是困難的游泳法。

類似海豚的海豚式打腿法，是在一個雙臂動作中，包括深打腿的第１打腿以及淺打腿的第２打腿２次動作。

主編/坪井明、板橋孝廣　攝影/早坂　明　插圖/秋津麻矢　示範/中谷麻鯉子、中村惠美

Breast stroke
蛙　式

調和手臂撥水動作與腿部蹬夾腿動作

蛙式的重點是，手臂的撥水動作與腳部蹬夾腿動作必須調和，否則無法獲得推進力。也就是說，雙臂動作和蹬夾腿動作的配合是重點所在。爲了讓兩者配合，可以在心中默念「撥、踢、撥、踢」，慢慢的進行。

腳完成蹬夾腿動作、手往前伸時，即進行雙臂動作。撥水時，想像將水拉向身體。從正下方看蛙式的雙臂動作，就好像是倒心型一樣，也可以比喻爲蘋果型。

蹬夾腿動作的要領，是以好像用腳底將水推出的感覺來進行。

Back stroke
仰　式

搖擺使得撥水力量發揮到最大極限

仰式的重點在於雙臂動作與搖擺動作。好像撫摸大腿似的，在手指離開水、高抬到頭上時，立刻改變手掌的方向，然後再由小指先入水。

抬臂動作非常美麗。入水後的雙臂動作與自由式相同。在抓住水的一拉、一推之間獲得推進力。身體仰躺時，雙臂無法朝正後方撥水，必須藉由搖擺動作撥水。

這時，只要將肩膀與腰朝左右搖擺，就能使撥水的力量發揮到最大極限。

Free style
自由式

一般而言，自由式的推進力是以雙臂動作 8 、打腿動作 2 的比例來進行。為了產生推進力，必須先了解正確的身體位置。

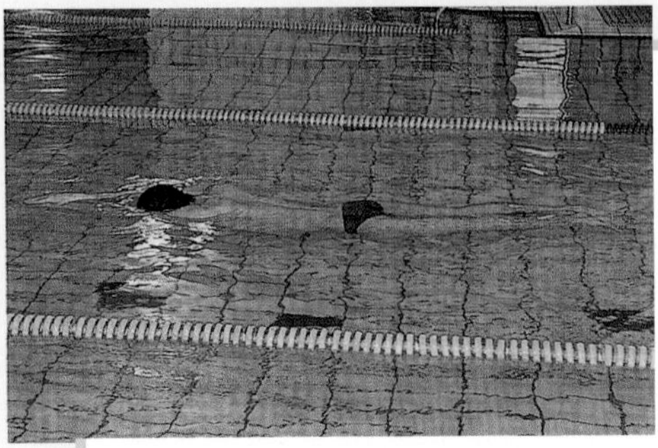

正確的身體位置

頭、肩、腰和腳的線條大致與水面保持平行。這種流線型的姿勢不容易承受水的阻力。

記住正確的身體位置

套上浮板，就可以感覺到與水面平行的漂浮感。

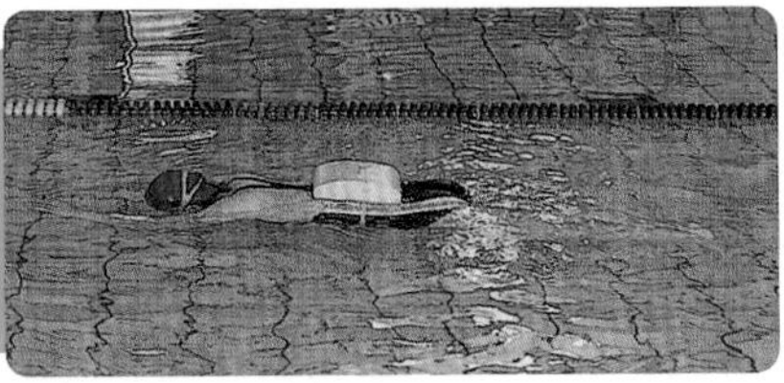

錯誤的身體位置

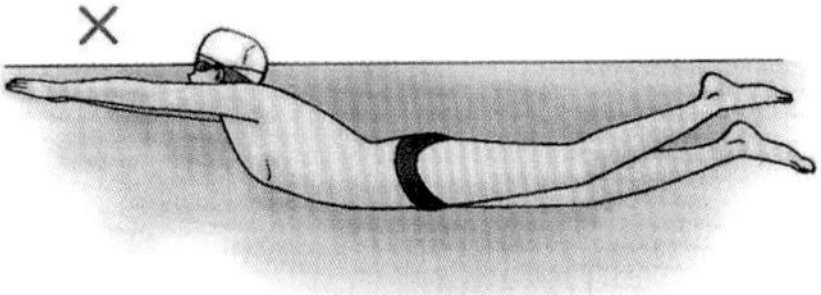

想要挺直背部而全身用力時，反而容易造成背部後仰、臀部下沉 。

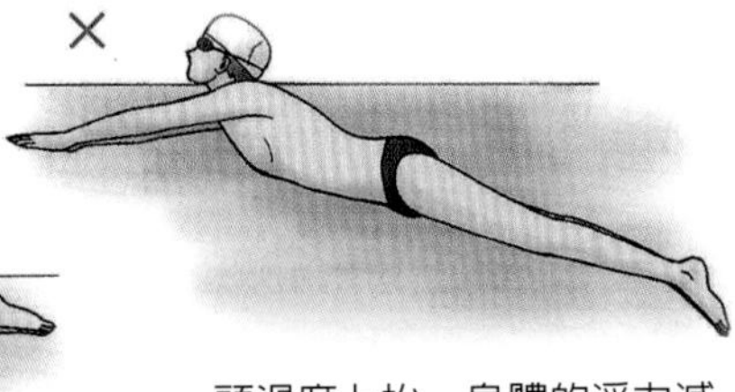

頭過度上抬，身體的浮力減少，腳下沉。

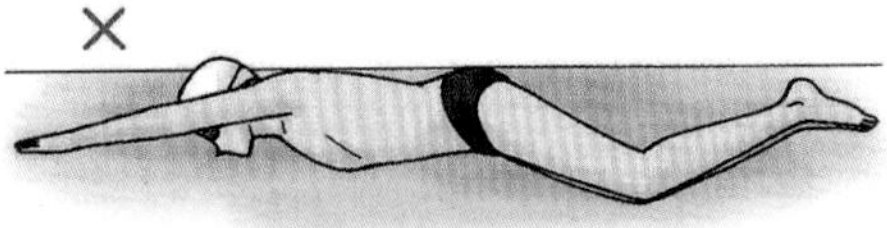

過度放鬆下肢的力量，膝蓋彎曲，會增加水的阻力。

雙臂動作

從入水開始到抓水、拉水、推水、抬臂為止的手臂動作，稱為雙臂動作。在水中彎曲手肘、在水上上抬手肘。以抓水、壓水的感覺進行。

手肘往上抬。重點是抬臂時放鬆力量。抖動手腕，同時手肘上抬，就可以意識到脫力感。

雙腳朝左右張開站立，彎曲上半身，進行雙臂練習。不要從小指先入水。

手掌往後撥。以好像用飯匙舀很多飯的要領來進行。

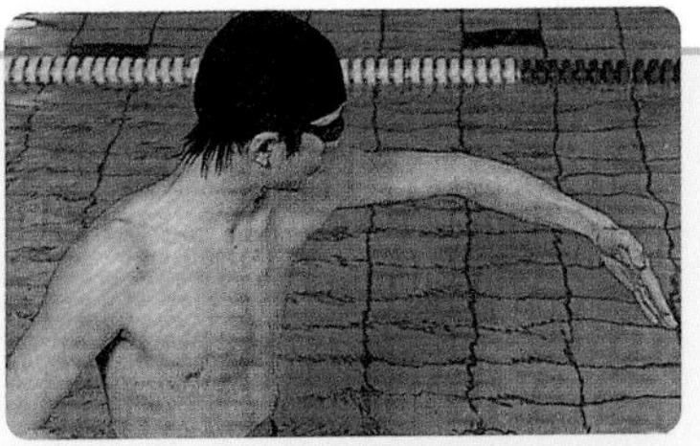

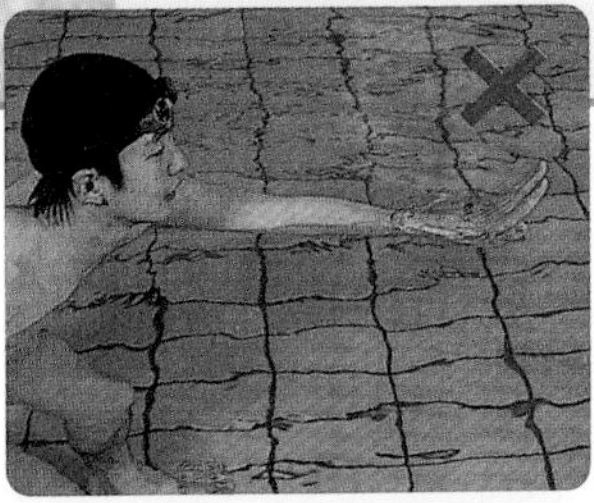

不良例

手腕朝上直接進入水中 。過度意識到併攏手指，才會出現這種情形。

手好像往前伸似的，結果下巴抬起 。

手一直撥水到後方。手臂朝前後大動作撥水，因此不是圓形，而是橢圓形
。

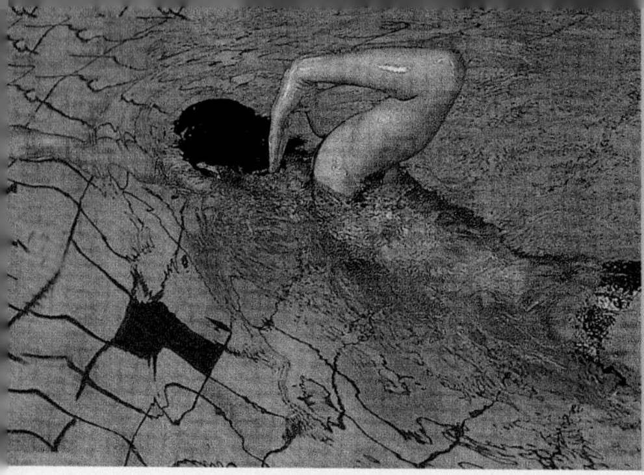

搖擺

旋轉身體，擴大肩關節的可動範圍，稱為搖擺。充分搖擺身體，手肘朝正上方、手臂迅速朝前方做出抬臂動作。

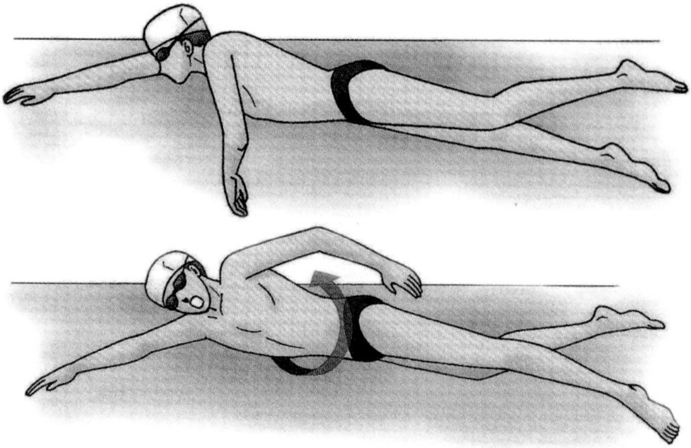

打水動作就像棒球的投捕練習，如果肩膀保持水平，就無法將球投到遠處。而扭轉肩膀，好像在水中進行接球動作，就可以做好搖擺動作。不必抬起頭，也不必勉強轉動上半身。

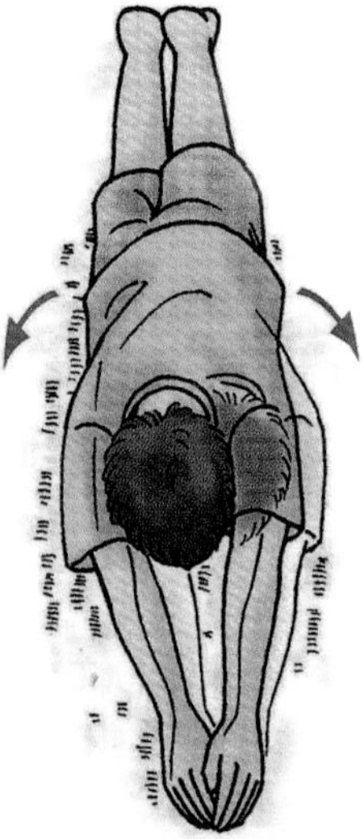

在家中練習時，腳不要動，腰部以上搖擺，肩膀進行前後運動。

不良例

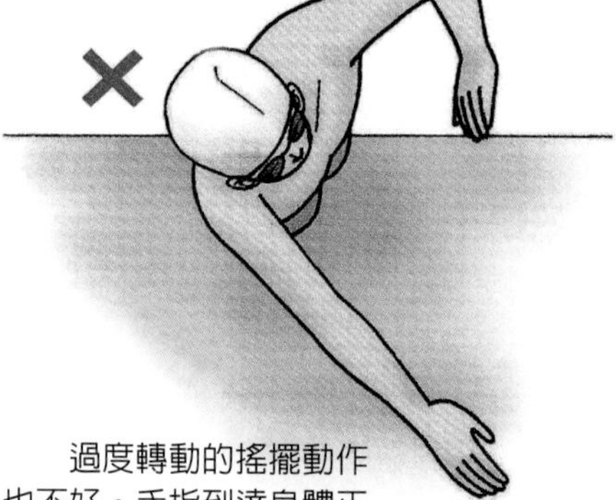

過度轉動的搖擺動作也不好。手指到達身體正下方即可。過度搖擺會浪費熱量與時間。

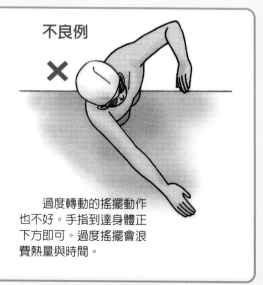

呼吸

基本換氣法是①以口吸氣、②（在水中）鼻子持續慢慢的吐氣、③（抬臂時）將剩餘的空氣完全吐盡，藉著反彈力迅速吸氣。牢記這一連串順序，就可以輕鬆的在水中換氣。

換氣也是搖擺作用的一部分。抬臂時，手肘不要過度上抬。如圖所示，手肘平放也能輕鬆的換氣。

以「好像笑著呼吸」的感覺，放輕鬆來進行。當空氣進入體內時，身體會感覺很舒適。

頭部過度彎曲。位於身體延長線上的頸部，在換氣時不必彎曲，只要藉著搖擺動作感覺「稍微扭動」就可以了。

如果能牢記「手指碰到大腿時臉上抬」，那就更好了。

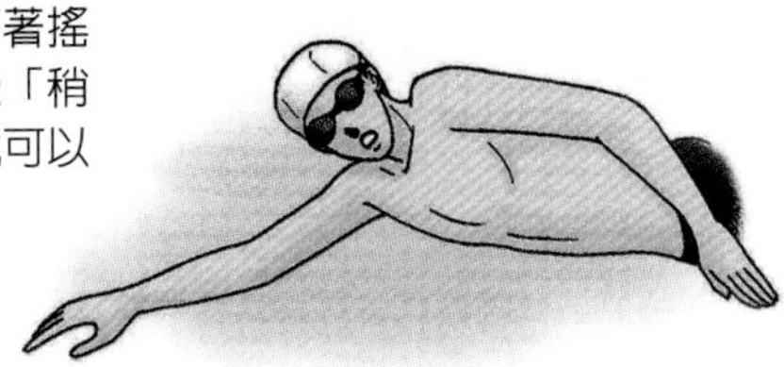

肩膀落下的錯誤例。想要吸入空氣但又擔心喝到水，結果頭部過度上抬，造成肩膀過度落下。重點是不可以抬起頭。

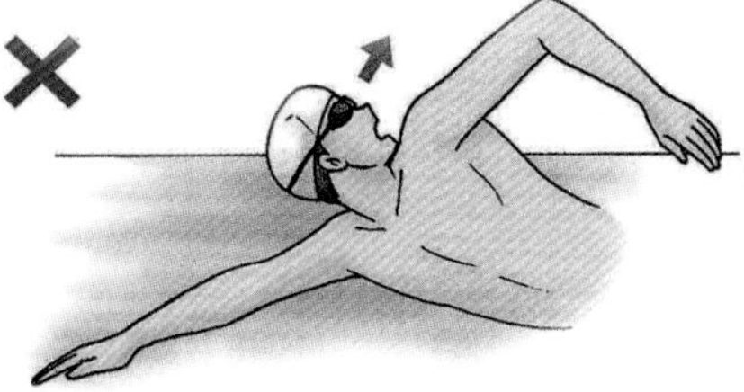

換氣結束後，頭部迅速還原，開始吐氣。反覆進行追趕打水動作的雙手，瞬間在頭部前方靠攏。

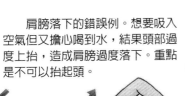

打腿

想像腳像鞭子一樣，柔軟的進行打腿動作。不要伸直膝，只要腳趾上下移動即可。

手扶住繩子，身體朝向側面，用整個腳掌握打腿的感覺。這時就會發現是利用整個腳背來打水。

不良例

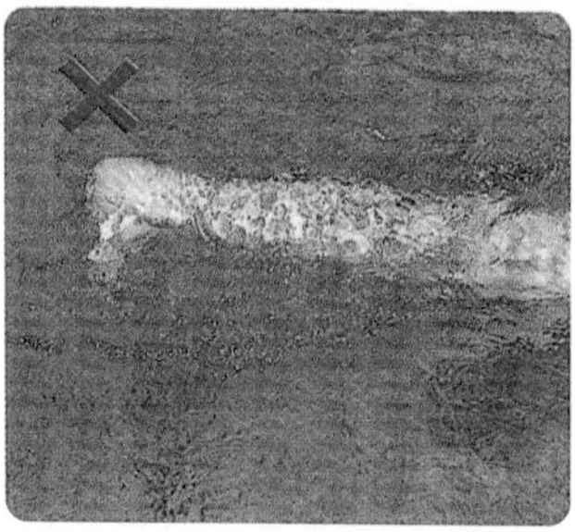

下肢不是成鞭子狀態，而是好像棒子般的伸直，而且腳踝固定。

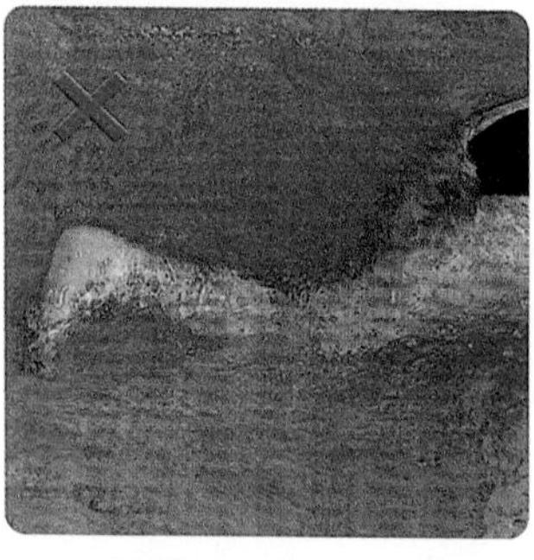

膝蓋過度彎曲，腳跟露出水面。

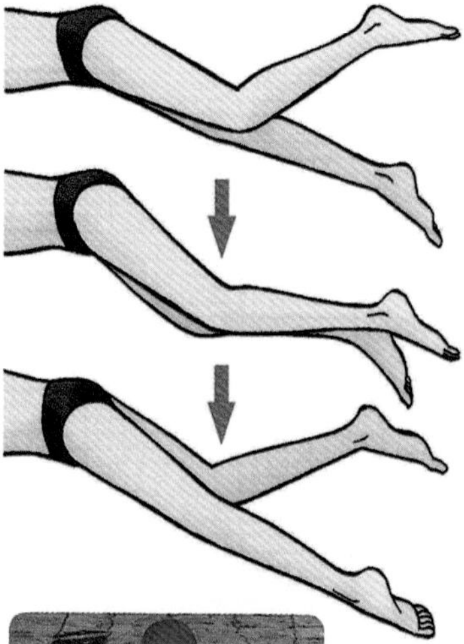

迅速扭轉腳踝，並利用腳背打水。

伸直稍微彎曲的膝，整個腳開始下降。

依照股關節→膝→腳背的順序將力量往下傳，伸直腳。

練習法

抓住繩子練習。以故意要碰觸到左右腳拇趾似的感覺來打腿。

全身動作

藉著旋轉手臂產生推進力，藉著腳打腿保持穩定的自由式，就可以輕鬆的進行手撥水與腳打腿的動作，重點在於絶妙的時機。

1. 右手先入水，左手結束拉水動作。
2. 左手從拉水變成推水動作，同時做好臉上抬的準備。右手進入抓水動作。
3. 感覺右手隨著水伸直，開始進行搖擺身體的動作。
4. 結束左手的拉水動作時，好像要把水推出似的伸直手臂，手指碰到大腿，手肘伸出水面。右手開始進行拉水動作。
5. 左手變成抬臂姿勢，迅速換氣。
6. 左手在空中做抬臂動作，右手在水中進行即將結束的拉水動作，雙手瞬間在頭部前端靠攏。
7. 臉回到原先位置。左手結束抬臂動作，開始做下一個進入動作。

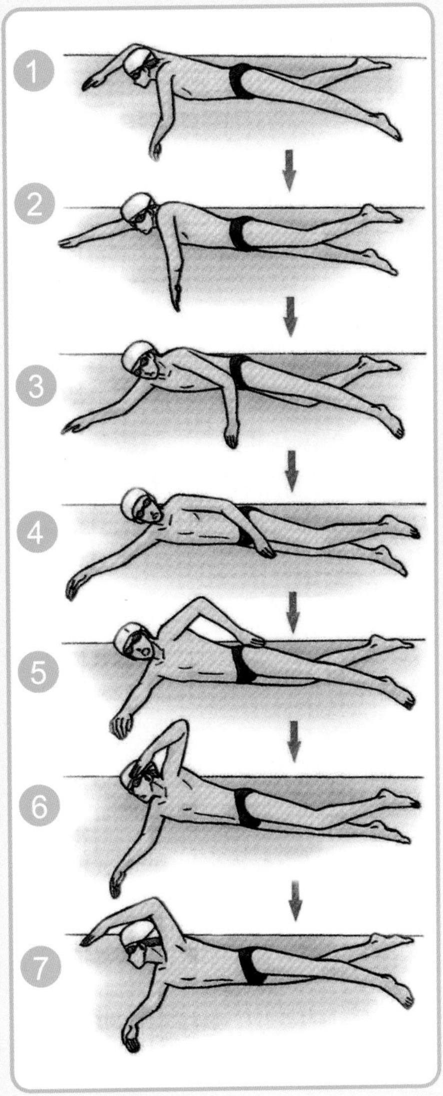

專欄

複習自由式的撥水動作

一般而言，是經由①進入動作（手進入水中的瞬間，也就是指入水）、②抓水（入水後伸直手臂抓水）、③拉水（將抓到的水拉到胸部下方）、④推水（將拉到胸部下方的水推向後方大腿）、⑤抬臂動作（手好像碰到大腿似的往上抬，再次做入水動作）這 5 個順序而完成雙臂動作。在進行 1 次雙臂划水動作的時間內要完成 6 次打腿動作 。

Breast stroke
蛙　式

看似簡單，但事實上卻是困難的游泳法。手腳左右對稱游泳，撥水１次後，頭要露出水面。關鍵在於手腳的配合。

雙臂動作

從正下方看，蛙式的雙臂動作呈倒心形。必須要在水上好好的練習雙臂動作的線條。

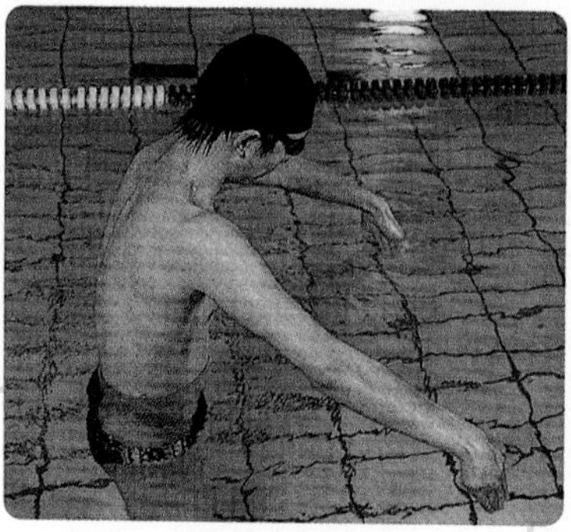

拉水。重點是張開腋下，抬高手肘，用雙手將水撥向後方。

入水與抓水動作。雙手手指對合，手臂伸直，手掌張開如肩寬，朝斜外側撥水。

抬臂動作。雙手回到前方，再次做入水動作。

結束動作。雙手將水撥向身體內側，在下巴下方貼合。

抬臂動作有兩項重點。首先是收緊腋下，手掌迅速翻起，手貼合，手臂伸向前方。

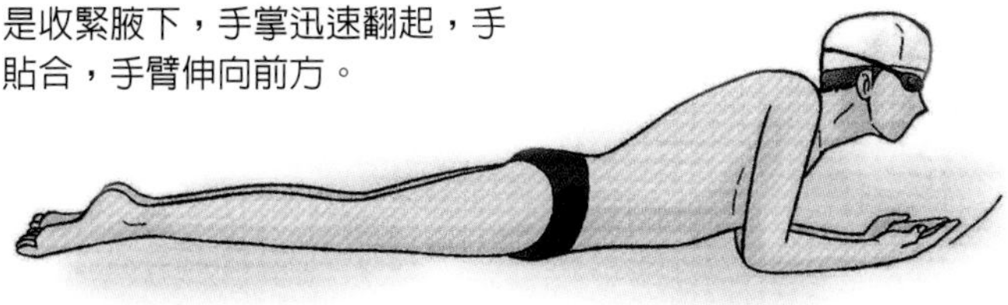

結束抬臂動作時，伸直手臂，從入水動作進入拉水動作。拉水的重點是，彎曲手肘的手要通過身體下方，手肘在視線範圍內撥水。不要讓手肘擴大到視野之外，否則會增大水的阻力。

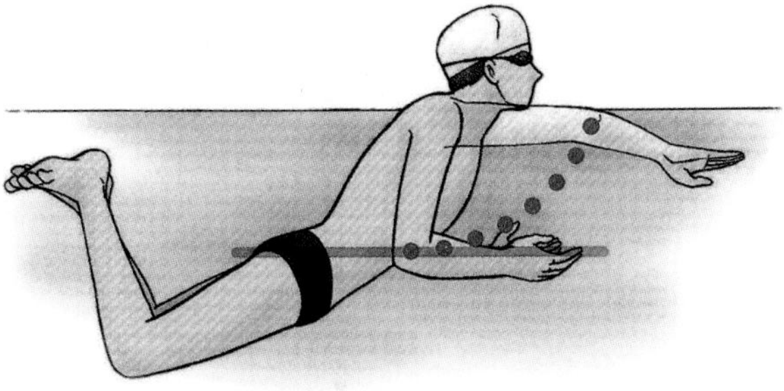

專 欄

結束拉水動作後要「洗臉」

前面敘述過，抬臂動作不可以擴大到看不到手肘的地步，藉此就可以減少水的阻力，同時也能夠迅速移往下一個撥水動作。祕訣就在於「洗臉」動作，也就是在水中洗臉。手掌在肩膀稍後方，好像洗臉一樣迅速的翻轉，這樣就能夠有效的撥水，同時也是正確的蛙式姿勢。仔細觀察游泳好手的姿勢，就會發現他們通常都會做「洗臉」的動作。結束「洗臉」後，從小指側對合雙手，伸直手臂，然後再進入下一個雙臂動作 。

蹬夾腿

蛙式的蹬夾腿動作，包括楔形（青蛙腿）以及鞭打蹬夾腿 2 種。如果要求速度時，可以採用鞭打蹬夾腿。在此則介紹最基本的蛙式動作楔形蹬夾腿。

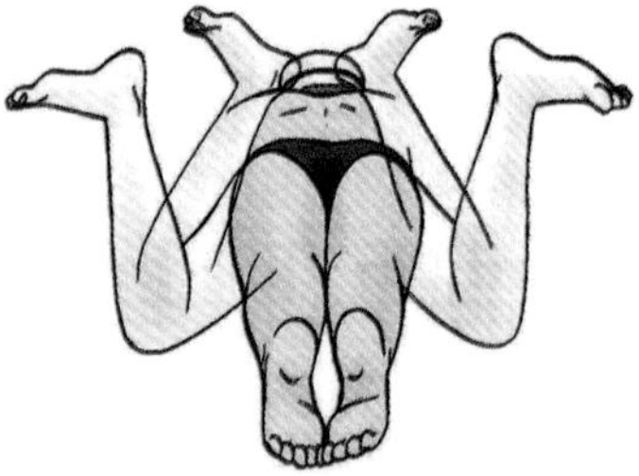

楔形蹬夾腿分解圖。①張開雙腿（首先伸直雙腳，接著膝朝左右打開，張開雙腳、②踢出（用腳底將水朝左右踢出）、③蹬夾腿後半段（伸直雙腳，好像夾住水似的併攏雙腳），這 3 個步驟構成蹬夾腿動作。想像放鬆腳踝，利用腳底將水朝後方推出的姿勢。

練習法

許多人蛙式蹬夾腿的動作是錯誤的。過度將膝蓋拉向腹部時，會損失很大的推進力。練習時，最好請人協助。

由輔助者在前拉住雙手，腳底貼住游泳池壁。依照蹬夾腿的要領張開雙腳　。大腿不要靠向腹部。

踢壁游出。腳底掌握踢出的感覺。

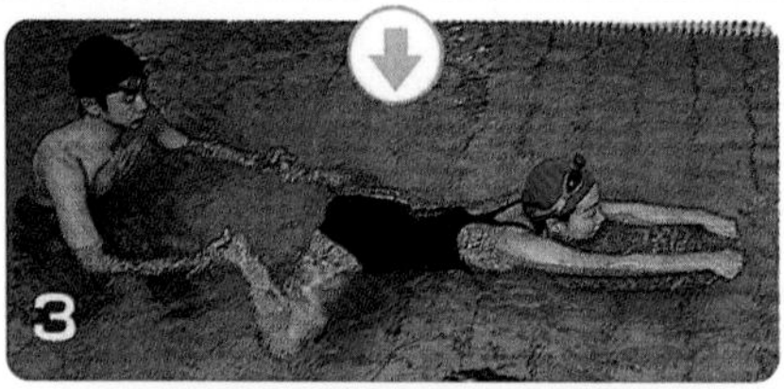

抓住浮板，練習張開膝蓋的動作。輔助者抓緊練習者的腳踝，協助做出楔形蹬夾腿的形狀。

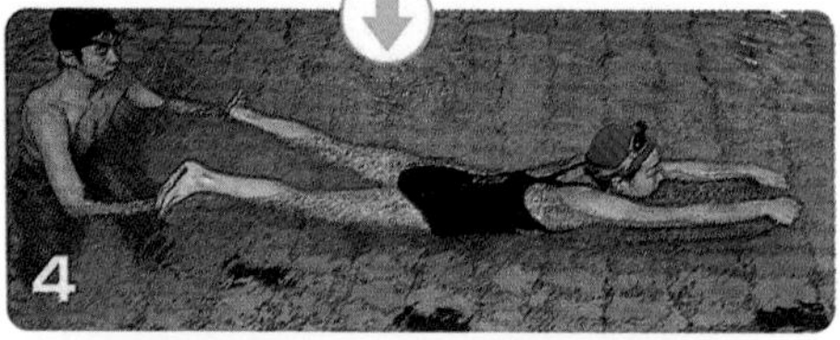

用腳底踢出水，輔助者輕推腳底。藉著推動的力量，讓腳底實際感覺踢的動作。

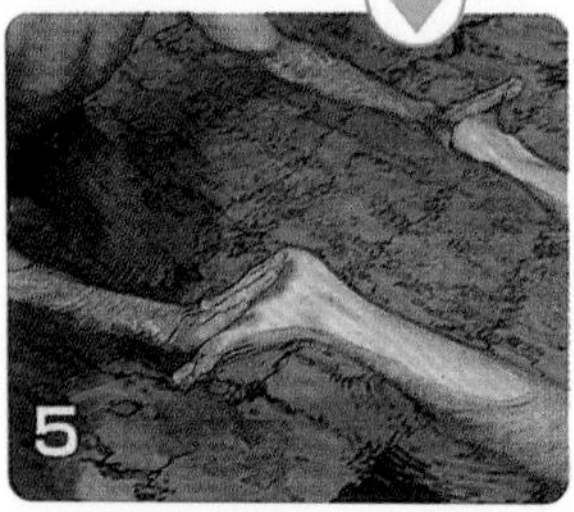

不要「將膝蓋拉向腹部」。以「將腳跟拉向臀部」的方式踢出。如圖所示，形成用腳底推水的形態。

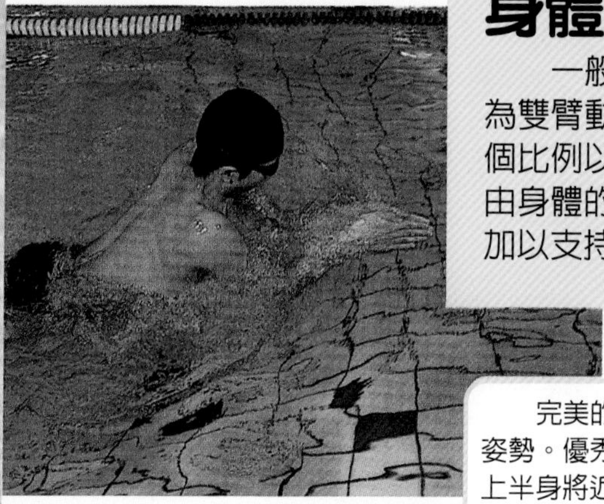

身體的上下移動

一般而言，蛙式推進力的比例為雙臂動作 5 、蹬夾腿動作 5 。這個比例以及兩者的推進力，必須藉由身體的扭動，也就是上下擺動而加以支持。

完美的「上身直立」姿勢。優秀選手可以挺起上半身將近90度。

頭不要刻意上抬。藉由雙臂動作使頭部自然上抬。上半身與股關節呈120度。

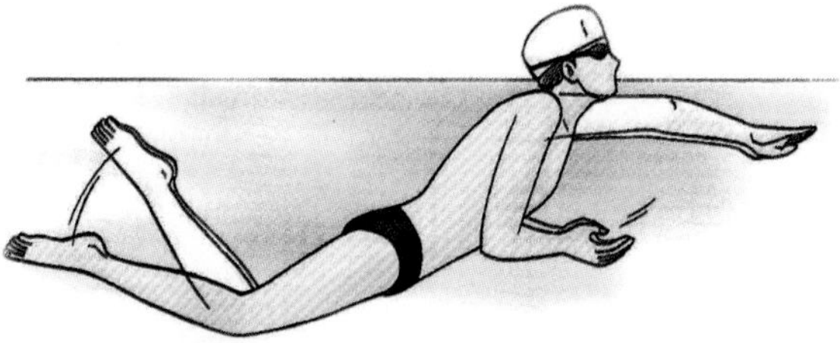

用力拉水時，頭部自然會升高。而重心移向後方時，下肢會下沉。這時挺直上半身，開始進行蹬夾腿動作。上半身與股關節依然保持120度。

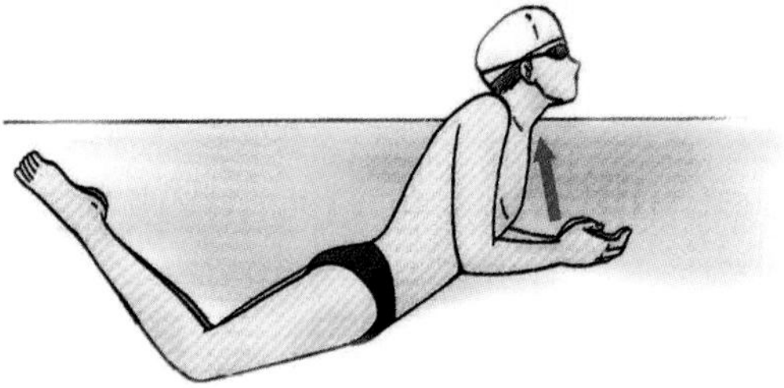

迅速換氣後，在上身落下之前，手朝前方伸出。不是抬起上身之後手才往前伸出，而是一邊抬起上身時手一邊往前伸出。

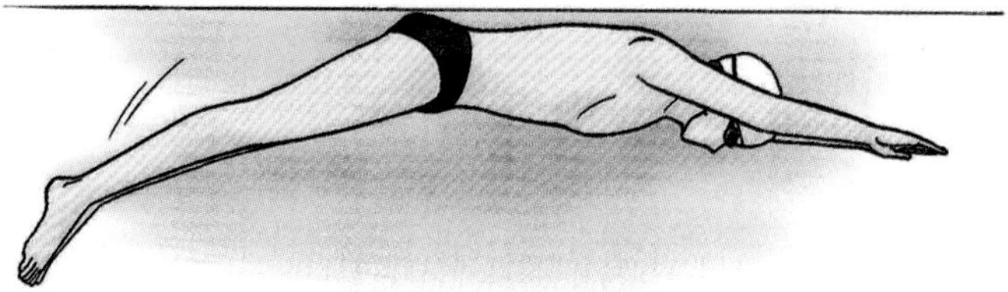

Butterfly stroke
蝶 式

充分使用肩與腰部的關節，扭動全身游泳。重點是要熟練這種獨特的扭動動作。首先請想像一下海豚游泳的姿勢。

學會節奏

站在距離游泳池壁約 1 步的地方。喊「一」時，輕微屈膝，臀部貼於牆壁。喊「二」時，回到原先位置。這個動作變成「一、二」，以「一、二」的感覺快速進行。彎曲腳，讓臀部碰到牆壁，然後再以拉回的感覺回到原先位置。

撥水與打腿的時機

雙手伸向臀側，連續做出膝和手部動作。手的動作必須配合膝的動作。蝶式的重點是，手撥水到後方之後再做打腿動作。

膝放軟、彎曲，雙手伸直放下。

在游泳池邊練習，加上手部動作，學習打腿的時機與節奏。雙手舉到臉的稍上方處站立。

海豚式打腿動作練習

在水中進行打腿練習。不需使用手，在水中實際感覺身體的扭動感，以不換氣的方式游泳。只要將在游泳池邊學會的打腿節奏與時機應用於水中　，那就沒有問題了。

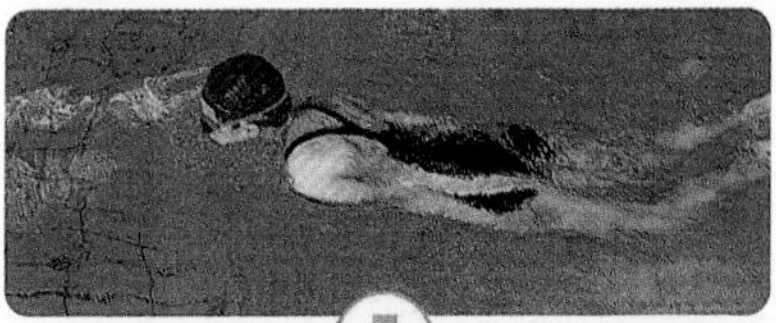

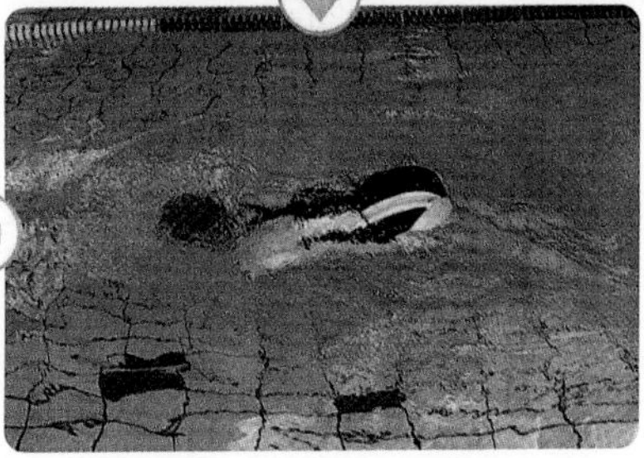

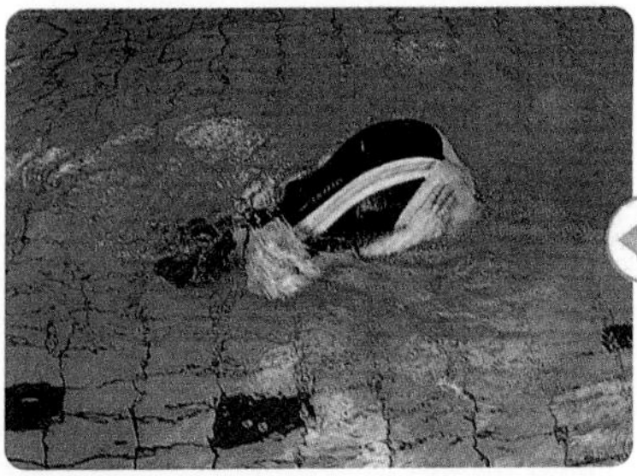

請他人協助壓肩膀

請他人幫忙壓肩膀，就可以意識到肩膀上下移動的動作。藉此可以逐漸學會海豚打腿的動作。

使用浮板練習

抓住浮板，將注意力集中於腳的打腿動作上。

練習推水和拉水動作，學會呼吸的時機

換氣法包括 1 次雙臂動作 1 次呼吸，以及 2 次雙臂動作 1 次呼吸 2 種，後者能夠加快游泳的速度。換氣應該是在從拉水到推水動作中臉露出水面時進行。

拉水時，手肘保持高度彎曲，手掌朝後方，將水朝身體中心撥入。推水時，則好像將拉水時彎曲的手臂伸直似的，將水朝後方推出。

從拉水到推水動作中，若臉無法順利的浮出水面，可以請輔助者幫忙抬起上身。只要能夠巧妙的完成拉水與推水動作，就能夠輕鬆的換氣。

單手進行划水練習，就可以掌握撥水與打腿的時機。請輔助者抓住自己單手，其優點就是能夠在毫不勉強的情況下掌握撥水與打腿的時機。

請他人抓住單手，就能使上身直立。

抬臂動作

撥水結束後，手臂從上臂、手肘到手指一氣呵成的往上抬。站在游泳池邊，反覆練習這一連串的動作。首先必須將肌肉動作輸入運動線路中。

反覆游幾次

反覆練習撥水與打腿等基本動作，就能夠掌握時機。一定要向蝶式挑戰。最初可能會覺得姿勢不良，或是無法巧妙的換氣。可以參考下列插圖，想像一下蝶式的游法。

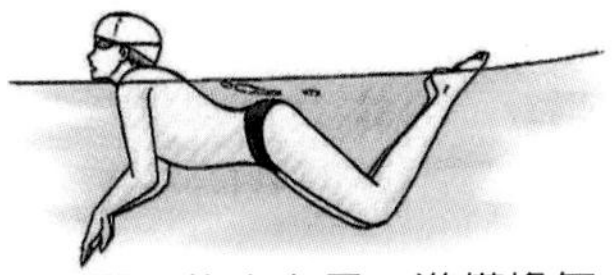

收下顎，集中力量。準備換氣。

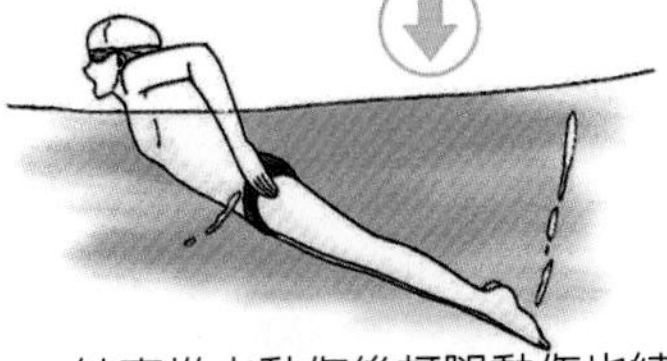

結束推水動作後打腿動作也結束。抬起上身換氣。

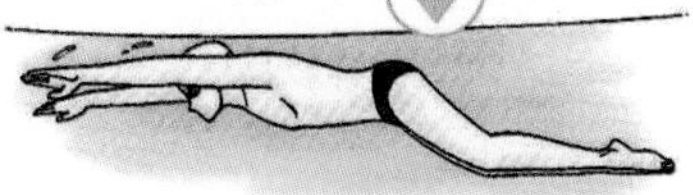

換氣結束後做打腿動作。結束這一連串的動作。反覆進行。

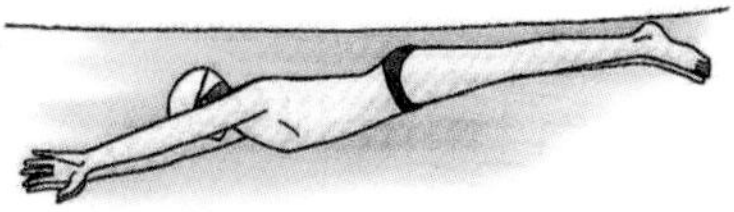

身體呈直線伸直。手掌朝外側張開。

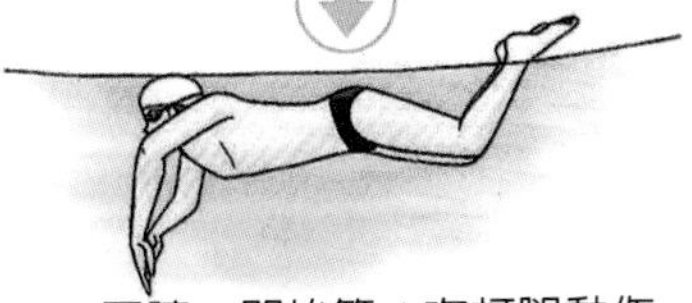

屈膝，開始第 1 次打腿動作。手臂進行拉水動作。

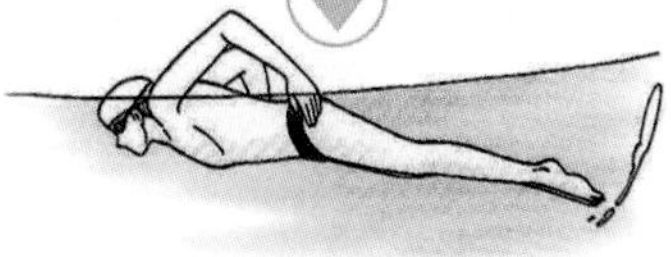

上半身浮起，進入抬臂動作。手臂好像畫圓似的，大幅度旋轉。

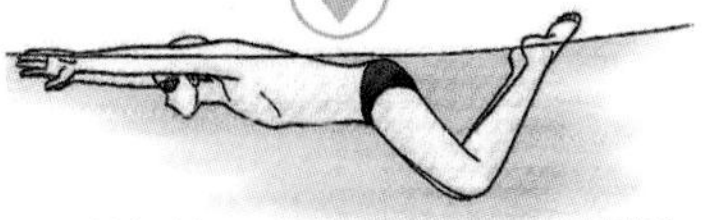

進行第 2 次打腿動作。伸直手臂，上半身下沉。

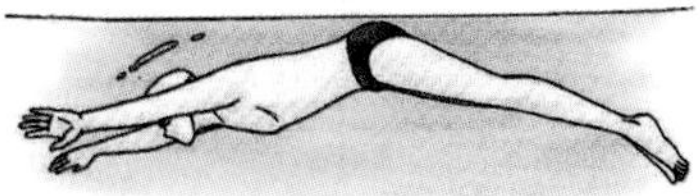

結束第 2 次打腿動作。身體呈直線。

專欄

最理想的角度是「從游泳池上岸時的手肘角度」

為了學會拉水動作與手肘彎曲程度的訣竅，有個簡單的方法，就是將手攀在游泳池邊，進行從游泳池裡爬上來的動作。大部分的人手肘都會彎曲成90度。這種手肘角度正是拉水的角度。此外，為了將上身抬起，手掌會產生向下的力量，這也和拉水動作的手部動作類似。只要在水中練習，就能學會手肘的角度與拉水的動作。

Back atroke
仰 式

自由式翻轉過來的游泳法就是仰式，也稱爲「背面自由式」。手臂在視野外撥水是唯一的困難。同時，臉保持在上方，也會造成呼吸困難。

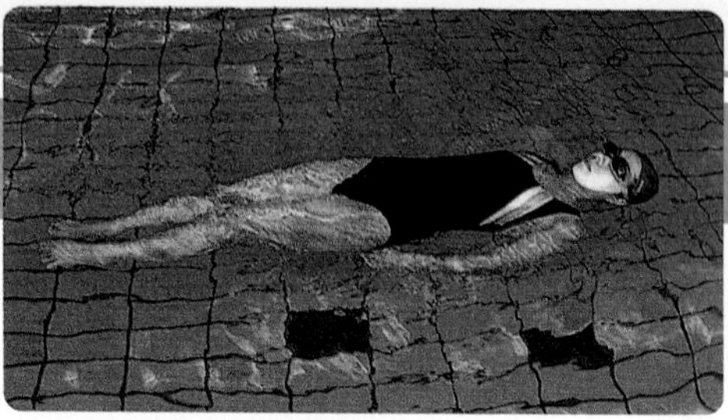

姿勢

許多人總以為仰躺於水中時身體就會下沉，但只要放輕鬆，同時用力吸氣，身體立刻就可以浮於水面。

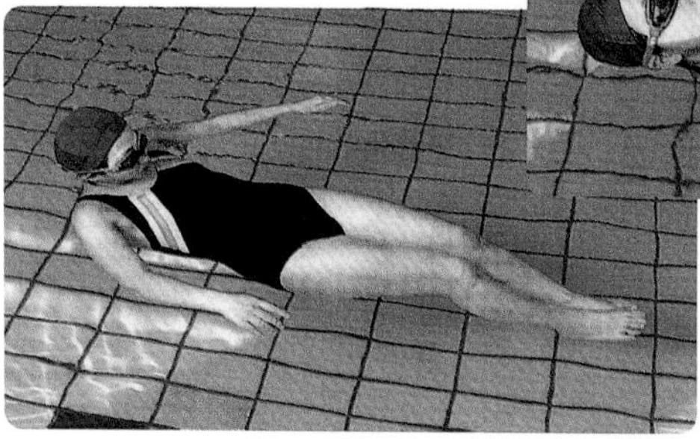

視線

不要彎曲頸部，讓水浸泡到耳朵，視線朝向正上方。游泳時視線可能會追逐天花板，但這樣容易使臉朝向後方，必須注意。

準備抬起頭時，因為全身用力，所以下半身會下沈。這時如果心想「啊！沉下去了」，身體過度用力，則反而更會往下沈。

使用浮板練習

利用浮板時，不要緊緊抓住浮板，只要輕輕用手碰觸，就可以感覺仰式的漂浮感。

反覆「浮沉」，學會「浮起身體」

許多人害怕「沉下」的感覺，但是下沉卻可以讓人了解「浮起」的感受。站在池中，挺直背肌，手臂貼於身體，腳輕踢游泳池底部。接著仰躺，讓身體浮於水面上。抬頭，腳往上抬。如此一來，身體就會下沉。反覆進行，就可以掌握「浮起」的訣竅。學會這個訣竅，隨時都能夠輕鬆站立。

放鬆腳踝的力量，輕柔的踢腿

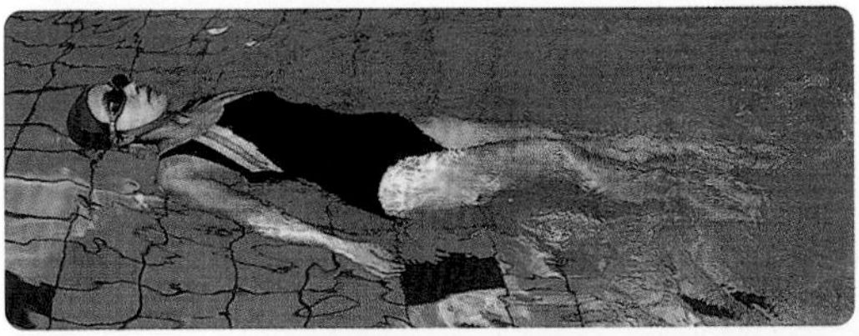

順利的浮在水面上之後，再加上踢腿的動作，要領與自由式的打腿動作相反。利用腳背抓水，好像往後方推出似的踢出。重點是要放鬆腳踝以下的力量。

不良例

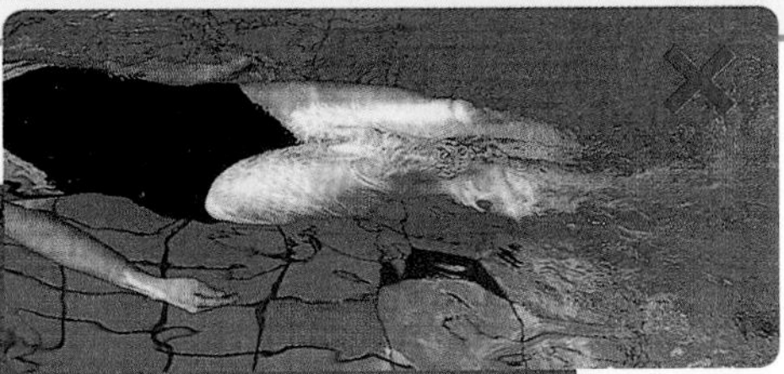

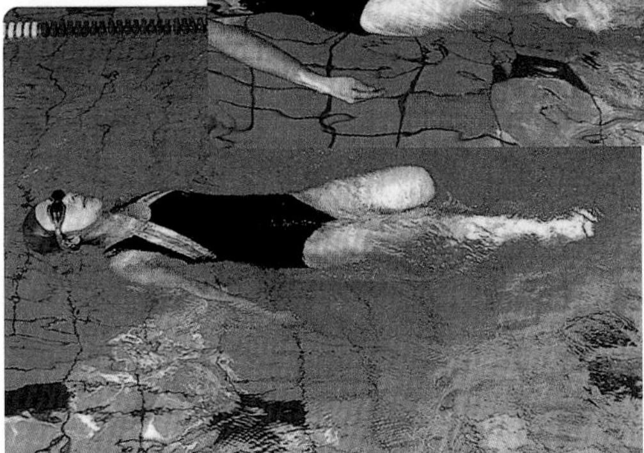

膝與大腿不能露出水面。即使在水面上踢水，也無法獲得推進力。將整隻腳當成鞭子使用，想像一下放鬆腳踝、輕鬆上下移動的姿態。

手入水與交互移臂划水動作

站在游泳池邊，雙手拇指朝正上方伸直。抬起單側手臂，扭轉正上方的手腕，讓手掌朝外，然後直接放下。如圖所示，由小指先入水。旋轉到手臂伸直為止。如圖所示，拇指應該在上方。拇指朝上的動作，就是交互移臂划水。另一隻手臂也做相同的動作。這就是手入水與交互移臂划水的動作。

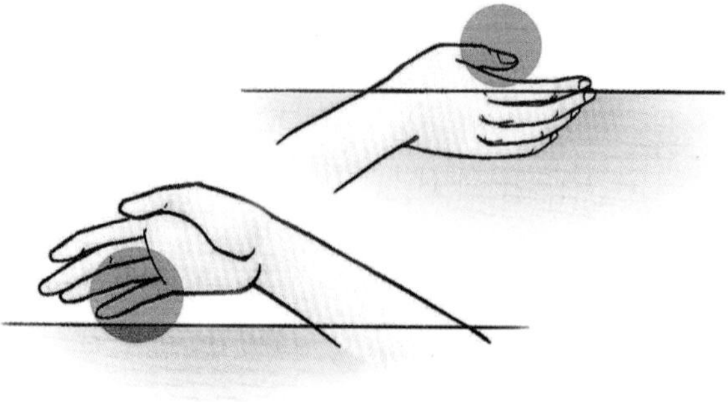

完全熟悉撥水動作

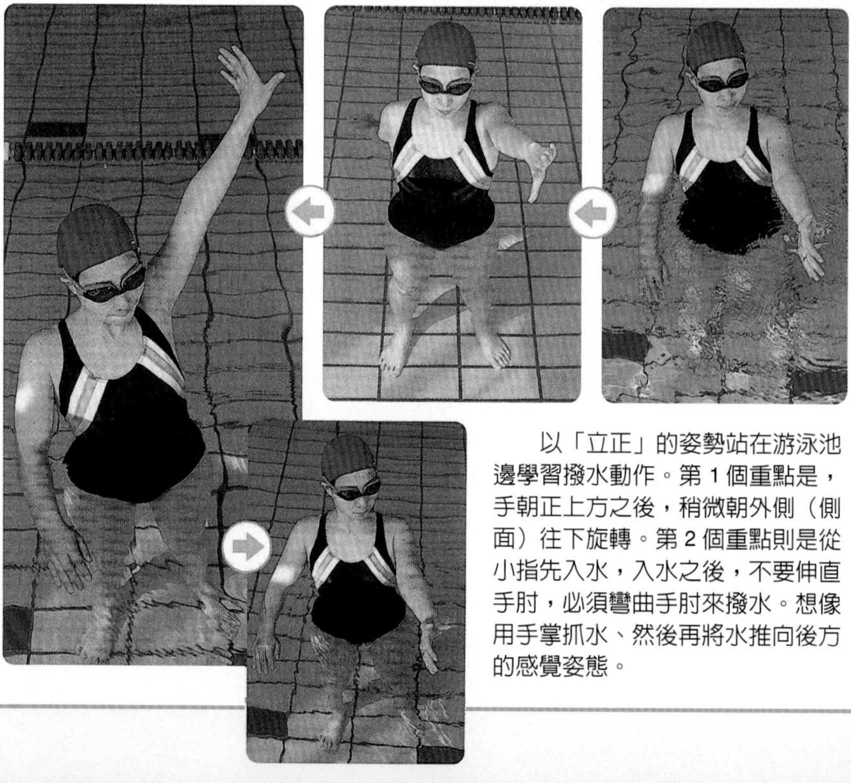

以「立正」的姿勢站在游泳池邊學習撥水動作。第 1 個重點是，手朝正上方之後，稍微朝外側（側面）往下旋轉。第 2 個重點則是從小指先入水，入水之後，不要伸直手肘，必須彎曲手肘來撥水。想像用手掌抓水、然後再將水推向後方的感覺姿態。

搖擺動作

進入抬臂動作側的肩膀上抬，撥水側的肩膀放下。以身體為軸，肩膀朝左右反覆進行圓形運動，這就是搖擺動作。游自由式時，如果沒有好好的搖擺，手臂就無法筆直的伸向前方。仰式的情況也是相同。為了獲得縱向的推進力，橫向的搖擺運動是不可或缺的。

抬臂動作

不論是自由式或仰式，抬起一邊的手臂時，則另一隻手臂要在水中撥水。抬臂與撥水動作左右對稱，肩膀正確的上抬，這就是完美的搖擺動作。

專　欄

感覺「手往後拋出」而旋轉

與自由式相同，想讓仰式游得更快、動作更優雅，其重點就是搖擺動作。初學者勉強搖擺身體時，背部可能會大幅度朝左右擺盪，變成蛇行姿勢，容易造成反效果。可以想像一下「手往後拋出」的感覺，在手好像敲打背面的水似的而拋向後方時，應該會聽到「啪吱」的敲打聲。拋出手的同時，肩膀就會自然的大幅上抬，藉此就能大幅度的旋轉肩膀。

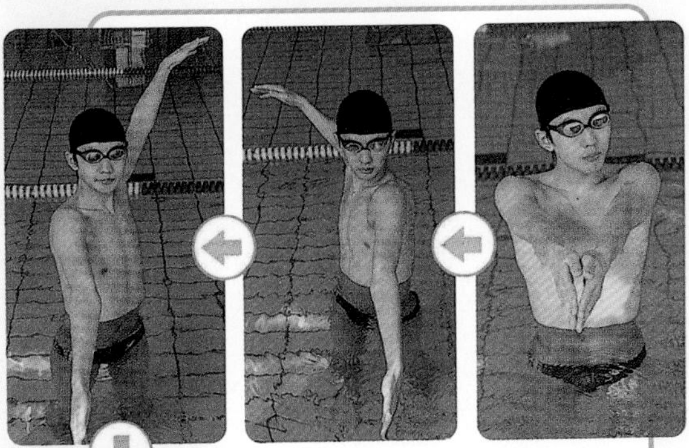

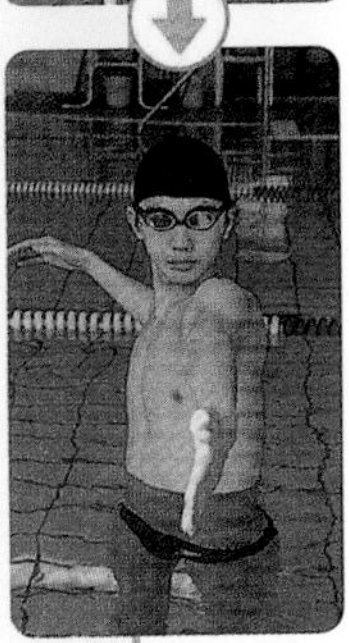

搖擺動作做得越好，仰式姿勢就越優美。有節奏感，游速也快。換言之，姿勢越美，游得越快。因此，一定要好好的旋轉肩膀。如圖所示，抬臂的手臂朝前時，身體一定要扭轉90度。正確的扭轉肩膀與上身，就是搖擺的最大祕訣 。

利用各種困難點練習法學會游泳

無法漂浮

水的比重為1。男性的比重約為一・二七，女性約為一・二五，因此，人類在水中當然會下沉，但幸好人類有肺這個浮囊。當肺部吸收最大量的氣息時，大約可以收藏五千CC的空氣。這麼說來，身體應該會漂浮才對，但為什麼會下沉呢？這是因為身體用力或做出多餘的動作所致。

單手抓住游泳池畔，另一隻手貼於牆壁，讓身體浮起來，藉此就可以體會身體自然上浮的感覺。雙腳好像輕輕碰觸一般，腳跟上抬。

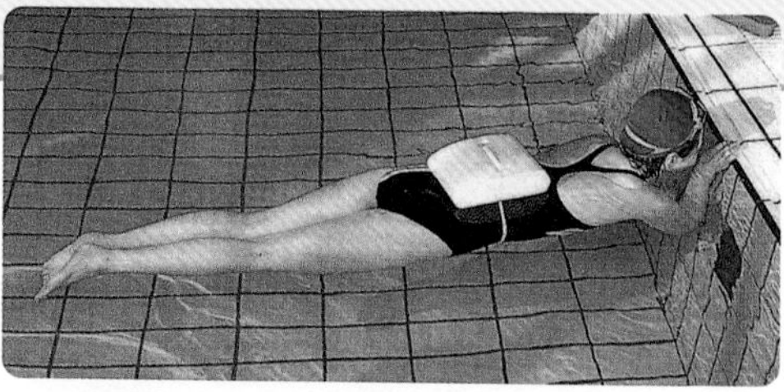

套上輔助板，實際感受一下漂浮感。起初雙手攀在游泳池邊試試看。也可以感受一下氣息吸入肺內與吐氣時的漂浮狀態，兩者之間有明顯的差距。

吐氣，一旦肺中沒有空氣時，浮囊效果消失，身體就會慢慢的下沉。

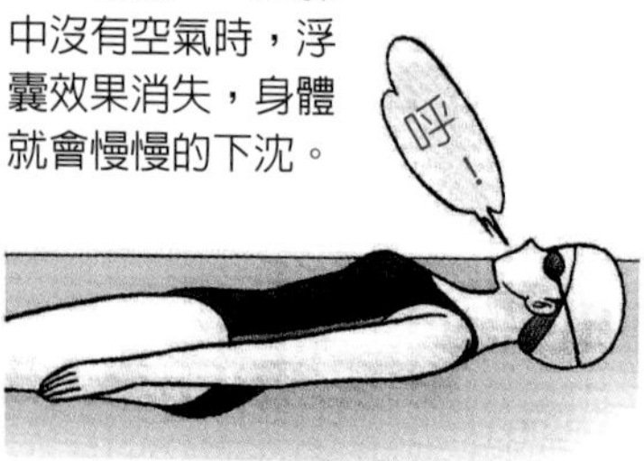

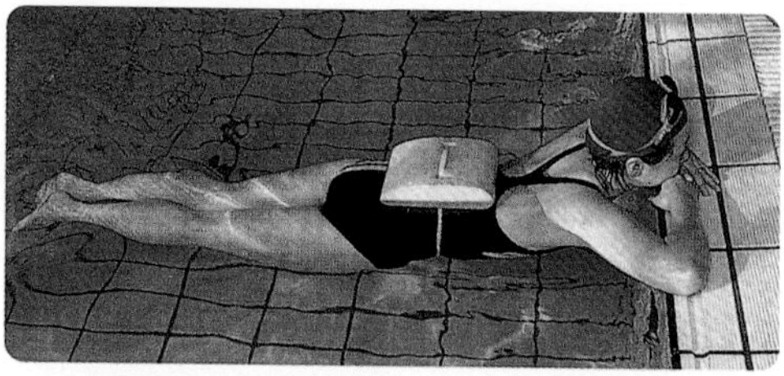

手肘置於游泳池畔，放鬆身體浮於水面。當肌肉量較多的下半身緊張時，由於血液大量集中，所以下半身容易下沉。但只要一放鬆，就不會出現這種現象了。

莫名的恐懼感會加諸身體過度的力量，結果在水中的重心瓦解。初學者可以由輔助者幫忙，從下方扶住手腕，拉扯手，這樣就能夠重新獲得穩定的漂浮感。

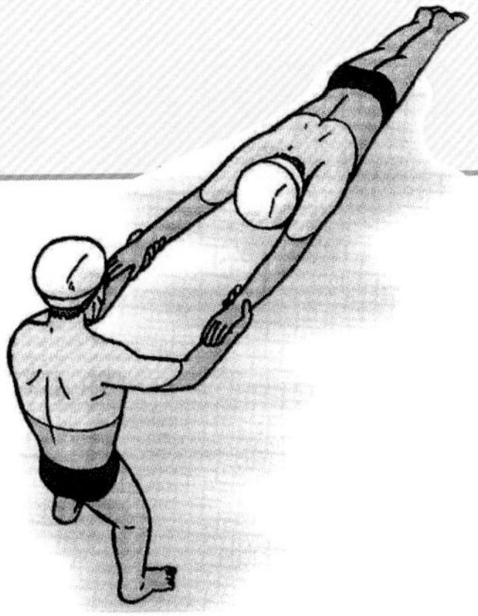

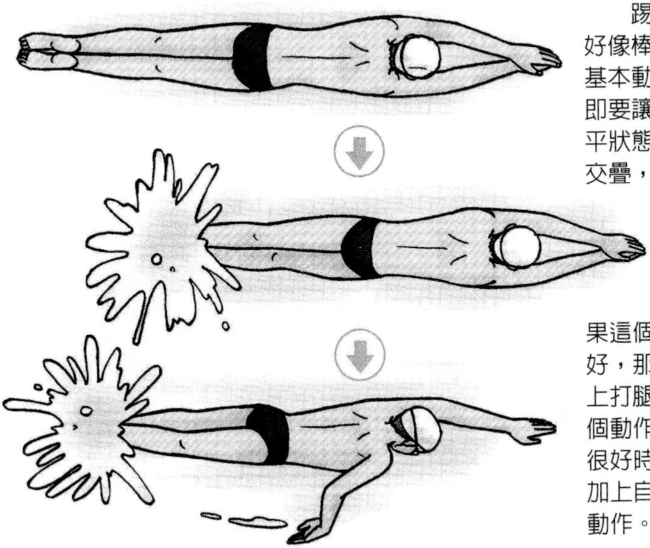

踢壁游出，就好像棒球投接球的基本動作一樣。亦即要讓身體保持水平狀態前進。兩手交疊，雙臂夾住枕部。伸直手臂、身體與腳，用力踢壁游出。如果這個動作做得很好，那麼就可以加上打腿動作，若這個動作也一樣做得很好時，就可以再加上自由式的雙臂動作。

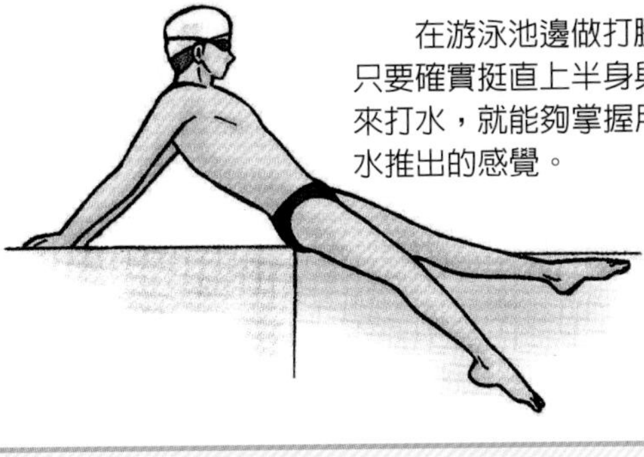

在游泳池邊做打腿練習。只要確實挺直上半身與下半身來打水，就能夠掌握用腳背將水推出的感覺。

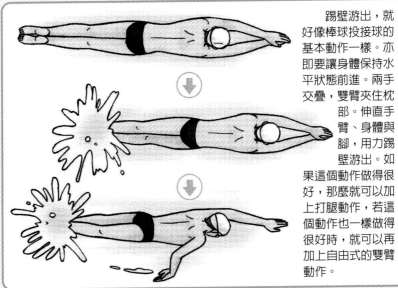

呼吸困難！

游自由式或蝶式時，許多人會覺得換氣不順，不像蛙式與仰式那麼容易。基本的換氣方法是，在水中利用鼻子吐盡氣息，嘴巴盡量吸氣。但也並不是像深呼吸一般深深的吐氣、吸氣。

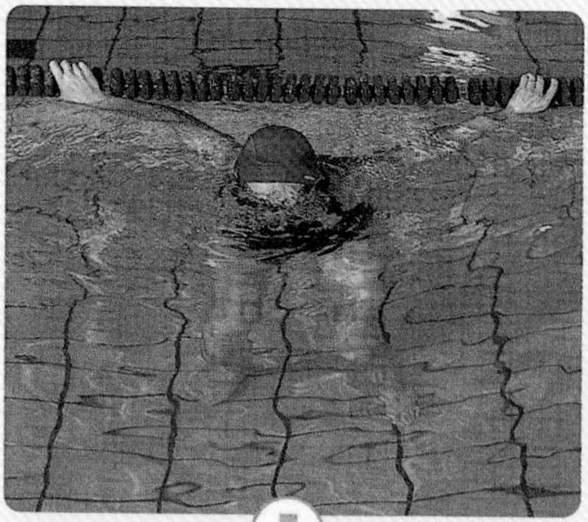

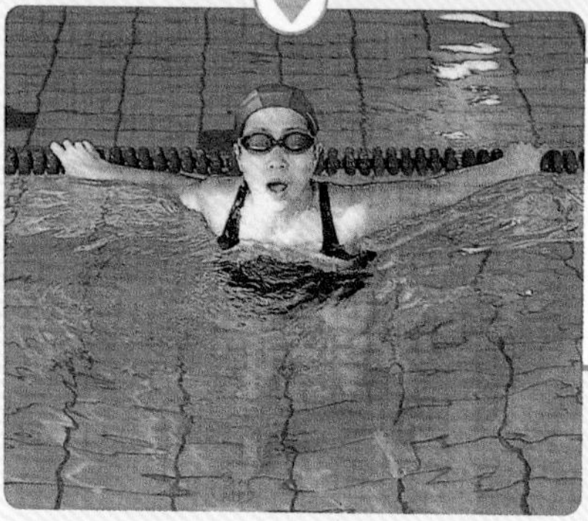

有關換氣方面，首先必須認識「並非為了換氣而游泳，而是游泳時必須換氣 」。以蝶式而言，撥水和打腿動作可以產生身體的扭轉。在進行這一連串的扭轉動作而臉部上抬時做換氣動作。

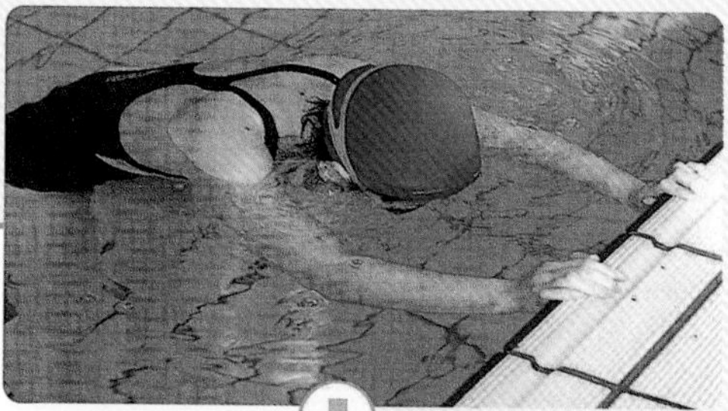

在游泳池邊進行自由式的換氣練習。藉著身體搖擺與抬臂動作，於體側朝上時換氣。

不良例

軀幹軸和頭軸未呈一直線。並不是在搖擺動作之後進行換氣，而是勉強抬起頭來換氣。

加上手的動作來練習

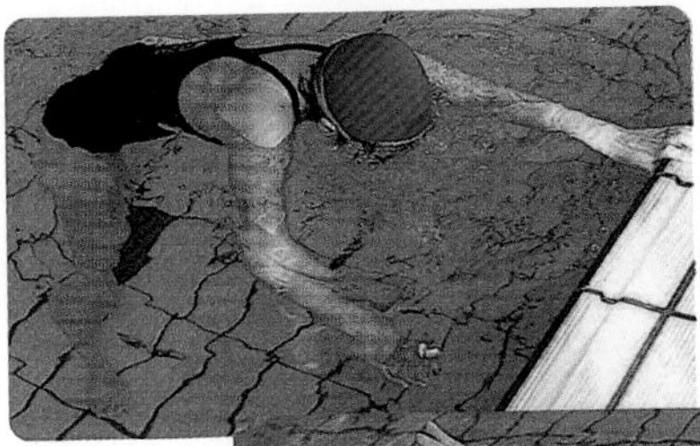

加上手的動作來進行換氣練習時，身體會自然的搖擺，這樣比較容易換氣。游自由式時，必須在做出扭擺與抬臂動作之後再換氣。雙手交互攀住游泳池畔，學習換氣的要領。

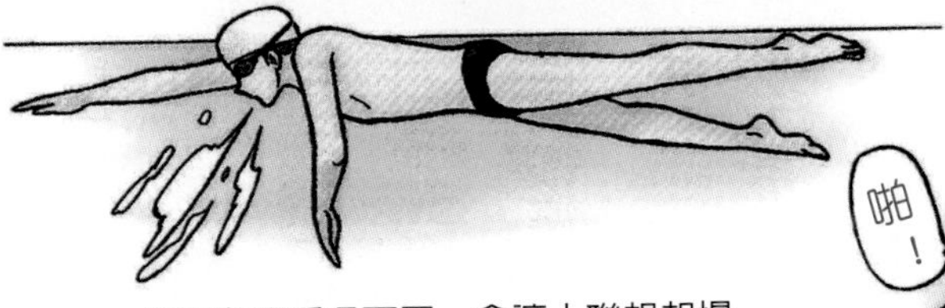

換氣與深呼吸不同。會讓人聯想起慢跑。不過，並不是邊跑邊深呼吸，而是連續的淺促呼吸。游泳的換氣法與慢跑的道理相同。

經常聽人說必須「啪」的吸氣。初學者可能會啪的大量吸氣，但有經驗的人會啪的少量吸氣，然後少量吐氣。游泳高手因為雙臂動作快速，當然必須頻繁換氣，因此，只要少量吸氣，就不會覺得呼吸困難。

無法前進！

拼命游泳卻無法前進的人，主要是因為只有手臂旋轉。從手掌到手肘並沒有牢牢的抓住水的阻力。

抓水

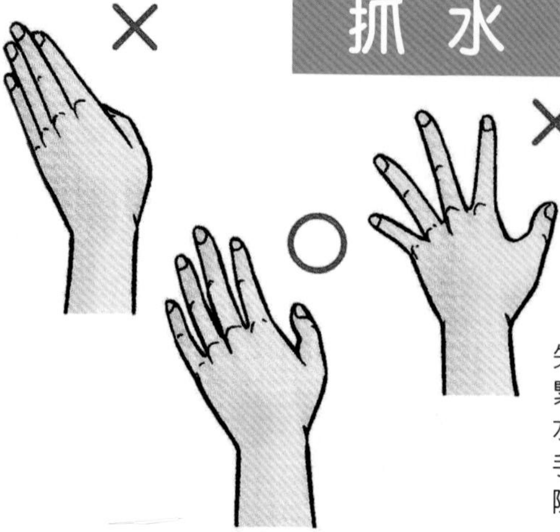

手指張開，水從指縫間流失。或是相反的，手掌用力而緊閉手指時，也無法好好的抓水。正確的方法是自然的伸直手指，指縫間稍微留下一些縫隙即可 。

確認手肘正確彎曲

任何人從游泳池上岸時，都會彎曲手肘以撐起身體。這個角度就是正確的手肘角度，也是 4 種游泳法的共同角度。

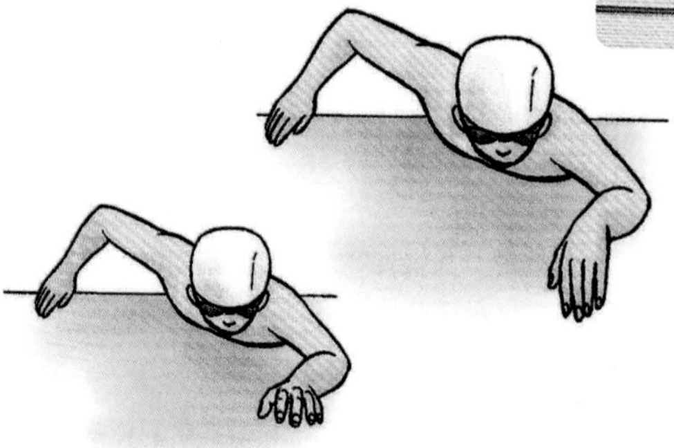

手指與游泳池底垂直

入水後，手指朝向游泳池底，手掌朝向外側豎立手肘，撥開身體側面的水，拉水與推水動作一氣呵成。重點是手指要朝向池底。

注意腳的動作

游蛙式時，如果大腿部拉向腹部，會增加阻力，無法獲得推進力。拉向斜後方時，阻力最小。

學會利用踢壁游出以減少阻力的姿勢

身體與水面保持平行，這是去除阻力的基本姿勢。反覆的練習踢壁游出，就能學會平行姿勢。

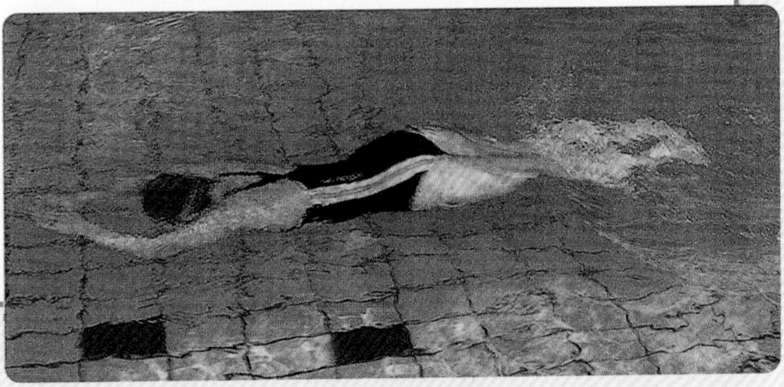

記住正確的打腿動作

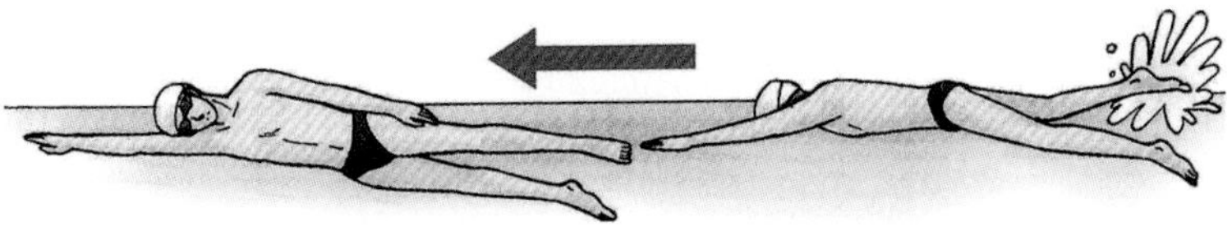

踢壁游出，加上單手手臂擺動的練習。單手游泳時，身體容易朝向側面前進。前進路線偏左或偏右，變成蛇行路線時，表示打腿動作有問題。正確的打腿動作是上下移動，腳好像打鞭子一般，將水推出。

三天內學會游泳

以下介紹三天內學會游自由式的技巧。「眞的只要三天就能學會游泳嗎？」是的，請不必驚訝，只要接受適當的指導，任何人都能迅速學會游泳。

第1天 習慣水、浮於水面

第 1 天的目的是與水親近。只要去除對水的恐懼感，任何人都能輕易的浮於水面。

水中漫步

體驗身體在水中的漂浮感以及水的阻力，放輕鬆的走路，也就是水中漫步。實際嘗試之後，就會發現與在陸上走路有很大的差距。

大步前進

邁開大步，上下擺動走路時，感覺水的阻力全部集中在大腿部。游泳時，必須減少這個阻力。也可以試著撥水，這樣身體就能夠順利的前進，這就是所謂的推進力 。

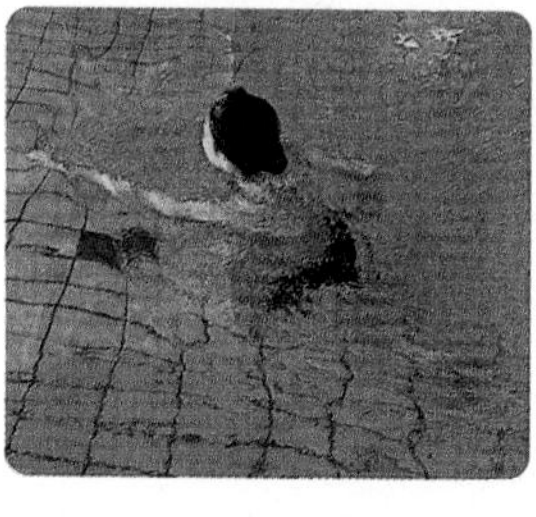

由坪井教練（右）與初次學自由式的中村小姐共同製作「三天學會自由式」的課程。

○ 用手掌抓水

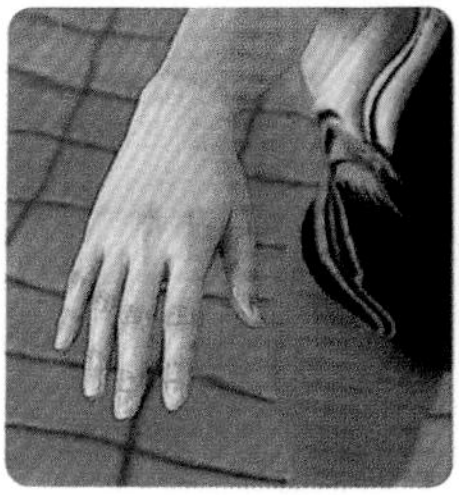

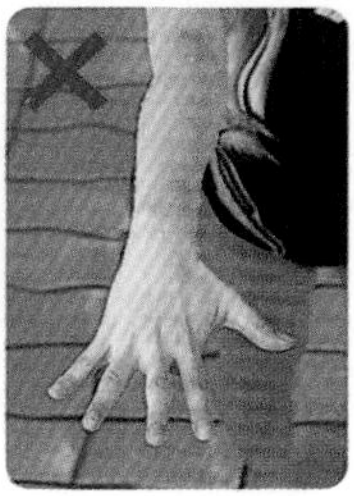

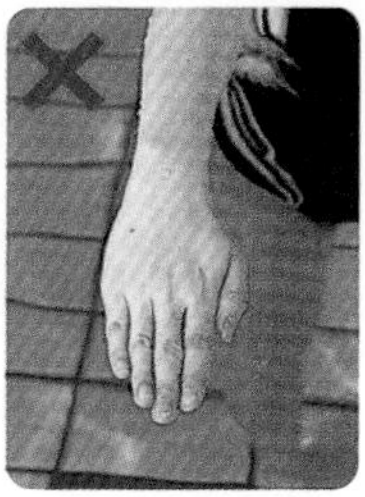

手指緊閉時，手會加入多餘的力量。

手指自然的張開。

手指過度張開時，好不容易用手掌抓住的水就會從指縫間流失，這樣就毫無意義了。

臉浸泡在水中

有些人不習慣將臉浸泡在水中，但這也是學習游泳最初的關卡。不妨以玩遊戲的感覺讓臉泡在水中吧！

接著，用力往臉上撥水。手臂朝正上方伸直，用力的將水往上撥。

從洗臉的動作開始，依照普通的方式進行。

有輔助者時，可以互相撥水。身體朝前後左右移動，透過玩撥水遊戲，更容易與水親近。

撥水走路

充分親近水之後，不必拘泥於任何形式，以游自由式的感覺邊撥水邊走路。快速前進時，身體可能會前傾或被水花濺到。不要在意，盡情的享受玩水之樂吧！

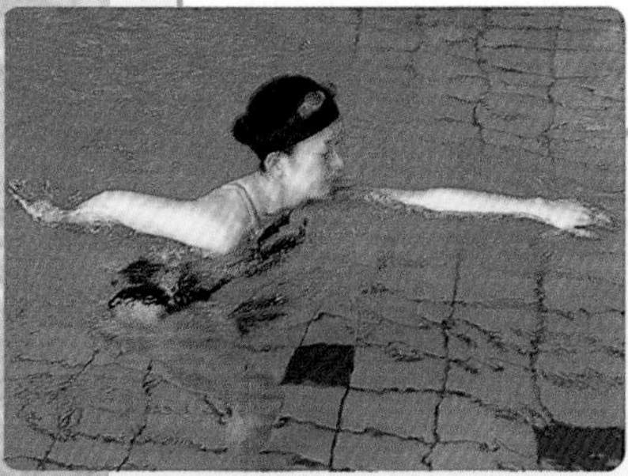

潛水

潛入水中學習基本換氣。只要循序漸進就可以輕易的學會換氣法。重點是吐氣之後吸氣。氣息吐盡之後，就能自然的吸氣。

連嘴巴也潛入水中，試著用鼻子吐氣。

雙手扶住游泳池邊，停止呼吸。臉浸泡在水中，抬起臉時，啪的吐氣、嘶的吸氣。

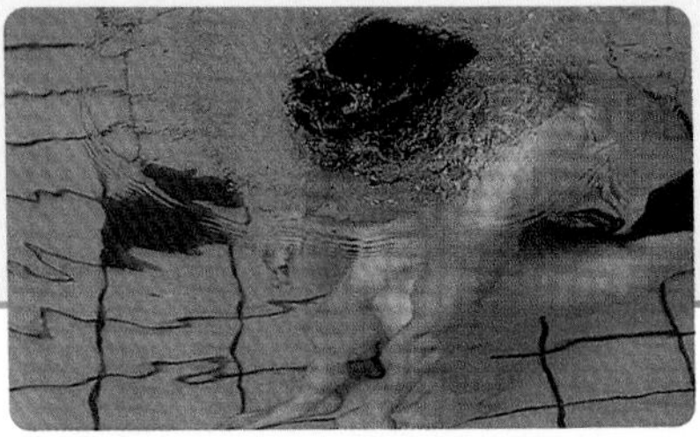

屈膝，拱起上半身，全身潛入水中。用鼻子吐氣，臉啪的露出水面。反覆進行 ，就可以學會換氣的基本要領。

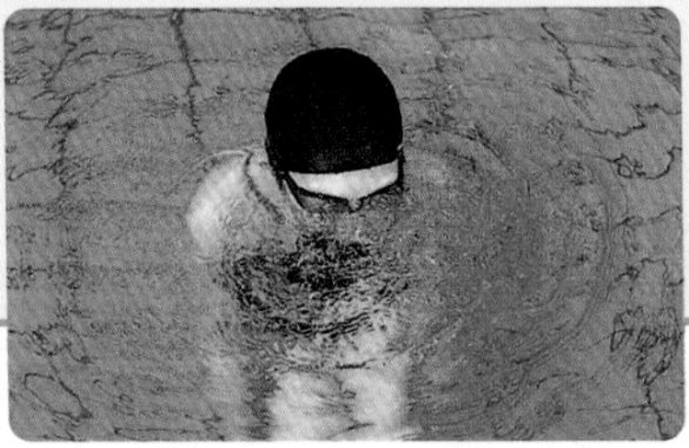

連眼睛也潛入水中，在水中試著從鼻子吐氣。吐氣之後，就會發現身體已經放鬆力量。

練習在水中張開眼睛

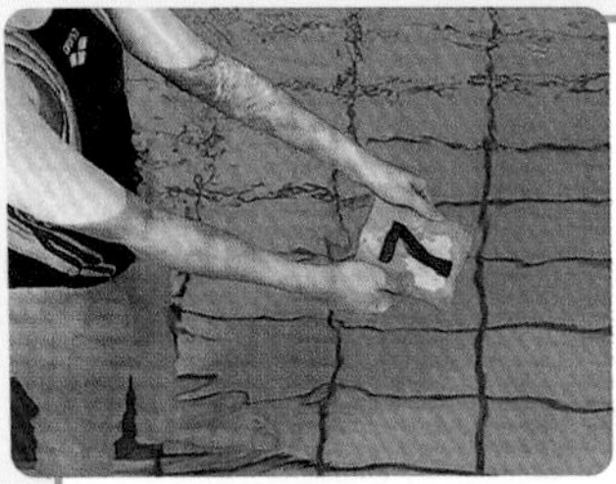

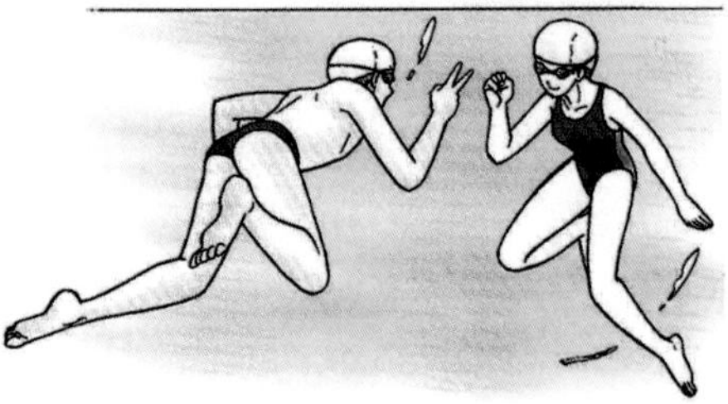

想要看清楚水中的數字牌，當然就必須要張開眼睛。最初可以戴蛙鏡看。也可以在水中玩猜拳遊戲。結束之後，臉露出水面換氣。反覆進行，就可以學會張開眼睛的呼吸法。

呼吸練習的最後方法

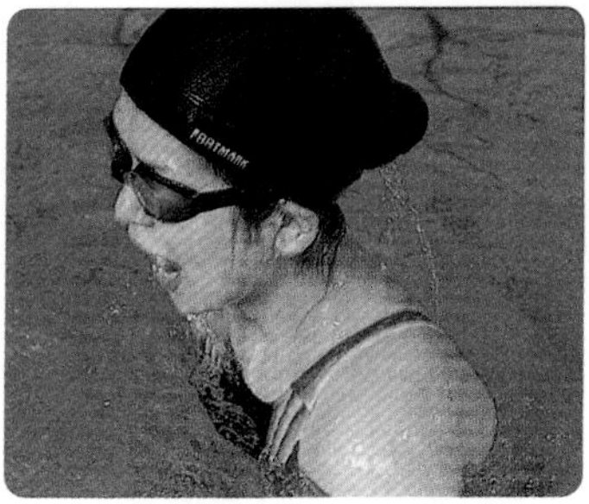

最後單獨進行，一邊在水中走路一邊換氣。完成換氣動作。

活動時進行換氣練習。由輔助者拉著你的手，邊走路邊換氣。

浮於水中

正確浮於水中的身體位置，必須從站立姿勢開始學習，這樣成為在水中擁有正確的姿勢。

不良例

雙手自然的伸直。祕訣就在於好像用雙臂夾住耳朵似的。

（側面）從手指到腳跟成一直線

（正面）雙臂伸直，兩手交疊，收下顎，好像用雙臂夾住耳朵似的。意識到兩腳的拇趾好像要互相碰觸一般。

身體在水面的正確位置

輕鬆的浮於水面。由輔助者拉住雙手，感覺從手指到腳成一直線。

雙手扶住游泳池邊，臉浸泡到水中，筆直的浮於水面。這是正確的水平姿勢。

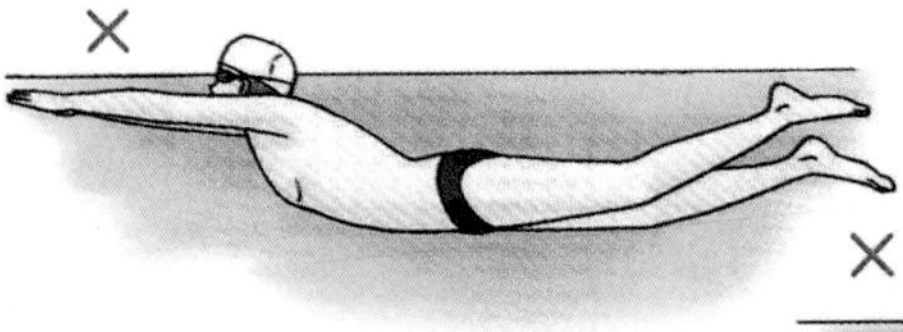

想要挺直背部而過度用力時，反而會使背部後仰。

抬起下顎時，腳會自然的下沉。

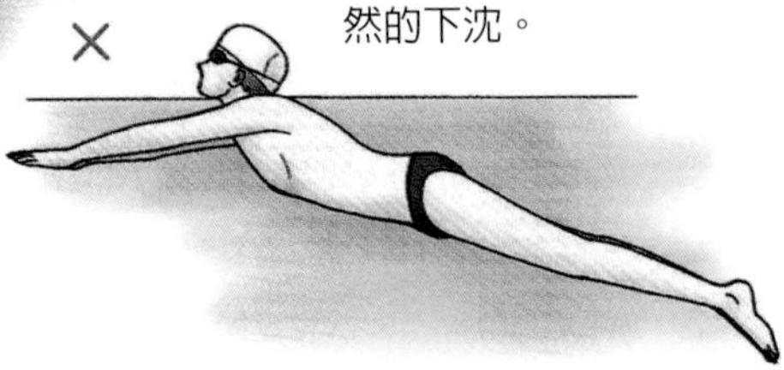

從踢壁游出到打腿動作

踢壁游出之後做打腿動作。臉依然浸泡在水中。放輕鬆，盡量往前進。應該可以輕鬆的游完１０公尺的距離。

踢游泳池壁，藉著反彈力前進。擁有推進力，就可以體驗到輕鬆浮於水面的感覺。

第2天 學會打腿動作

游自由式時，不少人都會使用自己習慣的打腿動作。但是一開始就學會正確的動作很重要。

手扶在游泳池壁練習。擁有伸直腳和腳踝的感覺很重要。要有節奏的打水。

坐在游泳池邊練習。首先感覺膝和腳踝好像輕輕伸直似的。實際感覺到用腳背將水往上推，腳不可以露出水面。

踢壁游出加上打腿動作的練習。最初可以使用浮板。為了抓住前進的感覺，必須用力打腿。

無法前進的打腿動作的處理法

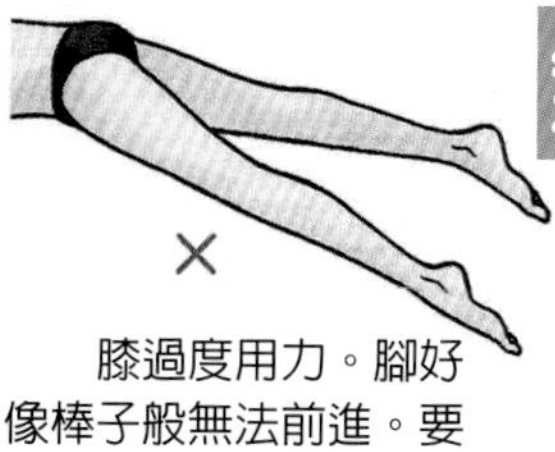

膝過度用力。腳好像棒子般無法前進。要稍微屈膝，好像鞭子般來進行打腿動作。

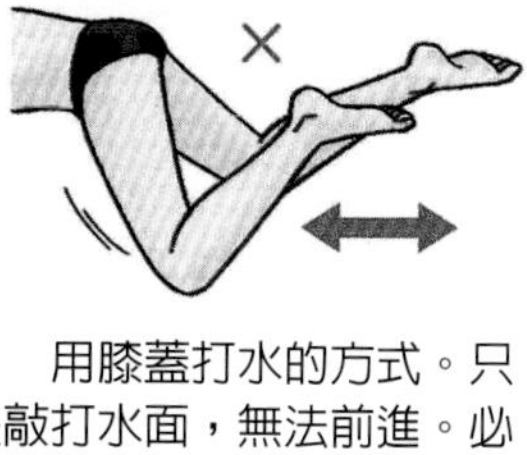

用膝蓋打水的方式。只是敲打水面，無法前進。必須伸直膝。

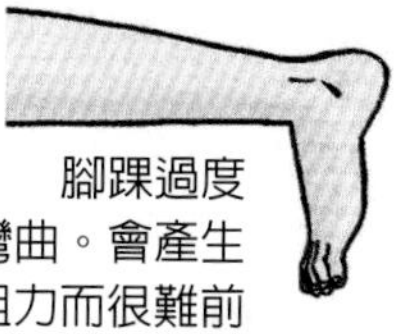

腳踝過度彎曲。會產生阻力而很難前進。必須伸直腳踝。

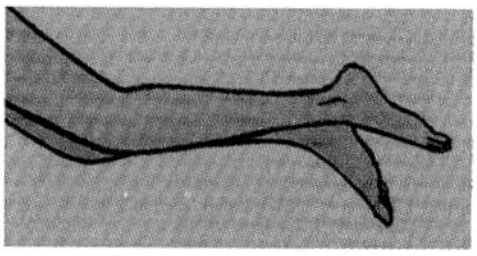

腿過度沈入水中。也容易增加阻力。應該要稍微的接近水面。

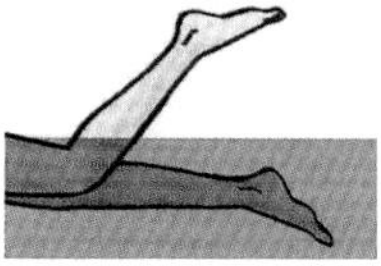

膝蓋過度上抬到水面。即使在空中進行打腿動作，也無法前進。腿必須要稍微沈入水中。

伸直單手做打腿動作

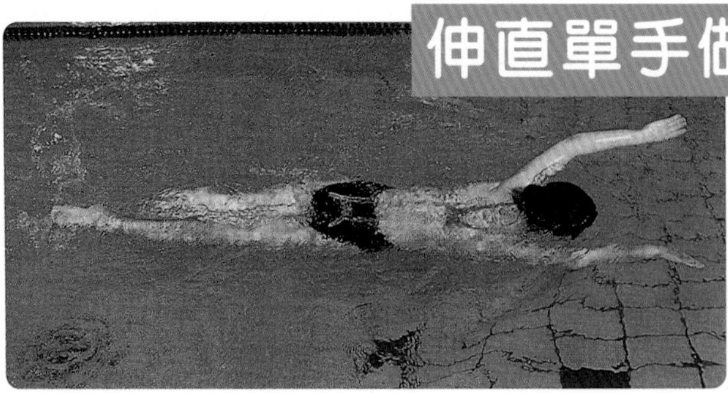

自由式的前階段動作，伸直單手，另一隻手貼於大腿，只用打腿動作游泳。產生自信後，則如圖片所示，可以用一隻手撥水。

加上撥水動作

手撥水直到碰到大腿為止，從小指先移開。

伸直雙臂。結束交互移臂划水的手臂動作後，接下來手臂動作的入水點就在此處。

從拇指來做入水動作。不僅是用手掌，而是感覺好像用整個前臂來抓水似的。

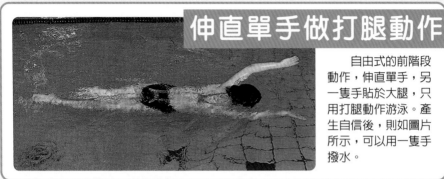

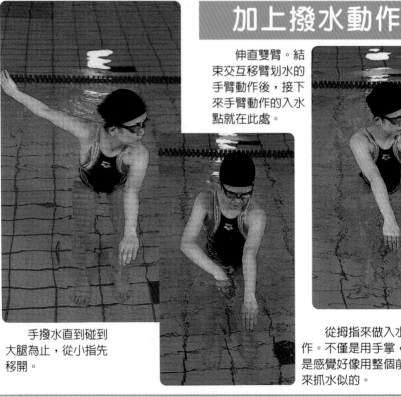

邊撥水邊走路。最初用單手撥水。正確的繞肩膀，大幅度搖擺(轉動身體)。接著，使用雙手撥水來走路。

錯誤的手部動作形態

手掌朝前

會造成水的阻力，必須立刻矯正。

手無法充分上抬

原因是搖擺不足。單手做抬臂動作游自由式時，另一隻手必須在水中撥水。亦即是只要正確的撥水，則另一隻手就能夠正確的上抬。因此可以做大幅度扭腰的動作。

手沒有伸直

這也是搖擺不足造成的。手伸向斜下方，這樣比較容易伸直。由輔助者牽引移動，這樣手就能夠自然的伸向前方。

第3天

換　氣

　　終於到了第三天，亦即最後一天。前兩天的練習包括撥水與打腿動作。接下來再加上換氣動作，嘗試游 2 5 公尺。相信你一定能夠辦到！

在游泳池邊再確認換氣的方法

　　換氣時，一邊的耳朵好像置於肩上似的，轉動著頭。視線看向側面或稍後方。慢慢的做撥水動作，快速換氣。

　　再次確認換氣的方法。要擁有「 吐氣、吸氣、吐氣、吸氣…」的意識。

使用浮板，單手撥水與呼吸練習

　　利用單手邊撥水邊換氣，必須意識到在瞬間進行換氣。

邊走邊做撥水與換氣練習

充分意識到撥水與呼吸的時機。

坪井教練最後的支援

做單手撥水與打腿的動作。全身伸直，姿勢優雅。但缺點是，抬臂的手肘並未彎曲，腳跟露出水面。

中村做得真棒，第一次單獨游泳

正飛快的接近20公尺。搖擺與抬臂動作做得很棒，拉水動作也做得不錯。

辛苦妳了，恭喜！

初學自由式的中村小姐，終於達成游25公尺的目標。

坪井教練證明了「三天內學會游泳」的真實性　。

專　欄

換氣的祕訣就在於學會「嗯・啪」

學游泳時，許多人手腳的動作學得很快，但換氣卻老是學不會。可以嘗試在浴缸中進行下述的簡單訓練。首先用力吸氣，接著把臉浸泡在洗澡水中，盡量吐氣。心中念著「嗯・啪」，吐氣。「嗯」是從鼻子吐氣，「啪」則是張開嘴、臉上抬，在張開嘴的同時接著氣。只要正確的做到「嗯・啪」的呼吸訓練，那麼，游泳時就能夠輕鬆的換氣了。

2

依目的不同任何人都可以進行的游泳池運動

游泳池不僅是游泳的場所，同時也可以利用水的特性，在此進行伸展、復健或肌肉訓練等。比起陸上運動而言，不會造成關節的負擔，不僅安全，同時也可以配合年齡、體力、身體狀況與目的等來進行。

利用水的特性，毫不勉強的運動

水具有水壓、阻力、浮力與水溫這4大特性。標準體型的人進入水中時，水壓大約為1300公斤。利用水壓將腹部上抬，就能抬起橫膈膜而進行腹式呼吸。越深入水中，水壓越大，有助於使下半身到心臟的血液循環順暢，提高心肺功能。

進入水中時，體重減輕為原先的10分之 1。藉著浮力之賜，即使在水中跳躍，也不會承受任何的衝擊。不會損傷膝、腰、腳、頸等關節。萬一跌倒時，水也具有緩衝墊的作用。因此，可以利用水進行安全的復健運動。即使沒有做任何運動，只是靜靜的躺在水中，就能夠使肌肉得到放鬆。

在水中很難活動，就是因為水的阻力之故。但是只要好好的利用水的阻力，配合自己的力量，將負荷朝任何方向擴散，就能夠配合自己的步調來進行運動。

一般而言，室內游泳池的水溫約為攝氏30度，比體溫稍低 ，因此在游泳池裡會失去體溫。為了使體溫上升，人體內會產生熱量，如此，就能促進代謝，達到塑身效果。

運動時所使用的4種手形

依手掌形狀與方向的不同，能夠調節在水中的負荷。

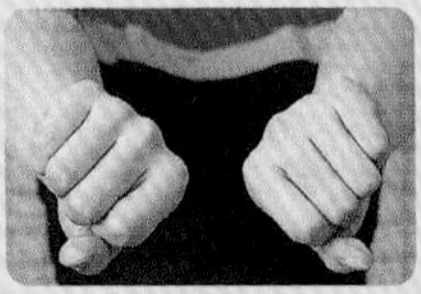

握拳
手做出握拳的形狀。

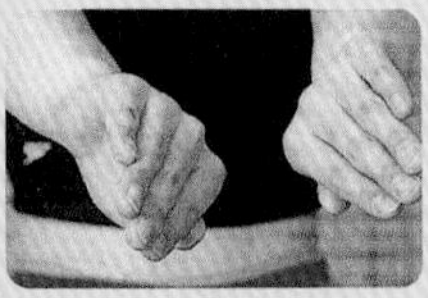

併攏
手指併攏，手掌輕輕拱起，這樣就能夠確實的抓住水。負擔最高。

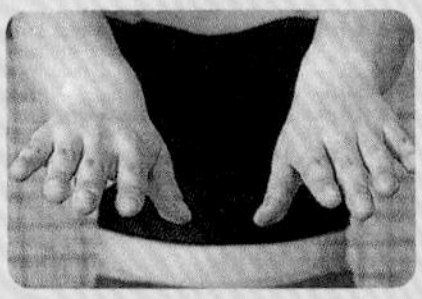

切割
手掌朝下，好像水平切水似的。

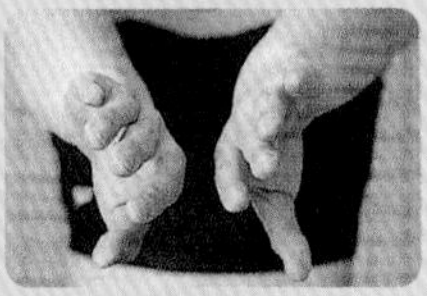

自然伸展
放鬆手指的力量隨波逐流。

主編/ 高野祥子　　攝影/ 阪本 智之　　示範/ 佐藤 萬希子

腰背部的伸展運動

腳趾朝向正面，盡量屈膝。雙手伸向前方交疊，在吐氣的同時彎腰，好像看著腹部似的。

從 A 的姿勢開始，雙手朝側面移動。移往右側時，伸展左側腰部。一邊吐氣一邊看著腹部。左右都要進行。

臀部的伸展運動

彎曲單膝，彎曲的膝和相反側的手臂拉向後方。屈膝側的手臂水平伸直，從臀部側面開始扭腰伸展。左右都要進行。

彎曲單膝，雙手將膝抱到胸前。盡量伸展腰到臀部。左右都要進行。

體側的伸展運動

雙腳大幅度張開，盡量屈膝。雙手上抬，手臂朝側面倒。左右都要進行。

大腿前側的伸展運動

單腳朝後彎曲，用彎曲側的手臂將腳踝拉向臀部。左右都要進行。

腹肌訓練 ①

雙手扶住浮板，臀部落向正下方，進行10次雙膝上抬、放下的動作，共進行 3 套。

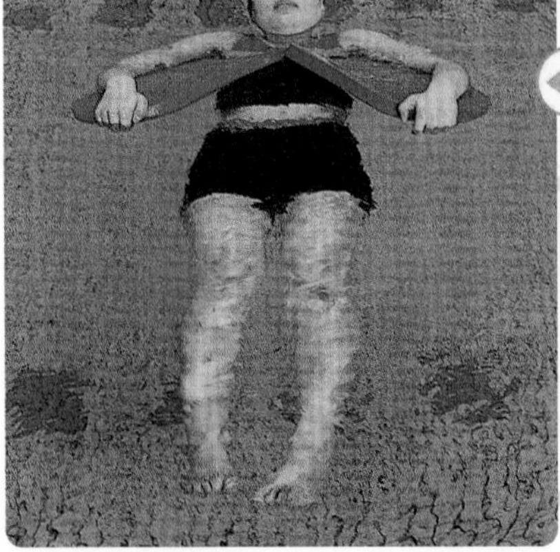

腹肌訓練 ②

雙手扶住浮板，身體躺下。彎曲雙膝，伸直膝。

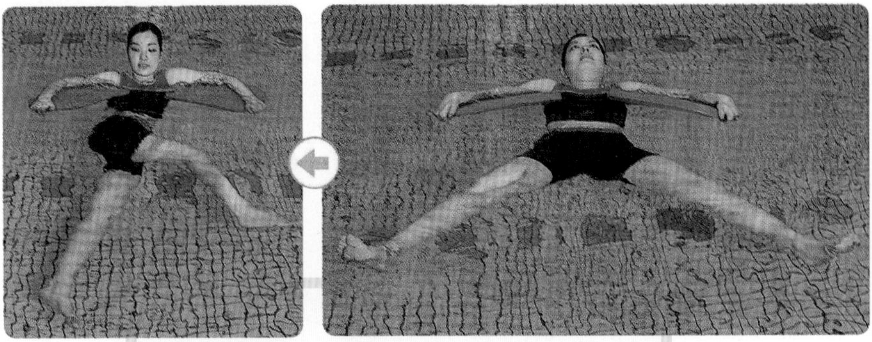

從腹肌到背肌的訓練

雙手置於浮板上，身體躺下。張開雙腳，上下輪流交叉。

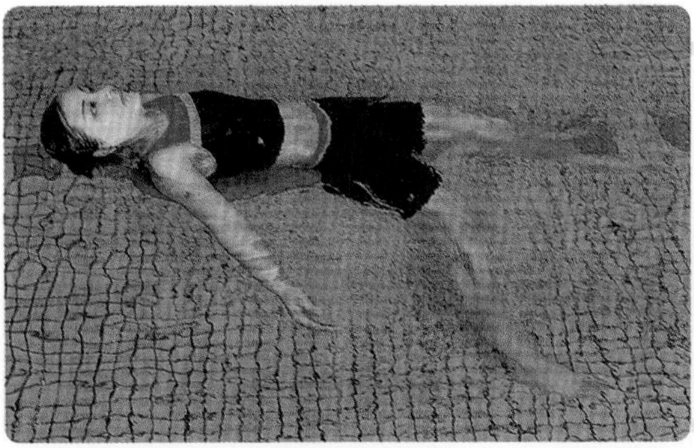

平衡訓練 ①

將浮板置於腰下，讓身體上浮，單腳慢慢的往下落。保持這個狀態慢慢數10秒鐘。左右都要進行。為了避免身體晃動，腹部與背部必須要用力以保持平衡。

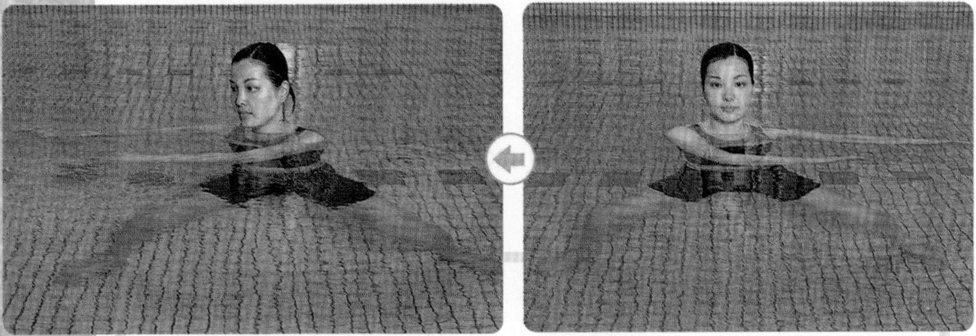

平衡訓練 ②

雙腳大幅度的張開，雙手併攏，伸向側面，接著移到相反側，產生水流。左右都要進行。為了避免身體朝前後左右晃動，要使用腹部與背部來取得平衡。利用移動手臂的速度來控制水流的強弱。

強化大腿

單腳好像將球往前踢出似的踢水。左右各進行10次。

強化臀部與大腿內側

單腳朝側面抬起、放下。左右各進行10次。

專 欄

利用浮力進行平衡訓練

運動時，連肩膀都要浸泡在水中，這是重點。水中活動會產生適度的負荷，藉此就能夠加強運動效果。

自己控制活動手臂或腿的速度，給予適當的負荷。

身體浮起、單腳放下時，身體左右的晃動情況不同。這時取得平衡側的肌力較弱。為了預防腰痛，必須要放鬆腰與腰部周圍的肌肉加以伸展，同時要鍛鍊腹肌和背肌以取得平衡。只要在水中取得身體的平衡，就能鍛鍊腹肌與背肌，改善腰痛。

跟腱斷裂者的復健運動

小腿肚的訓練

腳尖站立，接著腳跟落下。以10次為一套，共進行 3 套。觀察情況，慢慢的增加次數。

股關節受損者的復健運動

單腳由前往後繞，倒退走。步行25公尺之後，單腳由後往前繞，向前走。

膝受損者的復健運動

強化大腿

屈膝，好像踢球似的將腳往前踢出。由前往後時要用力，然後回到原位。左右都要進行。

四十、五十肩患者的復健運動

肩膀運動（之一）

盡量張開雙腳，屈膝，連肩膀都要浸泡在水中。雙手貼合於胸前，手掌翻面，朝左右擴張。

反覆進行10次。

肩膀運動（之二）

大幅度張開雙腳，屈膝，連肩膀都要浸泡在水中。雙手張開，在臀部附近併攏。翻轉手掌，朝左右張開。反覆進行10次。

旋轉肩膀

　　大幅度張開雙腳，屈膝，連肩膀都要浸泡在水中。拇指夾入腋下，在水中旋轉肩膀。

肩膀的內收、外展

　　大幅度張開雙腳，屈膝，連肩膀都要浸泡在水中。手掌朝上，手臂緊貼於腋下，彎曲手肘。不要移動手肘的位置，手掌朝左右打開、併攏。反覆進行10次。

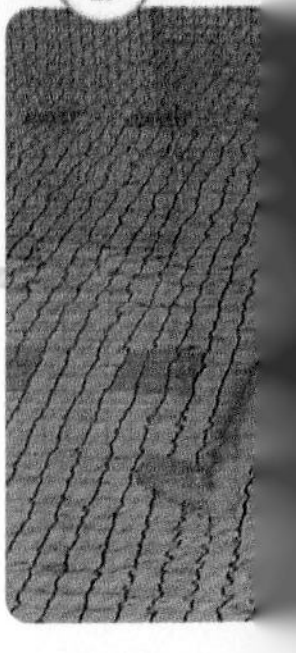

專　欄

復健的基本原則是第 2 天不會殘留疼痛感

　　肩膀復健的重點是，連肩膀都要浸泡在水中。關節復健的重點，是擴大因為疼痛而變得狹窄的關節的可動範圍。在水中藉著浮力就可以達成目的。

　　最初次數少一些，觀察情況，然後慢慢的增加次數。如果翌日殘留疼痛感，表示運動量過多，必須調節次數。

　　自行進行復健的前提，就是要去除疼痛部位的疼痛感。

除腳部浮腫的運動

腳跟抬起、放下，一套10次，總計做 3 套。雙腳同時進行。

解決手指僵硬的運動

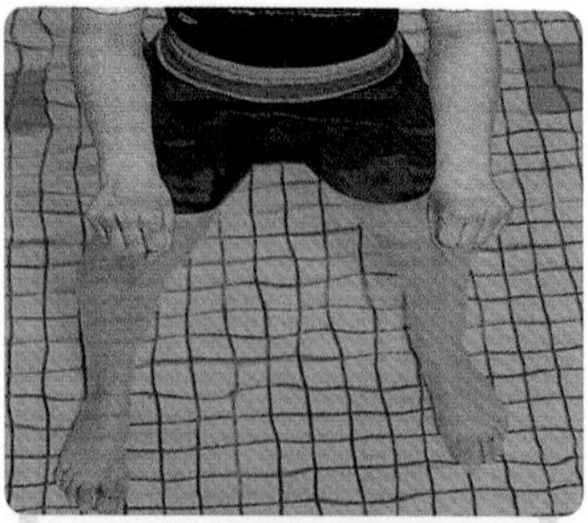

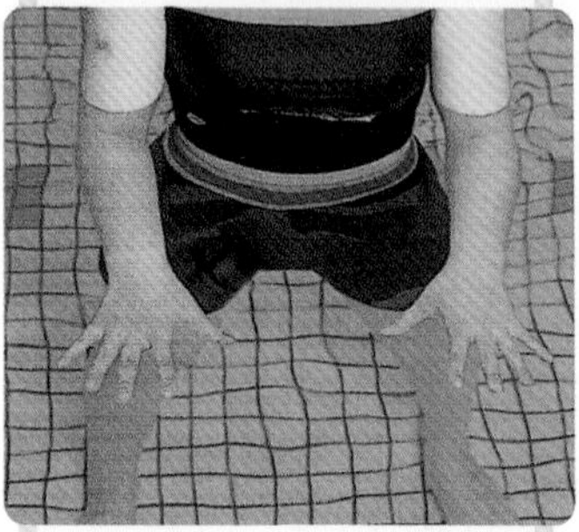

雙手浸泡於水中，緊握後放開，進行50次。雙手同時進行。

伸展腹股溝部的運動

盡量張開雙腳，臀部筆直下落，伸展內大腿。

預防便祕的運動

大幅度張開雙腳，旋轉骨盆 1 次。只要刺激腸，就可以消除便祕。

股關節的伸展運動

單腳由前往後繞，倒退走。接著由後往前繞，向前走。

消除肋骨下端疼痛的運動

雙腳大幅度張開，雙手上抬，倒向單側，伸展體側。左右都要進行。

專　欄

在水中放鬆

孕婦因為行動受限，所以容易運動不足。在水中的體重為陸上的10分之１，因此，腹部沈重的孕婦非常適合進行水中運動。不必擔心跌倒的危險，而且著地的衝擊力也很小。可以藉著在水中漫步或跑步燃燒脂肪。此外，只要浮於水中，就能得到放鬆效果。藉著適度運動放鬆身心吧！

不過，有些游泳池會限制使用對象，最好事先加以確認。

考慮到安全問題，最好選擇使用者較少的游泳池。如果就診的婦產科醫院設有游泳池，那就更方便了，可以與醫生商量，加以利用。

促進產後乳汁分泌的運動

張開手掌，雙手將乳房從側面往中間靠攏、上抬。但要避免刺激乳頭。

胸大肌的訓練

（之一）

大幅度張開雙腳，雙手攤開，手臂伸向正前方，拍手。利用手的速度調節負荷　。讓胸部產生沉重感來進行。

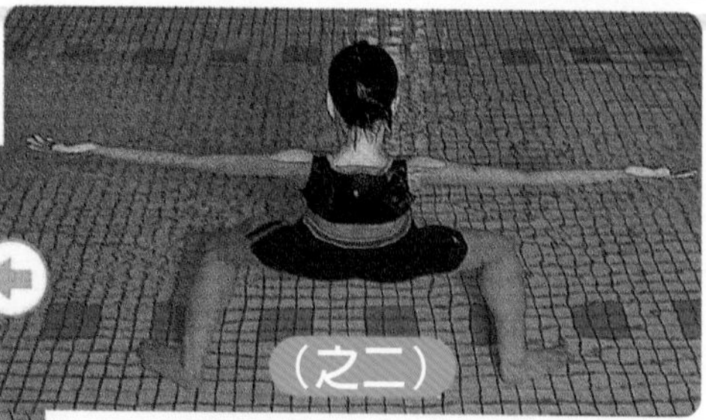

（之二）

大幅度張開雙腳，雙手用力張開，手臂帶到身體後方，在身體後方拍手。張開手臂時手掌朝上。

上背部的訓練

兩手肘貼於體側，朝前方彎曲，不要改變手肘的位置，做雙臂張開、併攏的動作。

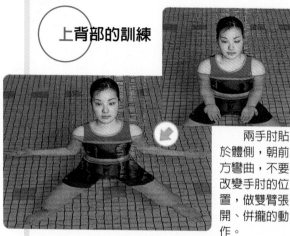

雙臂的訓練

雙臂朝後方伸直，用雙手拍打臀部。

下半身的訓練

手扶住游泳池邊，單腳朝正側面上抬。抬腳時集中精神，落下時放鬆全身。相反的，內大腿的訓練則是抬腳時放鬆全身、落下時集中精神。

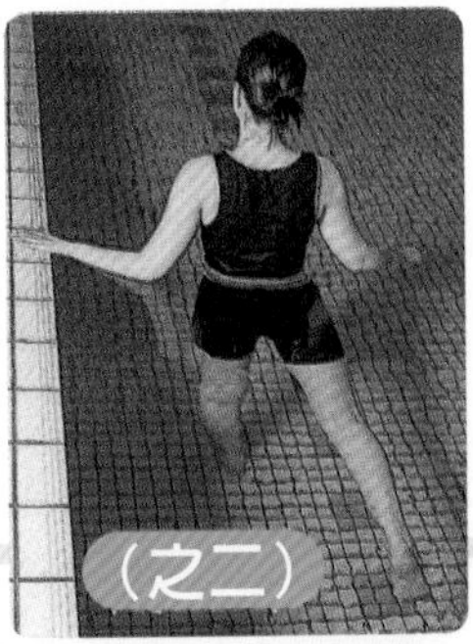

手扶住游泳池邊，單腳朝正後方上抬。藉此可以有效的雕塑臀部與大腿內側。注意腰不可以後仰。

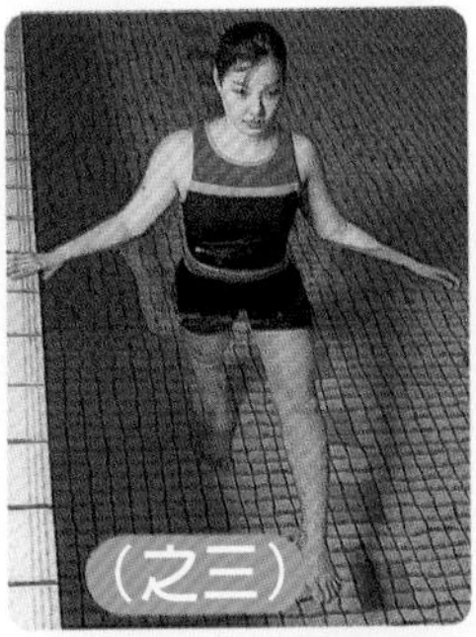

手扶住游泳池邊，單腳的腳趾朝前踢水，藉此就可以訓練大腿前側。

專　欄

利用水壓調節負荷

只要調節活動的速度，就可以自由的變換負荷。

將意識集中於活動的部位或是放鬆，就可以更換訓練的部分。

例如，想要訓練內大腿時，抬腳時必須放鬆，腳放下時要把意識集中於腿部。想要鍛鍊大腿外側到臀部的部分時，以相反的方式進行，也就是抬腳時要集中精神，而腳落下時則要放鬆。

腹肌的訓練

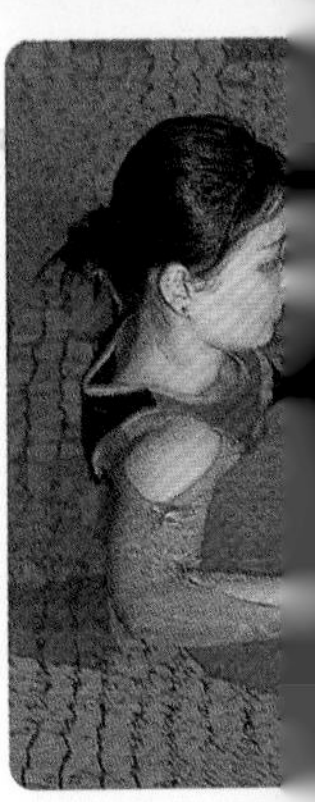

雙手置於浮板上，雙膝彎曲並且上抬。膝放下時伸直。祕訣是臀部要保持在正下方。

頸部的伸展運動

頸部朝向一側伸展，相反側的手置於頭上，頸部倒向置於頭上的手側。感覺手部的重量倒下。左右都要進行。

雙手扶住游泳池邊，轉頭看向側面。持續10秒鐘，左右都要進行。

肩膀的伸展運動

單手手臂橫過身體前方，另一隻手的手肘彎曲，靠向後方。左右都要進行。

雙手在頭部後方交疊，單手手肘往下落。左右都要進行 。

單手手臂置於相反側的肩上，用另一隻手將置於肩上的手肘推向後方。左右都要進行。

胸部的伸展運動

大幅度張開雙腳，雙手在後方交疊，拉向下方，然後直接上抬。保持這個姿勢往前走。

單手手臂朝側面上抬，另一隻手置於上抬手臂的肩上加以支撐，在水中繞一圈。左右都要進行。這時，朝側面上抬的手肘稍微彎曲。

背部的伸展運動

張開雙腳，稍微屈膝，雙手伸直在前方交疊，拱起背部。保持這個姿勢倒退走。

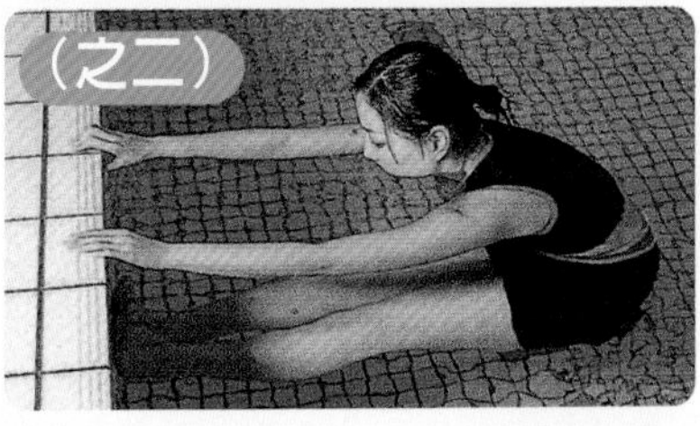

雙手扶住游泳池邊，雙腳貼壁，好像要將臀部往上拉似的朝後方伸展，左右擺動臀部。

背對游泳池邊站立，雙手伸向後方，抓住游泳池邊，彎曲雙膝。

大腿的伸展運動

面對游泳池邊站立，單手抓住游泳池邊，彎曲另一側的膝，彎曲側的手抓住腳踝，讓腳跟貼於臀部，身體往前倒。左右都要進行。

面對游泳池邊站立，雙手抓住游泳池邊。單腳往前伸直，腳底貼於壁，將臀部往後拉。左右都要進行。

股關節的伸展運動

側身站在游泳池邊，單手扶住游泳池邊，彎曲相反側的膝，手將膝從內側拉向側面。感覺好像將膝稍微往後方推似的。左右都要進行。

側身站在游泳池邊，單手扶住游泳池邊，彎曲靠向游泳池邊一側的膝，另一隻腳則置於彎曲的膝上。臀部一直下落，好像蹲下的感覺似的。左右都要進行。

跟腱的伸展運動

面對游泳池邊站立，雙手抓住游泳池邊。單腳朝後方伸展跟腱。左右都要進行。

小腿的伸展運動

面對游泳池邊站立，雙手抓住游泳池邊。彎曲兩膝，雙腳腳趾貼於池底，彎曲腳背，拱起雙腳腳底。

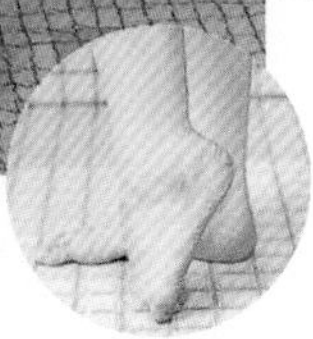

面對游泳池邊站立，雙手抓住游泳池邊。彎曲兩膝，單腳腳趾貼於池底，彎曲腳背，拱起腳底。左右都要進行 。

專　欄

妥善利用浮力，就可以進行激烈的C級伸展運動

透過伸展運動，因為緊張而收縮的肌肉能夠藉著拉扯而伸展，有助於緩和肌肉疼痛與不適症狀。水的浮力具有很大的效果。利用浮力讓身體從重力中解放，就能放鬆肌肉的緊張，同時擴大關節的可動範圍。此外，也不要忽略水的放鬆效果。

身體在陸地上較難取得平衡，同時，體重也會成為阻礙。但是，只要手扶住游泳池邊或是利用浮板等道具，就能夠在水中輕鬆的進行伸展動作。

在陸地上進行肌肉訓練之後，因為重力的影響，下半身容易積存含有老廢物的血液。但是只要輕鬆的游個泳，藉由水壓作用，就能夠促進血液循環，迅速去除體內的老廢物。

輕鬆游泳

以自由的姿勢和輕鬆的感覺來游泳。過於疲累的游泳方式會造成反效果。

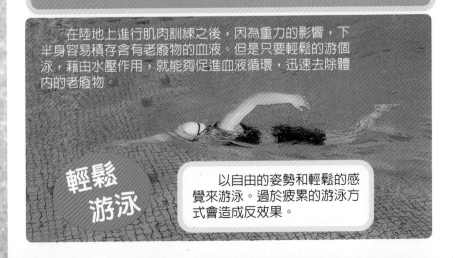

3 活用浴室的簡單伸展運動與訓練

如果時間充裕，不妨好好泡個澡。只要浸泡在溫水中，就會覺得身體溫暖、放鬆，心情煥然一新。利用泡澡時間進行伸展運動或訓練，就能使效果倍增。從現在開始，就把浴室當成是能夠進行簡單伸展運動的方便訓練場吧！

為何泡澡對身體很好

泡澡能夠消除疲勞、放鬆身心、得到安眠，這是大家根據經驗得知的事實。但是爲什麼泡澡對身體與肌膚都很好呢？

因爲身體一旦溫暖之後，毛細血管擴張，血液循環順暢，就能夠提高對於皮膚與肌肉的營養供給。亦即促進新陳代謝旺盛，由內部讓肌膚變得美麗。同時，全身冒汗，能夠提高身體的代謝機能，排出體內的老廢物或污垢。

擁有足夠的時間好好的泡個溫水澡，就能夠去除肌肉的緊張，活化副交感神經的功能，緩和高漲的情緒，獲得放鬆身心的效果，結果就能夠熟睡。

利用浴缸的情況和使用游泳池相同，也會受到水壓、溫度、浮力等的影響，對於伸展運動與訓練而言，效果極大。

主編/秦　彌　　插圖/田尻　喜代子

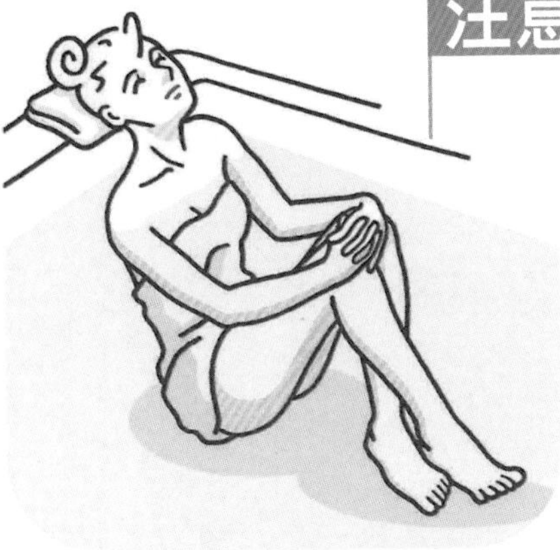

注意 水溫與泡澡的時間

浸泡在浴缸進行伸展運動與訓練時，以37到40度的溫水最適合。天氣寒冷時，必須注意更衣室到浴室或泡澡池的距離。要事先保持更衣室與浴室的溫暖。

飯後30分鐘內不可以泡澡，而喝完酒之後泡澡也很危險。

浸泡在40度的熱水中15分鐘，大約會流失300公克的汗。如果再加上進行伸展運動等，就更會促進排汗，因此要補充水分。長時間泡澡時，大約每隔20分鐘就要補充１杯水 。

不必在意旁人的眼光就能訓練，極具放鬆效果

利用家庭浴缸泡澡，不必在意他人的眼光，也不必擔心時間的問題，能夠自由的進行伸展運動，具有很大的放鬆效果。裸體可以獲得充分的解放感。

可以利用檜木桶或放置砂漏，也可以使用沐浴用防水鐘，或是特殊設計的液晶電視、電晶體收音機等。準備一些沐浴用的舒適配件，這是能夠長期持續進行的祕訣之一。

專　欄

利用泡澡進行簡單的芳香療法

最近芳香療法的效能備受注目，利用泡澡的時間，就能夠輕易的進行。所謂芳香療法，就是利用植物芳香成分的療法。食物的香氣具有防腐與抗菌效果，同時還具有鎮定等各種作用。

萃取出植物香氣中的有效成分，就能製作出各種精油，可以配合個人的需要做選擇。避免精油直接接觸肌膚　，滴幾滴精油到溫水中，與水混合之後，就能產生香氣。

想要使頭腦清新時，可以使用薄荷、檸檬、柑橘、香茅；想要消除壓力時，可以使用馬鬱蘭或依蘭；想要消除疲勞或去除肩膀酸痛時，可以使用薰衣草或迷迭香；想要放鬆時，則可以使用天竺葵與薰衣草的組合。混合幾種精油來使用更有效。

在浴缸中進行的伸展運動

頸部的伸展運動

　坐在浴缸裡，浴缸邊緣擱置毛巾，雙肘置於毛巾上。雙手手指將下顎往上推，伸展頸部肌肉　。

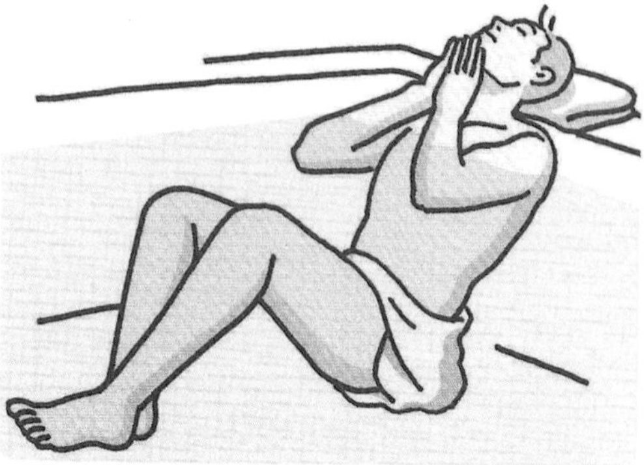

　進入浴缸內，靠在浴缸邊緣。邊緣擱置毛巾，讓頭部靠在毛巾上。利用雙手手指將下顎往上推，伸展頸部肌肉。

　坐在浴缸裡，兩膝直立，背部靠在浴缸壁上。雙手按壓頭部，伸展背肌。背骨稍微離開浴缸壁往前方彎曲。

POINT

　浴缸水中有浮力，臀部可能會上浮，因此，拱起背部進行更具效果。找尋伸直背部時感覺最舒服的部位。

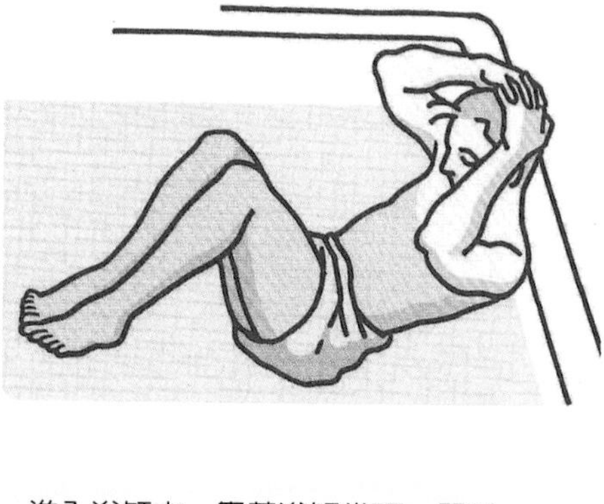

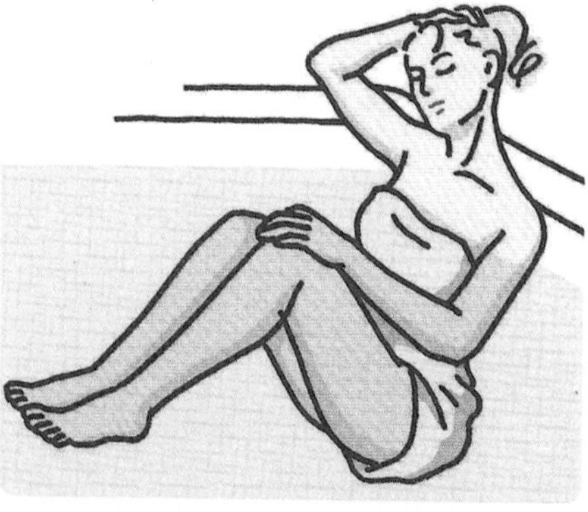

　進入浴缸內，靠著浴缸坐下。單手將頭部朝向側面壓，伸展頸部側面的肌肉。左右各進行１５秒鐘。特別酸痛的部位可以進行２套。

POINT

　重點是連頸部也都要浸泡在溫水中。肩膀容易露出水面，要讓肩膀也泡入水中後再做運動。

胸部・肩膀的伸展運動

單臂在頸部前面伸直，按壓伸向浴缸壁的手臂的肩膀。讓肩膀與水面呈一直線，這樣就能夠伸展肩膀深處。左右都要進行。

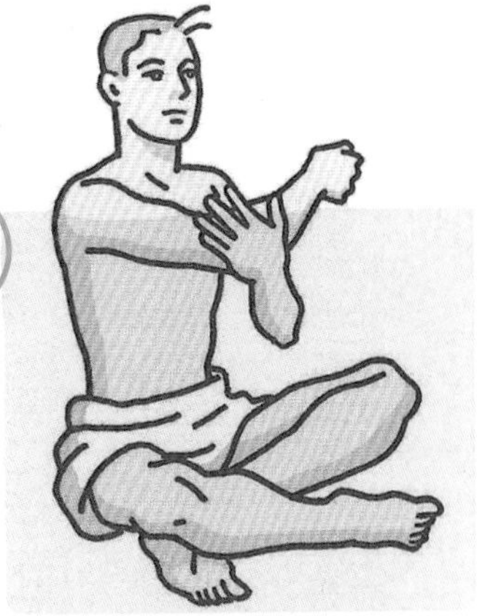

輕鬆的坐在浴缸內，連頸部也要浸泡在水中。單手伸向身體前方，另一隻手則按壓伸直的手肘。左右都要進行。

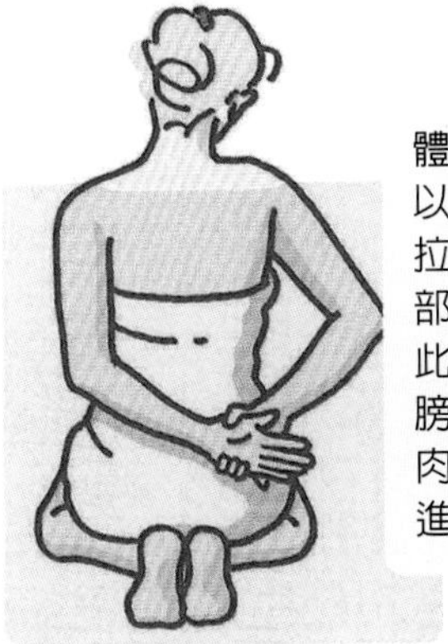

雙手在身體後方交疊，以右手將左手拉向右側，頸部往右傾，藉此能夠伸展肩膀與頸部的肌肉。左右都要進行。

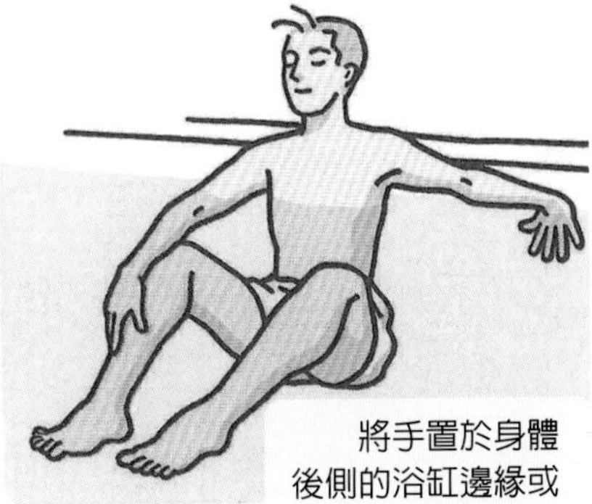

將手置於身體後側的浴缸邊緣或壁上，手臂往後伸直。藉此就能伸展胸部與肩膀前方。左右都要進行。

雙手置於身體後方，按住浴缸的底部，胸部後仰。因為浮力的作用，腰部可能會上浮，但是要保持後仰，直到感覺舒服的程度為止。

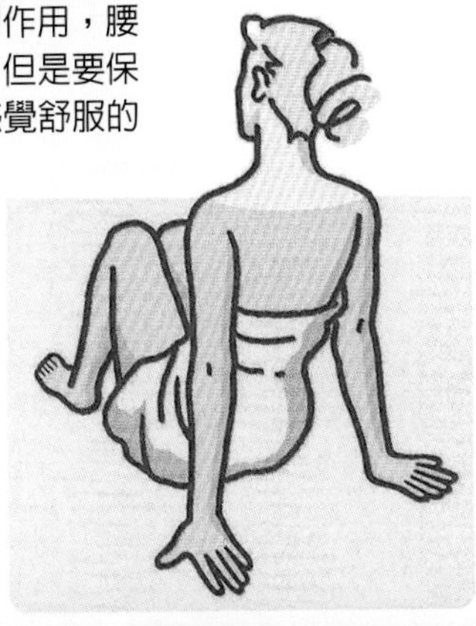

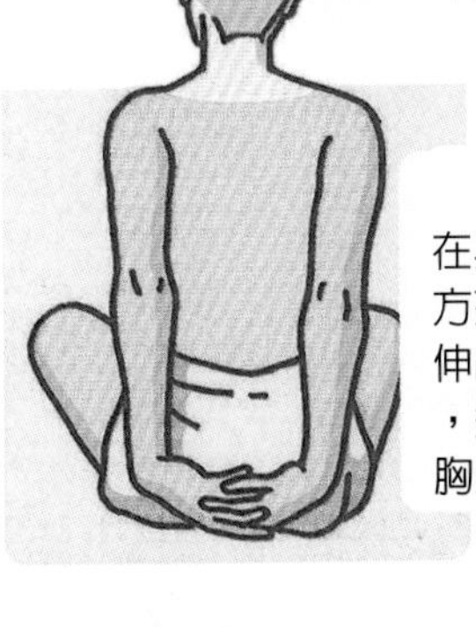

雙手在身體後方交疊，伸向後方，進行擴胸運動。

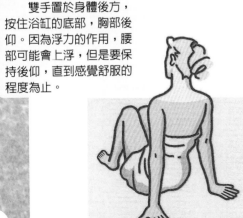

背部的伸展運動

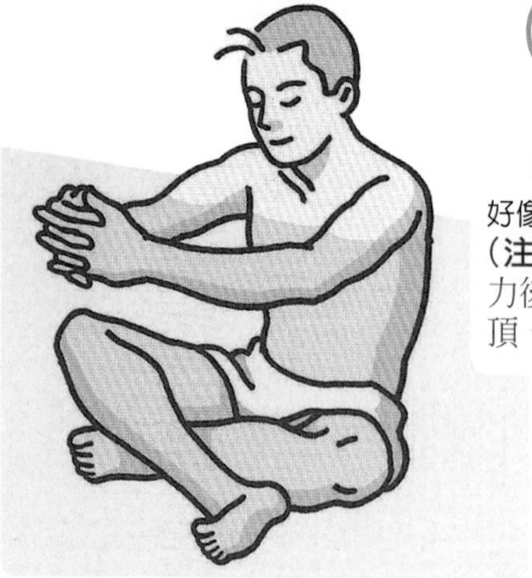

雙手在前方交疊，拱起背部，好像看著肚臍似的進行。
(注意)頭部過度下垂、下顎用力後收時，血液容易上衝到頭頂，必須注意。

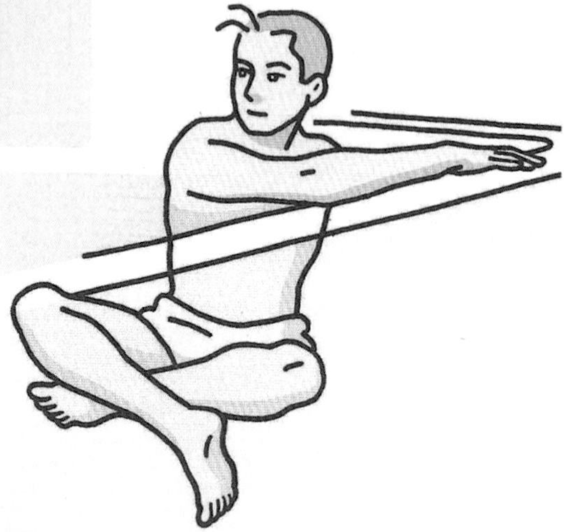

單臂在頸部的前方伸直，手扶在浴缸邊緣，用力伸展這隻手臂，藉此能夠伸展背部到側部。左右都要進行 。

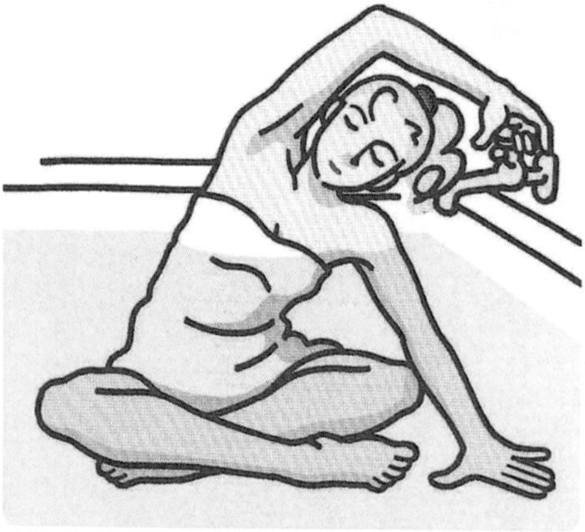

在浴缸內扭轉上半身，雙手抓住浴缸邊緣，藉此能夠刺激腹部與下背部。要放鬆肩膀來進行。

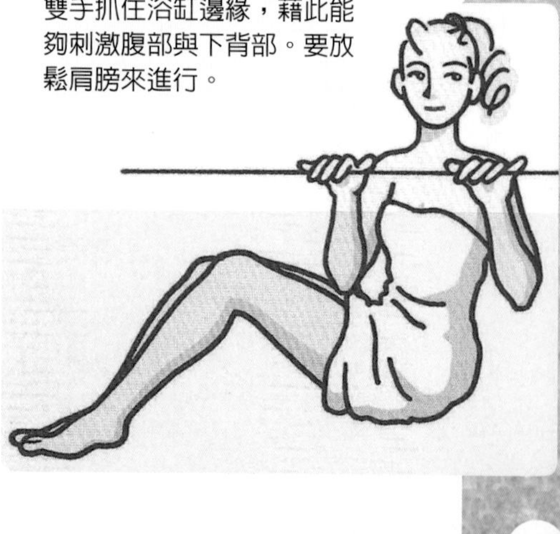

單手扶住浴缸底，另一隻手伸到頭部上方，手抓住可以搆著的東西，盡量的拉扯。左右都要進行。

手臂的伸展運動

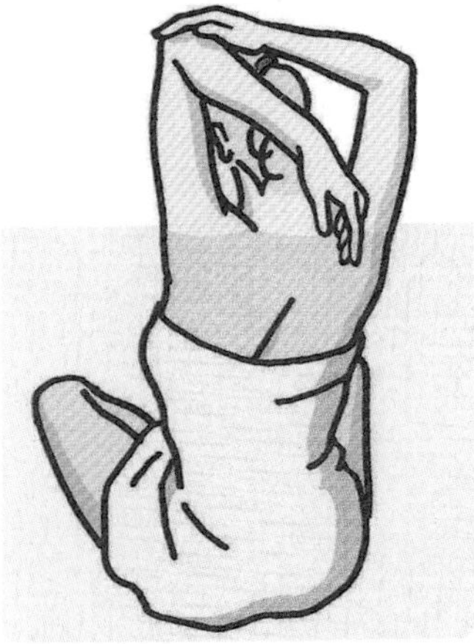

單臂貼在身體斜後方的浴室牆壁，藉此能夠伸展從胸部到手臂的部分。左右都要進行。

單手手肘在頭部後方彎曲，另一隻手從頭部後方抱住彎曲的手肘，藉此能夠伸展手臂的三頭肌。左右都要進行。

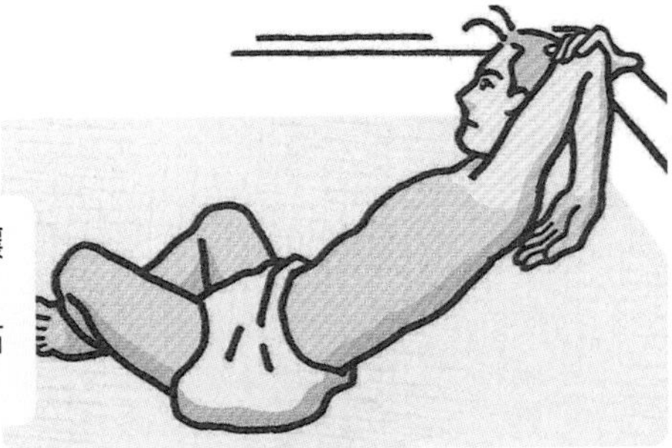

單手在頭部後方彎曲，讓另一隻手的手臂按壓浴缸壁，藉此能夠伸展手臂內側。左右都要進行。

手腕伸向前方，翻轉手掌（手背朝身體方向），用另一隻手壓住手掌。左右都要進行。

手腕朝前方伸出，另一隻手從上方按壓手背。左右都要進行。改變手腕彎曲的角度並加上扭轉動作，對於手肘的根部也能產生效果。

大腿的伸展運動

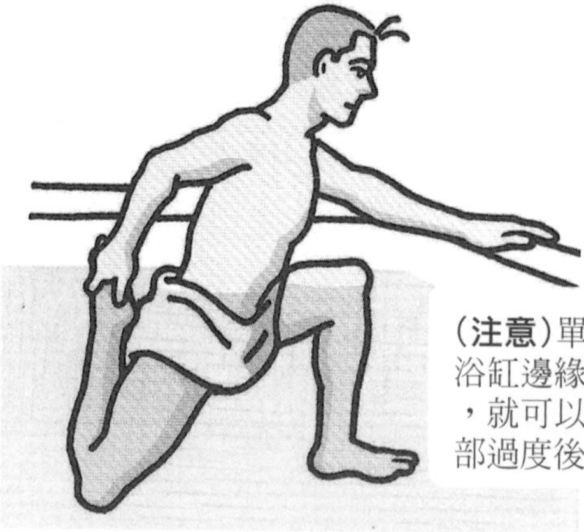

(注意)單手扶著浴缸邊緣來進行，就可以防止背部過度後仰。

單腳腳跟攀住浴缸邊緣，慢慢的伸展膝蓋。左右都要進行。也可以從邊緣將腳踝往上抬，不必勉強進行。活動腳踝，對於小腿肚也有幫助。

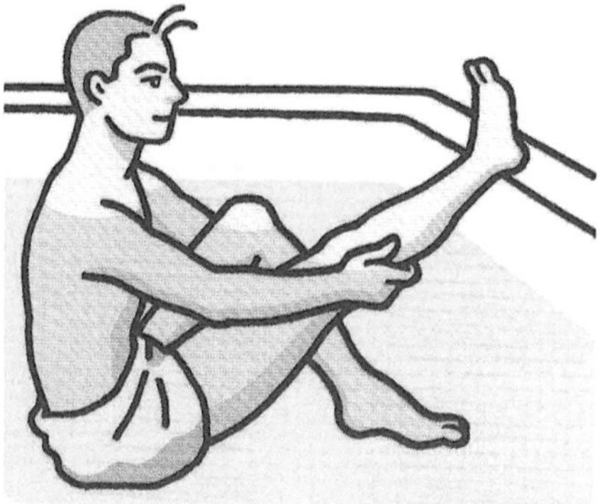

單膝跪在浴缸裡，抓住跪膝腳的腳踝，拉向臀部。左右都要進行。藉此能夠擴張股關節的角度，對於股關節、腳踝與足脛都有幫助。

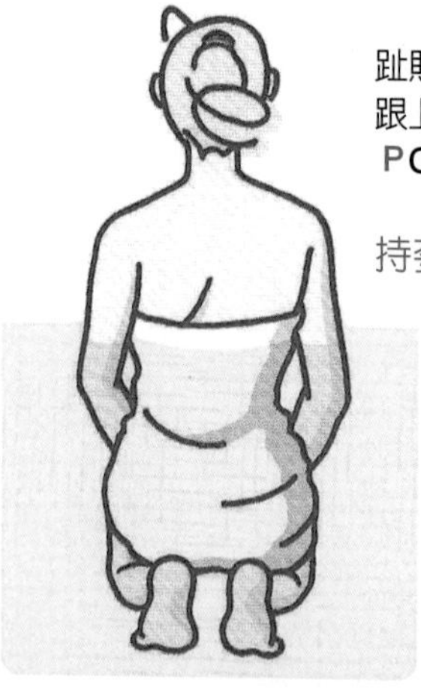

從正坐的姿勢開始，腳趾貼在浴缸底，臀部坐在腳跟上，伸展整個腳底。

POINT

各種伸展運動都要保持姿勢15秒鐘。

正坐在浴缸裡，單膝直立。體重置於立膝的大腿上，腳踝往前彎曲。左右都要進行。此外，好像讓腹部貼於胸部似的，將體重加諸其上，就能夠伸展跟腱周圍。

使用毛巾的伸展運動

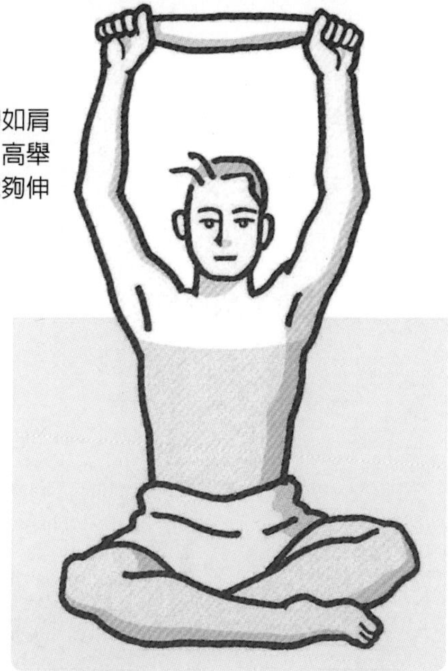

暖身運動

雙手張開約如肩寬，抓住毛巾，高舉到頭上。藉此能夠伸展肩膀與背部。

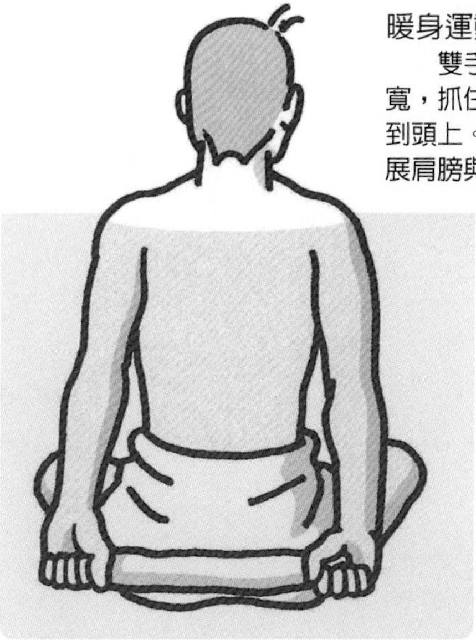

暖身運動

雙手無法高舉到頭上的人，可以將毛巾置於身體後方的臀部附近，然後雙手抓住毛巾拉扯。藉此能夠伸展肩膀與胸部。

頸部

毛巾置於腰側，頸部倒向該側。能夠伸展頸部側面。

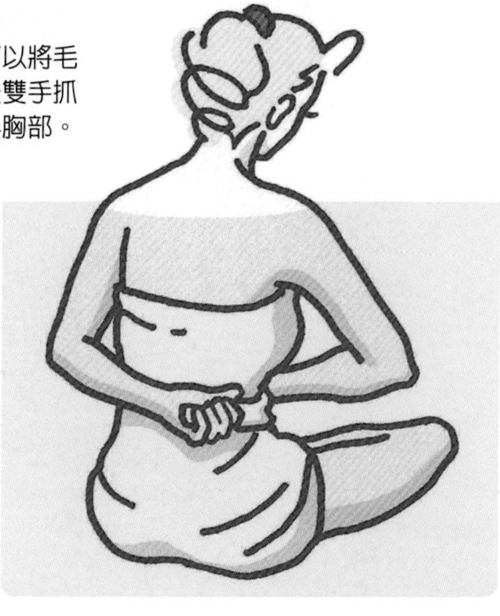

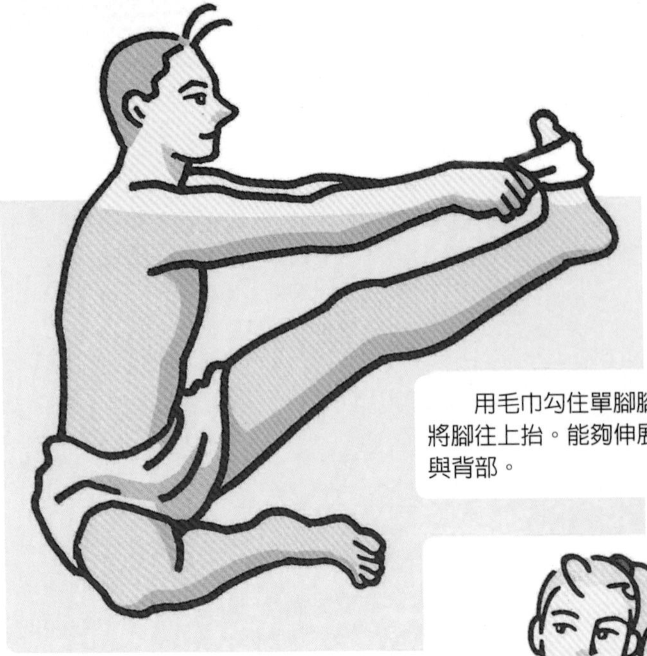

用毛巾勾住單腳腳底，將腳往上抬。能夠伸展腳底與背部。

雙手抓住毛巾伸直，身體朝後方扭轉。左右都要進行。

伸直單腳，用腳伸直側的手握住毛巾勾住腳底。另一隻手上抬到頭上，身體倒向被毛巾勾住的腳側。能夠伸展體側。

在浴缸中進行的訓練

暖身運動

輕鬆的坐在浴缸裡，用力吸氣的同時張開雙手，手掌朝上，手腕扭轉，讓手掌朝後方移動。吐氣時，手腕朝相反側轉。反覆進行幾次。

(**注意**)雙手都要深入水中來進行。

划槳動作

手在浴缸中進行如螺旋槳般的動作。在距離水面30公分的深處，利用手肘為支點，以畫 8 字的方式移動手。如果能夠形成漩渦，那就表示沒有問題。左右都要進行。

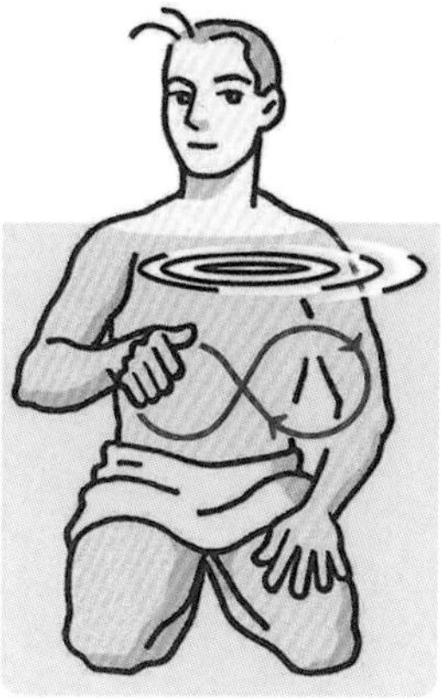

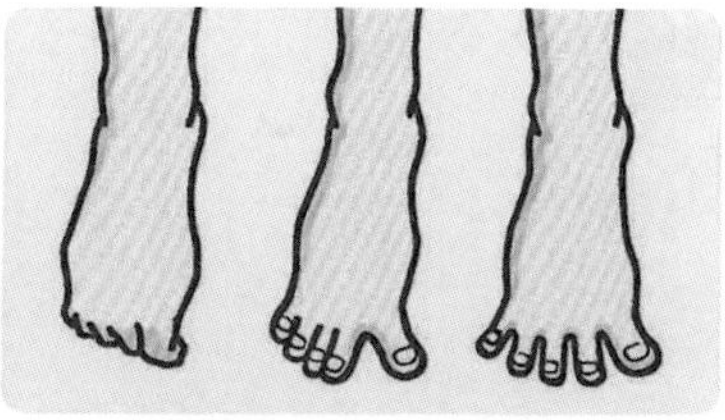

腳趾猜拳

腳趾在浴缸裡做出剪刀、石頭、布的形狀。藉此可以訓練腳底和腳趾，也能夠去除小腿肚的疲勞。

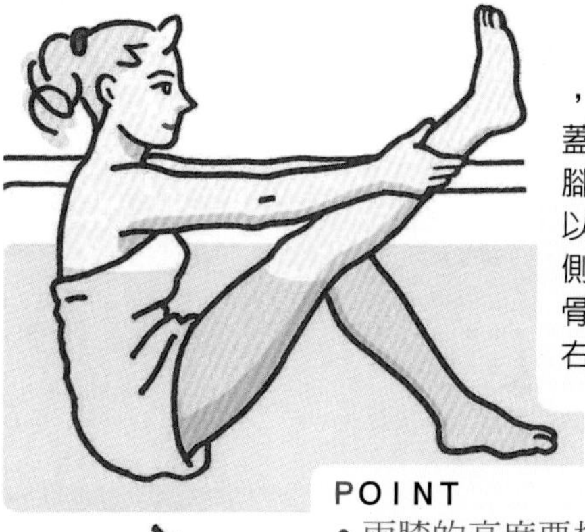

雙膝直立，不要改變膝蓋的高度，單腳上抬。它可以伸展大腿內側，同時進行骨盆訓練。左右都要進行。

POINT

- 兩膝的高度要相同。
- 背部不要碰到浴缸，就更能夠增加運動強度。
- 身體在浴缸中不易保持穩定，所以要利用臀部兩側來取得平衡。

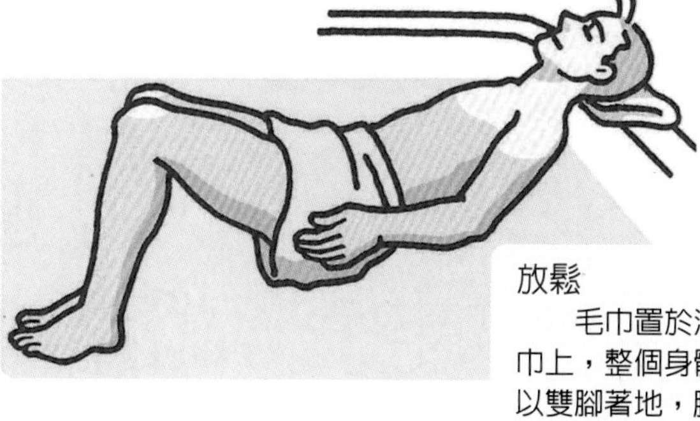

放鬆

毛巾置於浴缸邊緣，頭置於毛巾上，整個身體浮於浴缸中。也可以雙腳著地，腰部上抬，將腰與肩膀朝左右搖晃。

利用洗澡時間按壓穴道

洗澡時邊進行伸展運動邊按壓穴道，就能夠去除身體的酸痛與關節僵硬。以下就身體部位來介紹各穴道的位置與按壓效果。要一直按壓到感覺舒服的程度為止。

肩膀穴道

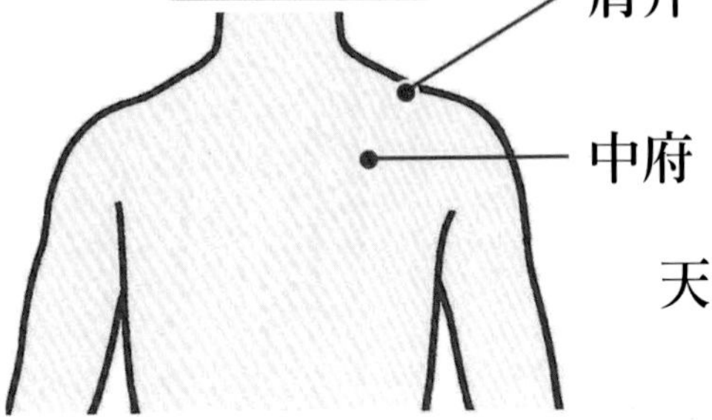

肩膀和頸部正中央是「肩井穴」，從肩井往胸部下降，在乳頭和鎖骨之間有「中府穴」，左右各有 1 個。對於肩膀酸痛有效。

頸部穴道

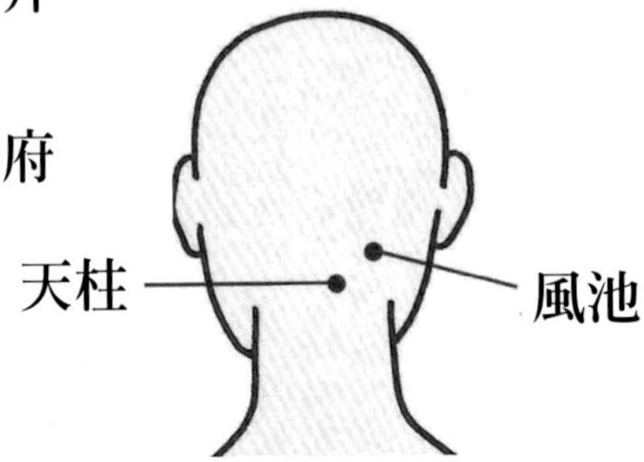

在枕部根部的陷凹處有「天柱穴」，而在其稍上方的頸椎左右則有「風池穴」，都是對感冒有效的穴道。

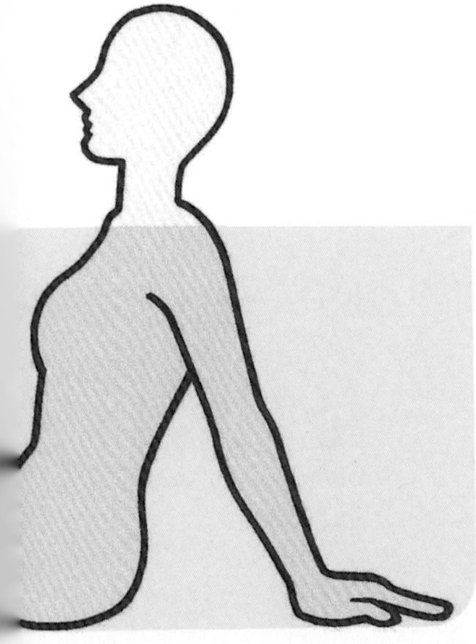

手臂穴道

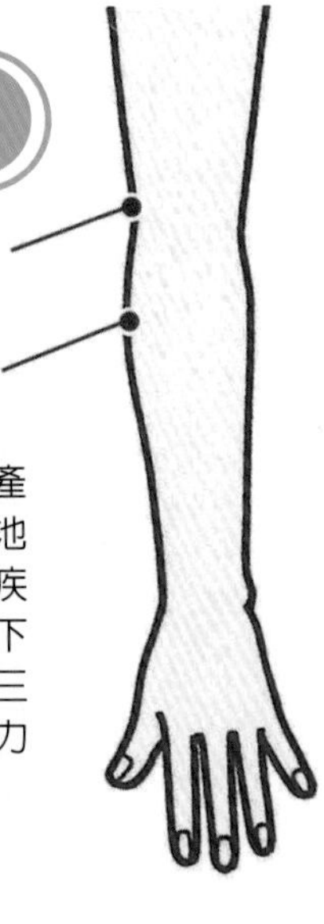

在彎曲手肘而產生的皺紋上有「曲池穴」。對於所有的疾病都有效。曲池穴下方 2 公分處是「手三里」，對於消除壓力與胃腸疾病有效。

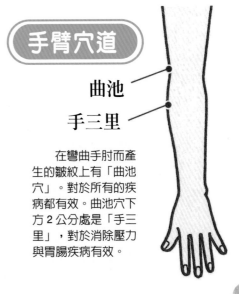

手部穴道

在手背上拇指與食指之間的是「合谷穴」。對於胃腸、眼睛毛病和牙痛有效。手掌的正中央有「勞宮穴」。可以揉捏整個手掌。

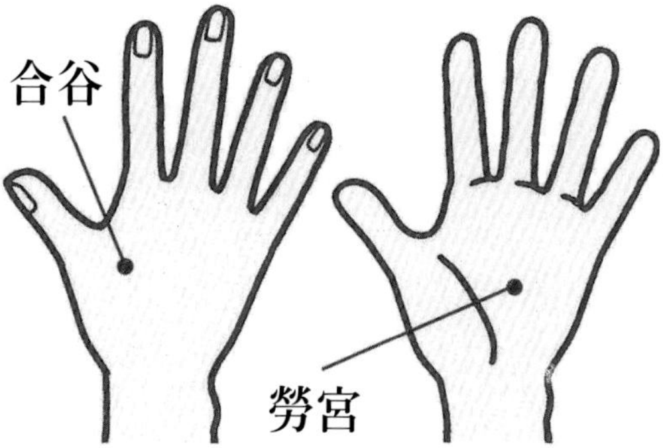

腳部穴道

在膝內側陷凹處的正中央有「委中穴」，對於腰痛有效。而在膝蓋稍上方的腳內側有「血海穴」，有助於消除腳部浮腫。膝蓋下方的足脛內側則有「足三里穴 」，對於各種疾病都有效。

小腿肚兩個隆起處的中間有「承山穴」，對於腰痛、小腿肚抽筋、腳倦怠有效。在內踝 4 公分上方有「三陰交穴」，對於婦科疾病有效。

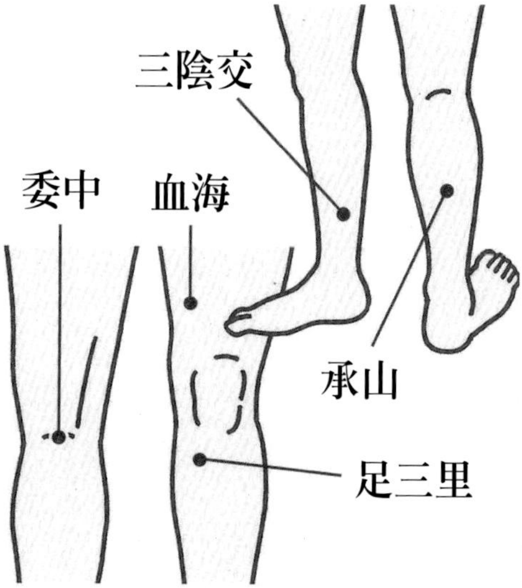

腳底穴道

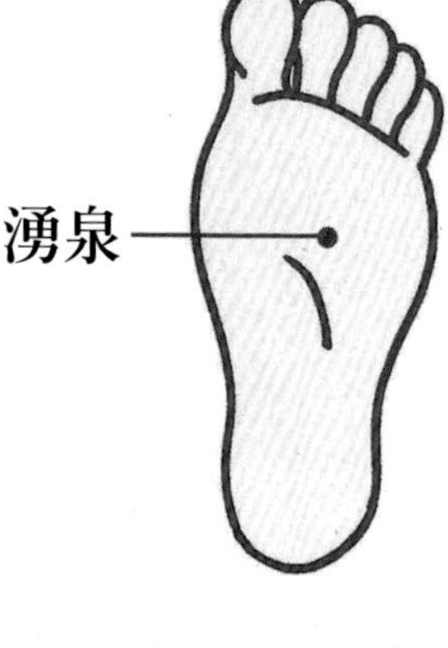

腳趾下側兩個隆起處的中間有「湧泉穴」，這是能夠產生元氣的穴道。

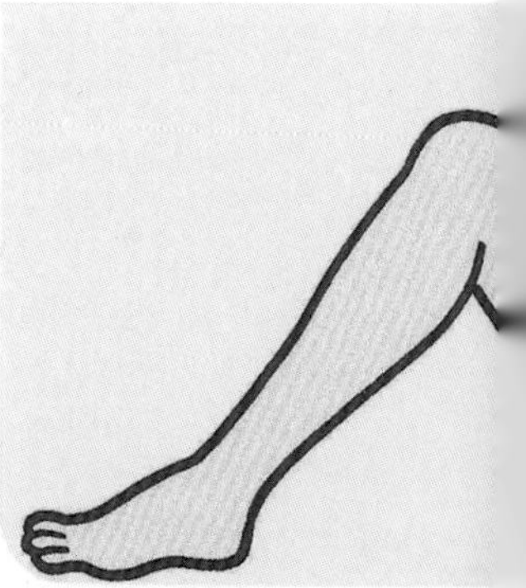

水中漫步的基本知識

水中漫步的對象

身體健康的人（包括不會游泳的人在內）以及擁有危險性的人（膝、腰痛等 ）、肥胖者、體力較差、高齡者等很難進行運動的人，也可進行水中漫步。水中漫步可以說是最適合所有人最初進行的運動。

運動時間與頻率

最初１次30分鐘，習慣之後，可以延長爲40到 45分鐘 。可以每天進行水中漫步，但是，如果運動的隔天出現身體狀況不良、疲倦、心悸等症狀時，就表示訓練過度，必須將時間縮短爲15到20分鐘。

水的特性以及對身體的效果

阻力　利用水的阻力，配合本身的體力，可以改變運動強度。接觸水的表面積越少，運動就越輕鬆。以手部動作爲例，切水的動作阻力最小，而張開手推水的動作其阻力最大。

水的密度是空氣的８００倍，在水中進行與陸地上相同的動作時，會消耗掉更多的熱量，所以能夠有效的鍛鍊肌肉。

浮力　在水中，因爲浮力的作用而會使體重減輕。水深及胸時，體重大約是陸地上的30%（約15公斤）。因爲膝或腰痛而苦惱的人，在水中能夠減輕關節的負擔，順利的運動。

能夠擴大關節的可動範圍，提高身體的柔軟性。身體僵硬的人進入水中活動，比起在陸地上而言，更能夠進行多樣化的動作，有效的伸展關節周圍的肌肉。

水溫　最適合的水溫是比體溫低的30℃。爲了溫熱身體，體內的代謝會提高，因此，只要進入水中，就能消耗熱量。此外，也能提升體溫調節機能，讓身體適應氣溫的變化，這樣在季節交替時就不容易感冒。

水壓　水壓加諸於身體時，血管受到壓迫，就能夠發揮水泵作用，使得血液循環順暢。深度越深，水壓越大，則下半身就越能夠獲得水壓效果而促進血液循環。想要改善腳部浮腫症狀或是希望雕塑下半身的人，可以進行水中漫步運動。

變換強度的方法

速度　動作越慢則強度越低。最初慢慢的活動，等到習慣水中運動之後，再慢慢的加快速度。速度越快，水的阻力越大，身體的負荷也就越大。

改變長度　彎曲手肘時，手肘到手指的長度比較小，而肩膀到手臂的長度比較大。另外，屈膝抬腿的長度比較小，而抬高整隻腿的長度比較大。只要改變使用部位的長度，就能夠改變阻力的大小。

表面積　在水中移動部位的表面積越大，承受水的阻力也越大。移動身體前面或背面向前走或倒退走時，承受的阻力較大，而側身走的話，比較不容易感受到水的阻力，容易移動。

主編/富永 典子・中谷 麻鯉子　　攝影/清宮 淳一

4

水中漫步講座

因為不會游泳而與水無緣的人，或是身體衰弱而不能夠進行劇烈運動的人，也可以進行水中運動。任何人都能夠「在水中走路」。能夠利用在水中嬉戲來提高體力的運動，那就是水中漫步。現在我們就一起來體驗水中漫步的樂趣吧！

基本知識

挺直背肌，收小腹，放鬆肩膀的力量。腳跟先著地，用整個腳底踩著游泳池底走路。習慣水之後，可以用力擺動手臂，邁開大步走路。

暖身運動

進入水中之後，必須先做輕度運動，使體溫上升。

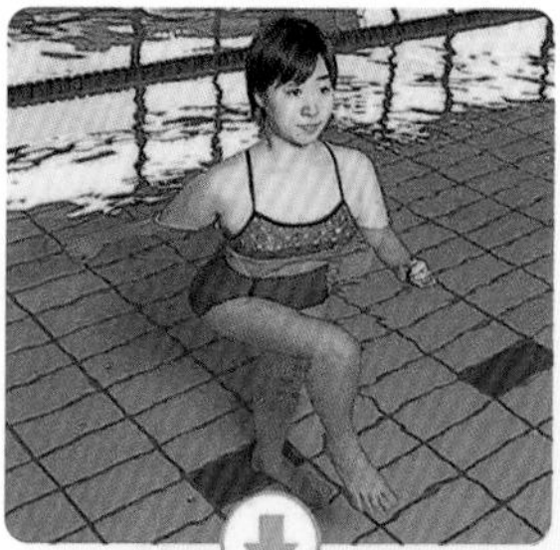

原地踏步
（踏步動作）

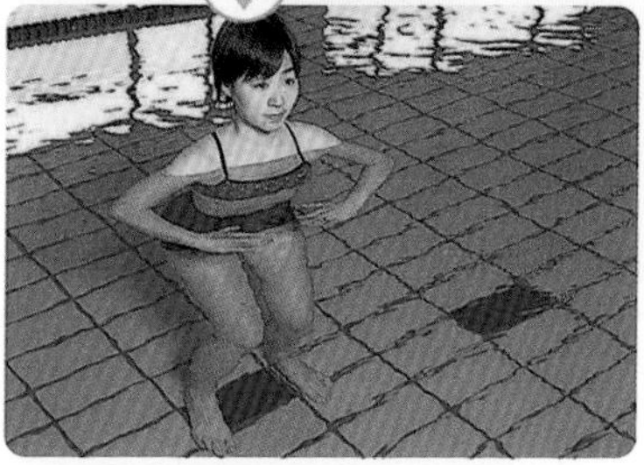

原地跳躍

用手將水往下壓，以讓身體上抬起的感覺跳躍。腳著地時，連肩膀都要浸泡在水中。手置於胸部附近，輕微屈膝。

手腳張開、併攏。手臂朝正側面伸直時張開雙腳。手臂在身體的正面交叉時併攏雙腳。

扭轉

上半身保持朝向正面的姿勢，跳躍時，下半身朝左右扭轉。手朝與下半身相反的方向擺盪。

踢腿

好像打水似的，膝往前伸出。

伸展運動

為了防止受傷，必須仔細進行下半身的伸展運動。充分伸展肌肉，提高身體的柔軟性後再進行正式的運動。不要屏息 ，而要持續自然呼吸。

臀部的伸展運動。雙臂抱住大腿，拉向上半身。

腰背部的伸展運動。雙手伸向前方，交疊於身體正面。寒冷時，在水中以畫 8 字的方式移動，就能夠溫暖身體。

如果無法取得平衡，可以用雙手扶住游泳池邊緣以支撐身體。單腳往前伸出，腳底貼於壁面，伸展大腿內側 。

腳內側的伸展運動。抬起單腳，伸向前方，用相反側的手扶住腳。

大腿前側的伸展運動。單手扶住游泳池邊支撐身體。另一隻手抓住同側的腳跟，貼於臀部。

雙手壓著游泳池壁，慢慢的伸展跟腱。意識到腳跟踩著池底（事實上，因為浮力關係，腳跟會浮起）。

手臂朝正側面張開，彎曲單腳，置於另一隻腿的膝上。身體稍微下沈 ，伸展置於膝上的腳的臀大肌。

大腿前側的伸展運動。能夠保持平衡的人，不需要扶住游泳池邊，腳後彎。用相反側的手抓住彎曲側的腳跟，貼於臀部。

讓身體習慣

以上半身的動作為主做運動，讓身體掌握在水中活動的方式。

在水中放鬆身體的力量，讓身體有節奏的朝左右移動。手臂隨意擺盪，沒有承受體重的腳伸向側面。

三角肌的運動。進行膝蓋屈伸運動，同時一隻手臂由下往上撥水，兩手交互進行。

肱二頭肌的運動。彎曲手肘，手臂置於身體側面，稍微屈膝。以將水由下往上撈起的感覺，抬高手臂，這時要伸直膝。

專　欄

先在陸地上進行一些伸展運動。以下半身為主，伸展大腿前後、腰背部、小腿肚肌肉。然後進入水中，確認身體在水中的動作之後，再進行正式的伸展運動。

胸大肌的運動。手由後方往前繞，好像讓水聚集在身體前面似的。

背部肌肉的運動。緊縮手肘，就能縮短長度，手臂併攏將水往前撥 。

對於大腿前後有效的運動。單腳往前伸出，相反側的手臂往前伸。前後手腳交替運動。

繞肩關節的運動。彎曲手肘，手指碰到肩膀繞肩。

緊縮大腿內側的運動。手臂朝向側面張開，張開雙腳。併攏雙腳的同時，手來到身體正面。

手臂將水往後推的同時往前跳。手臂繞到前面時放鬆力量 。

邊跳躍邊往後移動。跳躍時，併攏手臂，著地時，用手將水往前推，同時後退。利用跳躍的方式移動時，倒退走比較容易進行。

開始走走看吧！

終於要向水中漫步挑戰了。向前走、倒退走、側走，在池中盡情的漫步吧！腳可以抬高或伸直，在陸地上無法完成的動作，在水中都可以快樂的進行。水中運動充滿變化，可以改變每一次的組合動作。不會厭倦，才能長久持續。

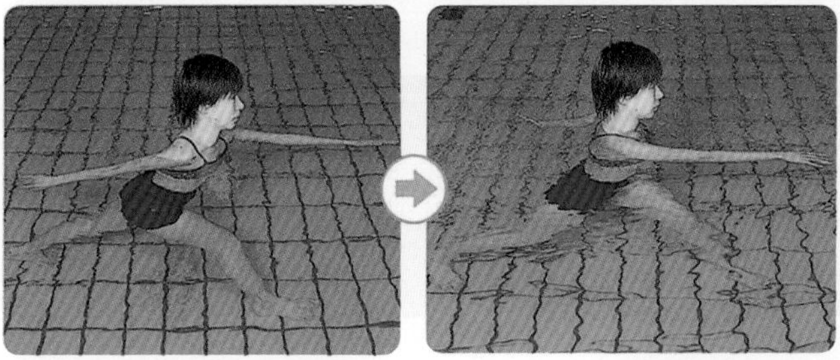

向前走

背骨保持自然的Ｓ形站立。腹部用力，這樣就可以避免小腹突出、臀部後翹。腳跟先著地，腳底貼於池底，然後再慢慢的將體重置於腳底。用腳底踢池底前進。與用手撥水相比 ，更容易前進。

向前走的手部變化。手朝斜後方繞，利用阻力，就能使用到背部的肌肉。

不良姿勢

雖然想要前進，但是身體卻往前彎曲。結果腰部後收，臀部突出，這是ＮＧ動作。

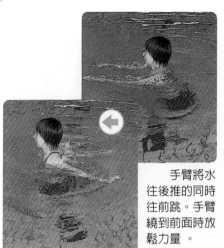

在游泳池內畫圓走路

在游泳池裡走路時，走在前面的人的正後方會形成漩渦。如果讓身體好像捲入漩渦中似的走路，因為水的阻力變小，所以會降低訓練效果。因此，不要排成一列，要避開前面的人的路線來移動。

向前走的手部變化

手從正面朝側面→後面繞來撥水。這樣比較容易前進。

側走

手臂伸到側面，單腳往側面跨出 1 步。手臂朝身體正面下落，另一隻腳向朝側面跨出的腳併攏。可以使用併攏過來的腳的大腿內側。手只是用來保持平衡而已 ，但如果將水往下壓，就能成為鍛鍊胸大肌的運動。

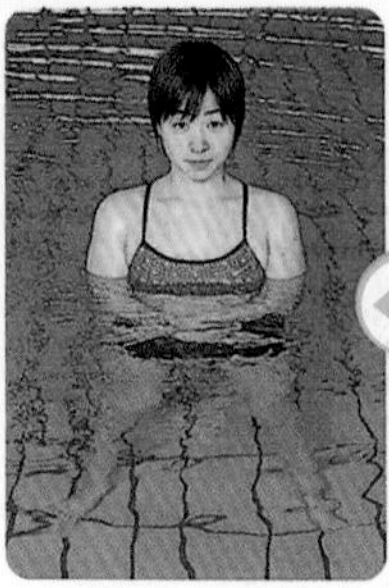

側走的手部變化

攤開的手臂在身體後方併攏，就能夠成為鍛鍊背闊肌的運動 。

踏出單腳的同時，雙臂朝同一方向，與水面平行撥水。另一隻腳在併攏的同時，雙臂則朝相反側併攏，藉此就能夠鍛鍊上半身 。

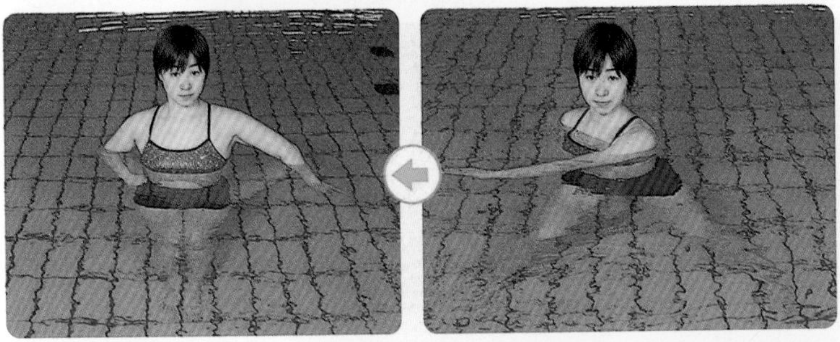

單腳朝側面跨出的同時，單手伸向內側的斜前方。另一隻腳併攏的同時，伸出的手朝外撥水，藉此能夠有效的活動背部。

側走的應用

單腳將水往外踢或伸向側面，手腳朝同一方向伸展。或是伸展的腳與重心腳交叉，接著還原。手腳一起朝反方向移動。重心腳稍微朝外張開。藉此能夠鍛鍊腳外側的肌肉與臀部的外側 。

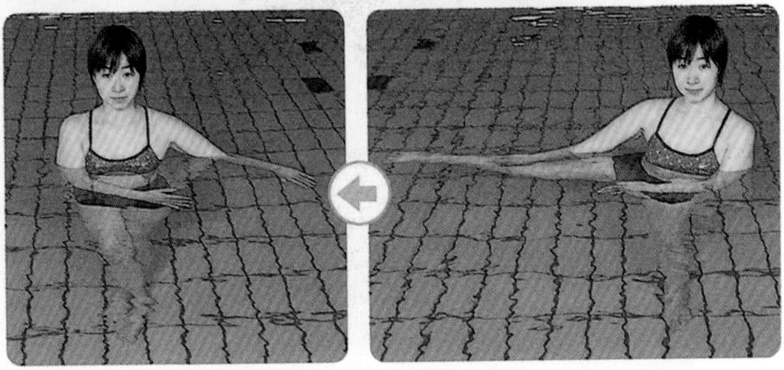

倒退走

腳往後退，腳趾先碰到池底，接著體重置於腳跟。腹部用力，手保持自由狀態。向前走與倒退走其所使用的肌肉相同，但倒退走能夠刺激神經，活化腦部功能。

手部變化。手由後往前推。正如同向前走一樣，由前往後撥水也不錯。

不良例

想要倒退走，結果過度用力，導致身體後傾。很多人就是以這種方式來走路。

用相反側的手碰觸伸直腳的腳趾。因為阻力延長，所以，負擔較大。藉此能夠鍛鍊膝周圍的肌肉。

抬高單腳走路。盡量讓膝碰到相反側的手肘，一邊扭動身體一邊走路，就能成為鍛鍊腹斜肌的運動。身體前傾會造成腰部的負擔，因此一定要保持正確的姿勢。

跑跳步

每1步都很有節奏的往前跳。進入踢的動作，所以，能夠提高強度以鍛鍊腳力。

交叉走

使用單腳大腿內側的肌肉，從外側朝向前方繞。手與走路腳相反側的方向保持平衡。著地時朝向正面的內側。

手部變化

好像自由式的手部動作。能使肩關節柔軟並加以強化。

專　欄

走路時，過度意識行進的方向，會造成身體傾斜。前進時身體容易前傾，後退時身體容易後仰，而側走時，身體會偏左或偏右。因此，必須經常保持背肌挺直、腹部用力的姿勢。不要將注意力集中在前進這件事上，而應該要注意每個動作。

重點是用整個腳底貼於池底來走路。

向後踢

手置於身體的正前方。手臂將水往前推的同時，單腳伸向後方。

使用道具走路

對於體力沒有自信的人，或因為沒有任何支撐而懷有恐懼心的老年人，可以藉由抓住道具來運動。

使用浮棒

身體無法保持挺直的人，可以藉著浮棒來矯正姿勢。

將浮棒往下壓來走路。

邊推浮棒邊走路。推動漂浮物需要很大的力量，藉此就可以強化上半身的肩膀或胸部等。

使用輔助板（狀似甜甜圈的厚浮板），抬高膝，讓輔助板通過膝下。

使用浮板

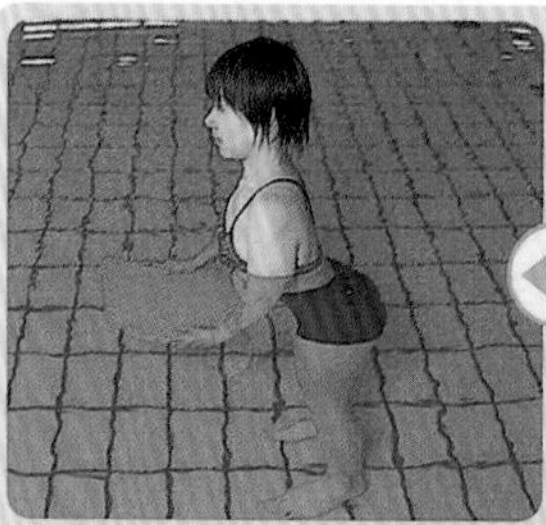

將浮板從水面上往下壓，藉此可以訓練上半身。

將浮板置於身體正面往前推，藉此可以鍛鍊肩膀前方與胸大肌的上部。拉向面前時，會使用到背部的肌肉。因此，推、拉的動作最好合為一組來進行。當然也可以只做一種動作。

使用啞鈴

沒有裝水的啞鈴其浮力會成為阻力。

將啞鈴推向後面，能夠鍛鍊背部的肌肉。手朝側面張開。稍微彎曲手肘，將啞鈴往下壓的同時，手臂朝前方併攏。藉此可以鍛鍊胸部肌肉。

朝側面張開的手下落並於後方併攏，藉此可以鍛鍊背部的肌肉。

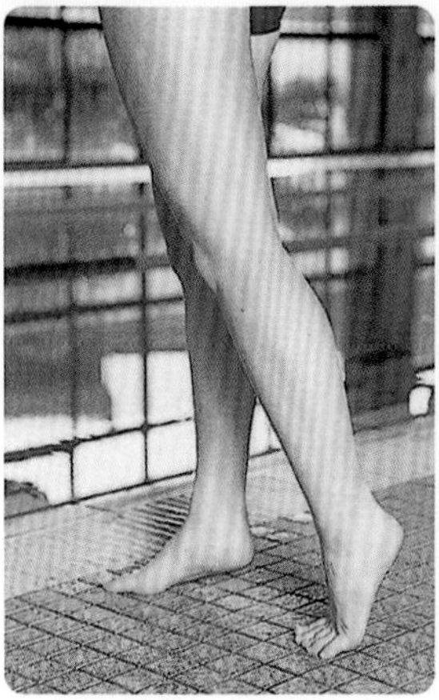

踮腳尖

踮腳尖走路，能夠鍛鍊小腿肚的肌肉。

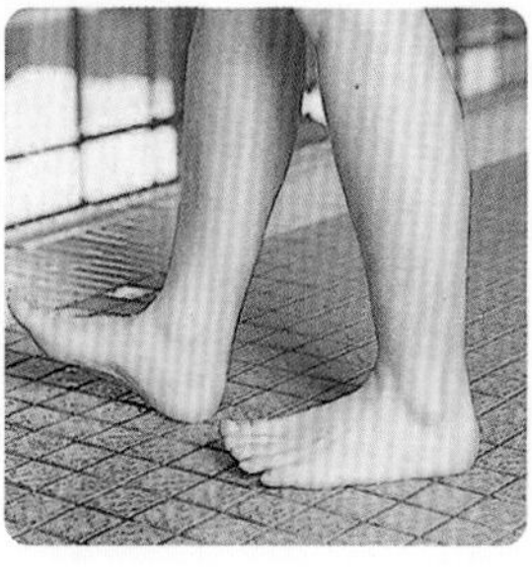

踮腳跟

腳趾上抬，用腳跟走路，能夠鍛鍊足脛前面的肌肉（脛骨外肌）。高齡者平常很少抬起腳趾來走路，不慎撞到東西時容易跌倒。因此，這可以當成防止高齡者跌倒的訓練。

5 利用水中運動改變身體的人

「有趣的」水中格鬥技

早稻田大學游泳社水球社團員

攝影/ 遠藤 潤
協助採訪/ 早稻田大學

PROFILE

雖然是只有 9 名團員的小社團，但是近年來的戰績卓著。1999年獲得東日本團體賽冠軍 / 2000年獲得日本錦標賽冠軍、東日本團體賽二連霸、大學錦標賽亞軍 / 2001年獲得日本錦標賽八強之一。

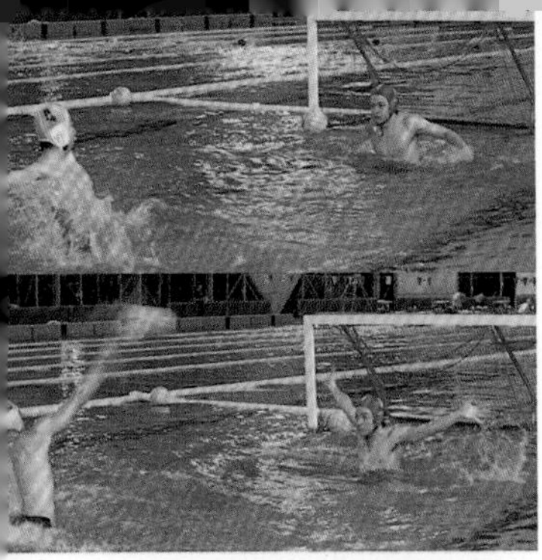

在丘陵環繞的早稻田大學所澤校園裡，水球社的成員們正在游泳池裡練習。他們個個都擁有健美的倒三角形身材。水球到底是什麼樣的運動呢？

國人對於水球比較陌生，但這卻是匈牙利的國技。在西班牙與義大利，也經常舉行職業水球聯賽。

打水球時，除了需要具備游泳的技巧之外，也必須要擁有能夠持續游泳一小時的體力以及強健的身體，是屬於非常殘酷的運動。

以下就簡單的來說明水球規則。這是由一名守門員和六名球員與友隊進行的比賽。規則與足球相同，將球射入球門內就算得分。每節七分鐘，採四節制，但是還要加上犯規等暫停的時間，所以實際比賽時間大約爲一小時。在這段時間內，場內球員的腳不能貼於池底。

這是包括運球、傳球、快速攻守等要素在內的運動，與其說是足球，還不如說更接近籃球。除了守門員之外，其餘球員都必須利用單手控球，困難度極高。球賽規則允許干擾（衝撞）持球者，因此，經常出現劇烈的肢體接觸，流血意外是家常便飯。

這次筆者採訪的對象是主將舩本龍生、FW橋爪洋介與GK保見純三名球員。他們在高中時代都曾經是優秀的代表選手。

純粹游泳已經無法令人滿足了

……打水球的經歷有多久？

舩本　十年了。就讀初中時，學校（明大中野）的水球社很強，因此加入水球社。

橋爪　我也已經十年了。從小學五年級開始打水球。當時參加的游泳教室也開設水球班，覺得很有趣，所以就參加了。

保見　從高中時代開始，到現在已經五年了。父親曾經是水球選手。讀高中時，因爲想向水球挑戰，所以就進入了水球

較強的學校。

……橋爪，你有游泳比賽的經驗，爲什麼會想打水球呢？

橋爪　我個性比較害羞，參加游泳比賽時容易緊張，因此，屢遭失敗。水球比賽與游泳不同，過程中還有反敗爲勝的機會，只要堅持到最後都不放棄，就有獲勝的機會。我覺得這樣很好。

船本龍生
教育學部 4 年級　明大中野高中。曾經參加亞洲冠軍選拔賽。

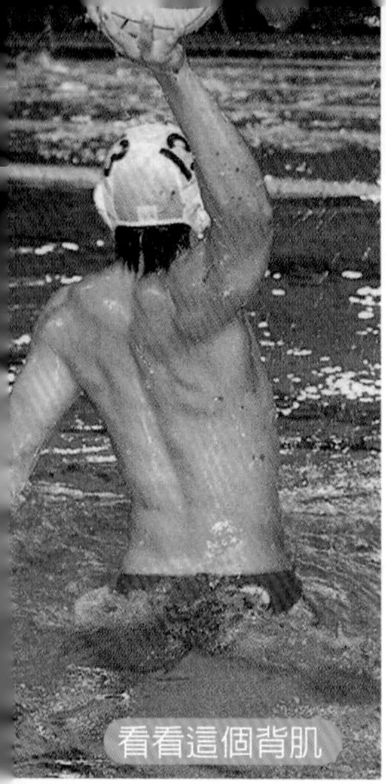

看看這個背肌

船本　游泳比賽是屬於個人的運動，但是我覺得有同伴還是比較快樂。

保見　我也曾經參加過游泳比賽，但接觸水球之後，就覺得游泳比賽很無聊。連游泳社的團員也都想要嘗試打水球呢！

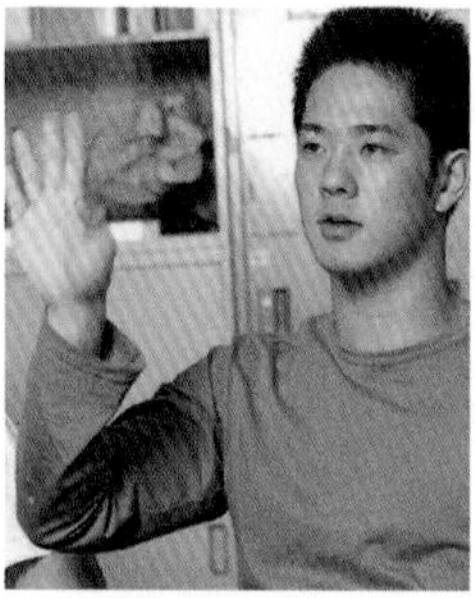

橋爪洋介
人類科學部 3 年級
京都・鳥羽高中。

祕密在於「踩水」

……怎麼做才能持續游泳一個小時呢？

保見　不是採取普通的站立姿勢游泳，而是使用「踩水」這種左右腳交互、好像螺旋槳般的踩水動作（做出腳部動作讓採訪員看）。和花式的游泳法相同。

……這樣就能夠支撐一個小時啊！要不要進行步調分配呢？

保見　對我們來說，「踩水」是基本條件。就好像不會溜冰的人根本無法參加冰上曲棍球一樣。從比賽一開始到最後都要全力以赴，因此，根本不必去考慮步調分配的問題。

船本　「踩水」只要練習二、三個月就會了，但是，爲了創造持續游一個小時的體力，平常就必須要盡量游泳。游二百公尺的暖身運動，然後開始游一趟的練習，決定游一趟的時間。這個時間和下一次練習後游出的時間相比，如果下一次游得較快，到再進入下一趟的

◀ 比賽時經常要踩水

◀ 打水球除了游泳技術之外，還要加入其他的技巧

練習之前，就可以休息較長的時間，而如果游得比較慢，那就要縮短休息時間了。

例如，一百公尺一趟一分三十秒，則必須游十趟。四百公尺一趟六分鐘，就要游二趟。二百公尺一趟二分五十秒，就要游四趟，然後再游一次一百公尺，一趟一分三十秒游八趟。最後的五十公尺沒有休息時間，必須衝刺八趟。此外，還有傳球、射門等練習。練習時間合計三小時。

……哇！總共能游四公里耶！

橋爪　偶爾也會使用機械來進行肌肉訓練。

……水球運動最常使用的是哪一個部位呢？

保見　當然是腰啦！我擔任守門員，必須持續練習游泳。而其他的球員則應該都會好好的鍛鍊肩膀。

要和裁判打心理戰嗎？

……據說在水面下的追逐才是醍醐味，這是什麼意思呢？

保見　這也稱爲下方技巧。也就是說，只要裁判沒看到，那麼在水面下做什麼事都可以（笑）。在水面下才是眞正的搏鬥戰。讓對方沈入水中……。

……表面上看來和手球很像，那麼戰力也類似嗎？

保見　手球是大家聚集在球門前防守，而水球則是採取區域防守或一對一防守。球門前有機動球員負責中心任務，因此和籃球類似。

保見　純
人類科學部２年級
埼玉榮高中。
世界ＪＲ代表候補選手。

橋爪　攻擊法是以反攻的快攻爲主。此外，也接受教練的暗示進行攻守。

舩本　看清周圍、判斷狀況很重要。光游泳游得快沒有用。因此，與其說是游泳比賽，還不如說是使用腦力的比賽。

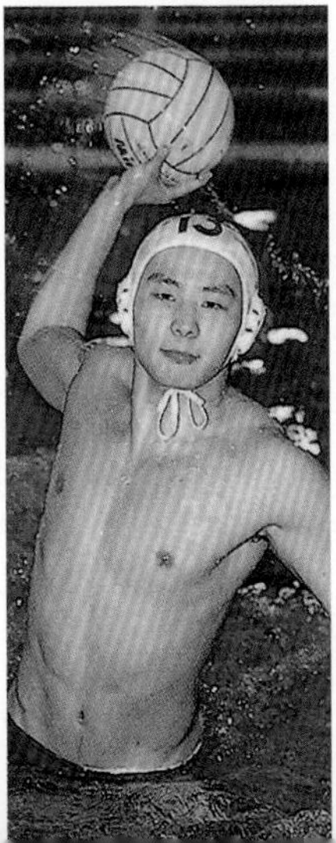

◀ 你也中了水球的魔力嗎？

利用水花巧妙的演出以及技巧防守等，充分展現追逐的妙技，光是觀戰，就讓人覺得妙趣橫生。這也就是水球的魅力。「只要嘗試，就會覺得非常有趣。」「光是游泳，已經無法讓人得到滿足。」這是他們共同的感想。沒想到如此「勁爆」的比賽，竟然是在水中舉行的。

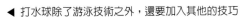

在游泳池中奮鬥的旱鴨子！

笹森曉美

PROFILE

1979年出生於青森市。畢業於東京商科學院運動商業學科，擔任訓練員。

攝影/ 遠藤　潤

協助採訪/ 田無運動俱樂部

從西東京市的中心地田無的運動俱樂部中，傳來了開朗的笑聲。這就是現年二十一歲，在小學、中學、高中與專科學校打了十四年籃球的女運動員笑聲。

「雖然不會游泳，但是卻在游泳教室教導課程」。現在我們就來聽聽她的故事。

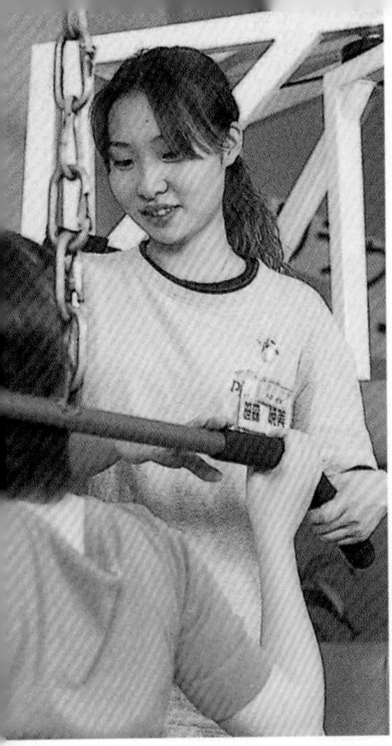

◀平常也會在健身房指導學員

負責指導水中運動

……妳都是在指導些什麼樣的課程呢？

笹森　在健身房指導機械的使用方法，同時製作訓練課程。在廣播電台則進行訓練與放鬆腹肌的穴道按摩指導。在游泳池進行水中體操、水中漫步，還有以恢復機能爲目的的水中有氧運動課程的指導。

……什麼是水中有氧運動呢？能不能請妳詳細說明呢？

笹森　就是利用超音波讓池水振動，然後在裡面運動。例如可以利用低週波來治療肩膀酸痛。肌肉會細微的收縮而承受負荷。這時，即使進行輕微的運動，也能產生很大的效果。是屬於運動療法的項目之一，適合當成運動機能較差的人的復健運動。

……這麼說來，那就不是游泳囉？

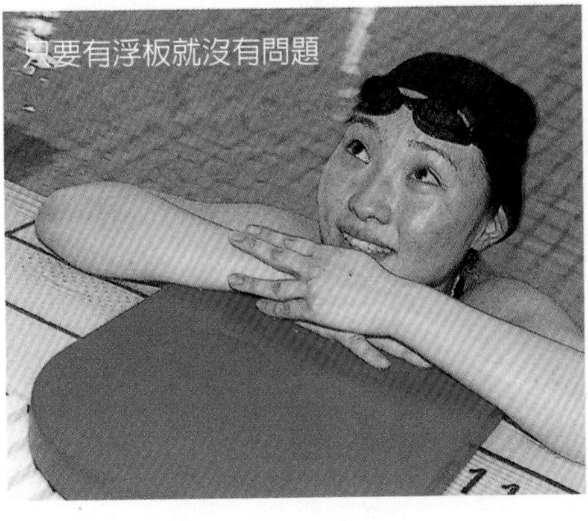

只要有浮板就沒有問題

笹森　事實上我也不會游泳！

……妳不會游泳？

笹森　有一次颱風來襲，我差點溺斃在湍急的溪水中。後來，只要臉部浸泡在水中，就會覺得害怕。

……不會游泳也能夠指導學生嗎？

笹森　水中體操、水中漫步或水中有氧運動等，都不需要游泳！在水中是以運動爲目的，臉不必浸泡在水裡，所以，我

利用超音波產生水流

不會害怕。我只是不會換氣而已，如果有氧氣瓶的話，我還可以潛水呢！

水中的運動效果增加二倍

……你選擇指導游泳教室課程，會不會感覺不安？

笹森　最初我也不喜歡這份工作，但因爲是上司所指定的，只好硬著頭皮去做。不過，與陸上運動相比，水中運動的效果更好。看到學生跛腳的症狀逐漸好轉，我眞的很高興。

……眞的這麼有效嗎？

笹森　與陸上運動相比，水中運動不會流很多汗，許多人認爲這樣並不像是在做運動。但事實上，只是體溫沒有上升而已，其實運動量反而更多。

……運動量較多，是因爲水的阻力的關係嗎？

笹森　是的。以手握啞鈴在水中進行舉起、放下的運動爲例，在陸地上做同樣的運動時，只有拉的時候會對肌肉造成負荷。但在水中的狀況則是，還原手臂時，必須要先推水。亦即舉起、放下手臂的兩個動作都會造成負荷，因此運動效果倍增。

……原來如此！那麼在實際指導時妳比較在意什麼事？

笹森　水中的狀況和陸地上不同。如果沒有實際進入水中，根本不知道每個人的運動能力如何。在陸地上無法完成的動作，在水中藉著浮力之賜也能辦到。進入游泳池之後，可以配合個人的進

度來變更課程。

此外，水中各種運動的效果明顯，可確實的了解到底是使用哪個部位的肌肉。例如，提醒學員「將意識集中在側腹部」時，則是否集中意識來運動，其效果截然不同。

……還有其他提高效果的方法嗎？

笹森　同樣的課程最好持續三個月。想要改造身體，至少需要三個月的週期，只要持續進行，就能產生結果。比起進行一週之後立刻停止、後來再反覆進行好幾次的情況而言，還不如花較長的時間耐心的完成一種運動，這樣身體才會產生變化。

「感覺好像肚子在笑似的」

光是站著就會流汗

雖然不會游泳，但在水中卻感覺很舒服

……指導游泳教室課程時，妳本身有什麼改變嗎？

笹森　雖然我不會游泳，但是卻很喜歡待在水中。事實上，有許多人和我一樣不會游泳，甚至對水產生排斥感，我建議這些人不妨抬頭挺胸進入水中試試看，相信一定會有意想不到的收穫。

會游泳當然更好，所以我也儘可能參加由其他老師所指導的游泳課程。老師對我說：「因爲妳知道不會游泳的人的想法，所以等妳學會游泳之後，一定會是個好老師。」儘管如此，我還是怕被學生看到自己溺水時的醜態，因此只好前往其他的游泳池偷偷的練習。

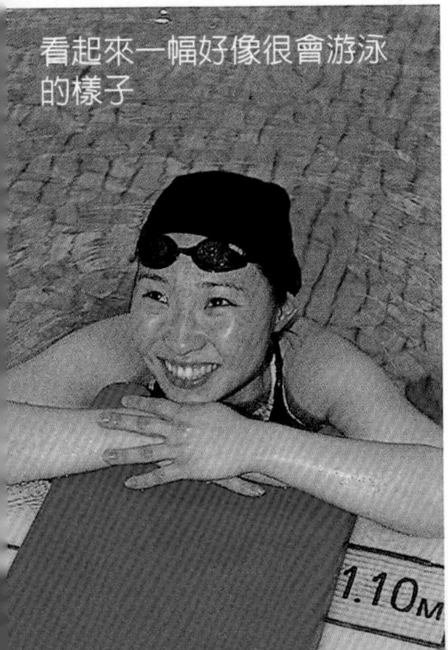

看起來一幅好像很會游泳的樣子

【利用水中漫步鍛鍊身體，擁有年輕力壯的體格】

小泉尚基

PROFILE
1969年出生。
住在千葉縣。
任職於建設公司。

攝影/ 清宮 淳一
協助採訪/
奧克斯最佳體調俱樂部柏

練習水中漫步只有半年的時間。在工作中必須經常搬運重物，因而引起了腰痛。此外，曾經遭受交通意外事故，產生椎間盤突出症的後遺症。後來，為了消除腰痛而開始進行水中漫步，效果如何呢？

無法進行普通的運動，但是……

……是醫生建議你進行水中漫步運動嗎？

小泉　不是的。是我自己發現的。因爲腰痛而無法走路，去年夏天醫生對我說：「看來只能動手術了。」我因爲不想動手術，因此才會想要透過做運動來治療腰痛。

……運動的種類繁多，怎麼會選擇水中運動呢？

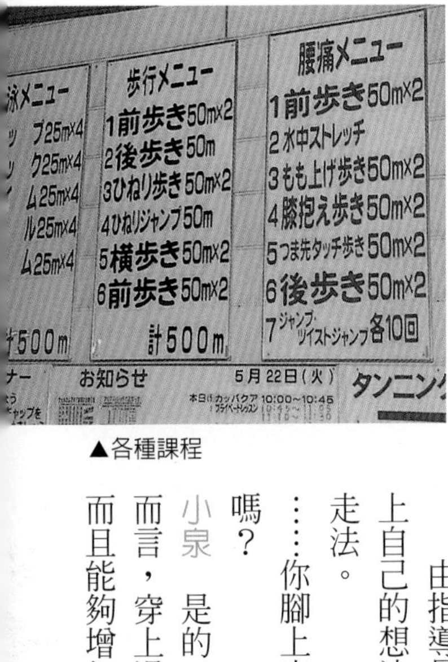

▲各種課程

小泉　因爲腰痛嚴重，甚至無法走路或進行普通的運動。在這個俱樂部工作的妻子建議我嘗試水中漫步。

……具體而言，這是什麼樣的運動呢？

小泉　每週前往運動俱樂部三次，在水中走二、三小時。

由指導員指導課程，再加上自己的想法，總計採用四種走法。

……你腳上穿的是水中漫步鞋嗎？

小泉　是的。比起光著腳走路而言，穿上漫步鞋更容易走，而且能夠增加水的阻力，較能

抱膝走路▶

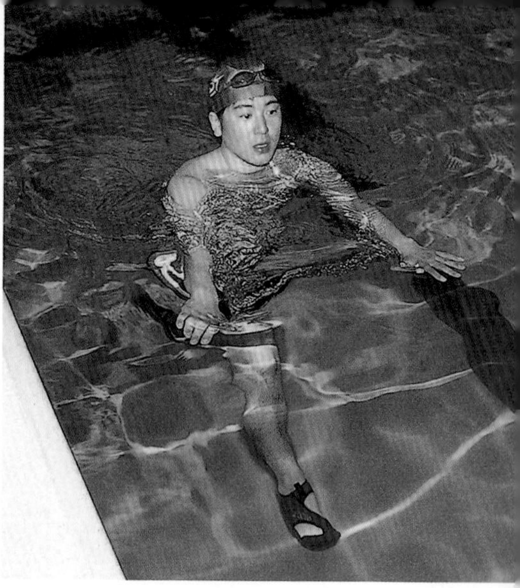

在水中比較穩定▶

夠感受到打水的力量。

半年内解決腰痛問題

……經過半年後，腰痛的症狀如何呢？

小泉　狀況良好。日常生活中不再因爲腰痛而苦惱。一週前往俱樂部三次，到目前爲止，已經練習六十次了。就經濟與時間而言，都能夠有效的治療腰痛。

……當初建議你動手術的醫生後來怎麼說呢？

小泉　現在這種情況當然不需要動手術了，甚至也不用看門診了。

向其他運動挑戰

……身體上其他的變化如何？

小泉　首先是體重減輕了。試穿半年前的衣服，發現腰圍寬鬆了許多。體重減輕後，腰部的負擔也減少了，這樣當然對腰很好。身體結實之後，想要更進一步鍛鍊身體。

……連運動目的都改變了嗎？

小泉　是的。最初必須配合自己的身體狀態來進行水中漫步，能走多久就算多久。但是現在則是在擺盪手臂時加上一些動作，或是將注意力置於腹肌上，嘗試做一些完美的動作。我想，腰痛最大原因就是體重增加過多。現在，爲了減輕體重，我也前往健身房進行機械訓練。爲了使脂肪燃燒，需要進行持久性的有氧運動，因此利用健身房來做運動。

身材變得更好

……能夠正常的走路，自己也一定難以置信吧？

小泉　是的。希望已經治癒的腰痛不要再復發。現在即使工作忙碌，下班後也會前往運動俱樂部進行水中漫步一到二小時。以往經常閃腰，但是，現在不再出現這種情況了。

身心都得到放鬆

……用運動跑步機鍛鍊身體，這和水中漫步有何不同？

小泉　在水中覺得比較穩定。即使運動量相同，但是，在水中走路不會覺得累。不過，這也可能是因為已經習慣在水中運動的緣故。

使用機械走路，感覺不自然。但是，進行水中漫步時，可以做各種活動，例如側走、倒退走，也可以轉身走，能夠嘗試各種變化。甚至連在陸地上難以完成的動作也能辦到。可以自行搭配組合，配合心情製作課程。走累了就稍微游泳，然後再繼續走路。配合心情運動，當然會覺得很輕鬆，能夠充分得到放鬆的效果。

希望再度擁有年輕力壯的體格

……達成消除腰痛的最大目的後，今後有何計畫？

小泉　人類的慾望眞是無止境，我是想要再繼續鍛鍊身體，重新擁有年輕力壯的體格。與結婚時相比，現在的體型改變了許多，希望能鍛鍊出好的體格來，讓妻子對我刮目相看。雖然現在身體已經結實許多，但仍希望重新拾回年輕力壯的體格，因此還要繼續努力。

注意手臂的擺盪

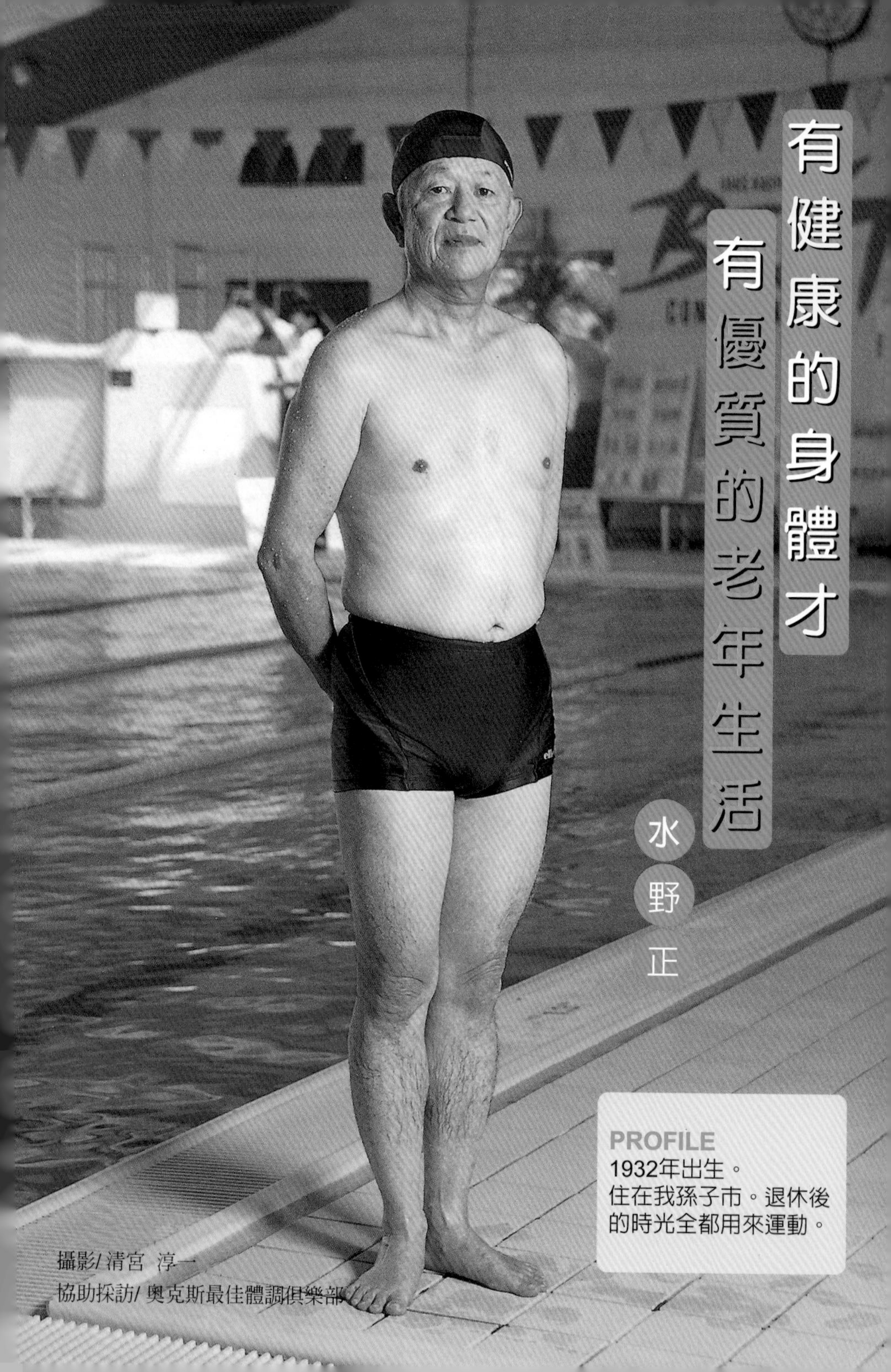

有健康的身體才有優質的老年生活

水野正

PROFILE
1932年出生。
住在我孫子市。退休後的時光全都用來運動。

攝影/ 清宮 淳一
協助採訪/ 奧克斯最佳體調俱樂部

千葉縣柏市內的運動俱樂部開張之後，許多人擁向游泳池。這個俱樂部提倡創造健康的水中漫步，向前走、倒退走、扭腰走或抬腿走，課程內容豐富。

在此就來聽聽會員水野先生訴說水中漫步的魅力與效果。

因為醫生的建議而開始進行水中漫步

……進行水中漫步有多久了？

水野　七年了。過了六十歲之後，覺得腰痛、腳發麻。去看整形外科時，醫生鼓勵我要多走路。因爲在水中走路對下半身的負荷比較小，因此，建議我進行水中漫步。沒想到效果出乎意料之外的好。

扭動身體走路

……具體而言，這是什麼樣的運動呢？

水野　最初因爲工作的關係，每次只走一小時。但是自從三年前退休後，也開始進行水中有氧運動，同時利用健身房的機械來鍛鍊身體。

……結果如何呢？

水野　腳發麻的現象完全消失了。腰痛症狀也幾乎痊癒。

旱鴨子也可以進行

沒想到一年往游泳池一百天的水野先生竟然是旱鴨子。

……聽說你不會游泳，這是眞的嗎？

水野　並非完全不會游泳啦！年輕時也曾經到過海邊游泳。游泳池的水是淡水，浮力比較

弱，身體容易下沈，所以，浮不起來，回想起孩提時代在河中溺水的經驗，就令我毛骨悚然。我在游泳池裡不會游泳，很好笑吧（笑）！

……曾經進行過其他的運動嗎？

水野　年輕時打過桌球、滑雪、高爾夫球與網球。到了四十幾歲以後，因爲工作忙碌，不再運動。六十歲退休之後，再度開始運動。現在每次從俱樂部返家時，都會使用計步器來計算步數，往返大約走了三千步。總覺得運動量還是不夠，所以，每週打網球一次。前往市中心時，也會刻意的在街頭漫步。

也進行水中伸展運動

不會對膝造成負擔

……在陸地上走路和在水中走路有什麼差異？

水野　在水中漫步時，因爲感受到水的阻力，所以，會比平常更注意肌肉。即使走同樣的時間，但是，在水中不會覺得膝痛。我因爲打網球而導致左膝受傷，在陸上走較長的距離時會感覺膝痛，不過，在水中就沒有這個煩惱了。

提升健康度

……除了消除腰痛之外，進行水中漫步還有什麼好處呢？

水野　首先是湧現體力。過去打網球的隔天會覺得肌肉酸痛，但是現在這種現象消失了。前往醫療中心接受健康檢查，結果發現心肺機能也比以前更好。現在爬樓梯不再氣喘如牛了。

　體重減輕二公斤，腰圍從八十四公分變成八十一公分。

開始照顧自己的身體，充分注意飲食的問題。感覺身體的狀況很好。

希望擁有優質的老年生活

……游泳池裡有許多比水野先生更年長的人。您希望自己未來有什麼樣的人生？

水野　詩人松永伍一曾說：「爲了保有優質的老年生活，首先必須要擁有健康，要鍛鍊腦部，要擁有感動的心，不要奢華，不要忘記時髦的感覺。」就是這五點。

有關第一點的「健康」方面，我要一直保持健康。

其次，要藉著寫詩來鍛鍊腦部。最近，我也開始從事園藝工作，希望能藉此來磨練美感。

水野先生表情生動的訴說著未來的夢想。的確擁有健康的身體，才能勇於向新的事物挑戰。健全的精神寓於健康的身體，這眞是一句至理名言。

和同伴在一起覺得更快樂！

6 利用水中有氧運動進行鍛鍊與減肥

在各種運動中，游泳最具增強體力與增進健康的效果。本章將敘述水中有氧運動的特徵與水的神奇力量。

創造健康與體力的超群效果

本書介紹的「游泳」，並非「游泳比賽」的運動項目，而是創造體力與健康的水中活動，包括「水中運動」與「水療」等在內，稱為「水中有氧運動」。無論男女老幼，所有年齡層的人都可以終年享受這種快樂的運動。

不只是健康的人，罹患腰痛、膝痛或糖尿病等生活習慣病的人，也可以利用水中運動做為治療或復健運動。因為肥胖而煩惱的人，也可以藉此得到減肥效果。

「水中有氧運動」具有絕佳的創造健康與體力的效果，其理由如下。

①在水中運動時，必須使用上半身、下半身、手臂及腳等全身的肌肉。只要活動全身的肌肉，就能將肌肉的養分轉換為熱量。

這時需要氧氣。只要將氧吸收到體內，就能將脂肪轉化為熱量，這種運動就稱為「有氧運動」，有助於提高心肺機能或耐力等。

②下肢不方便的人，在水中藉著浮力，就能夠減輕加諸

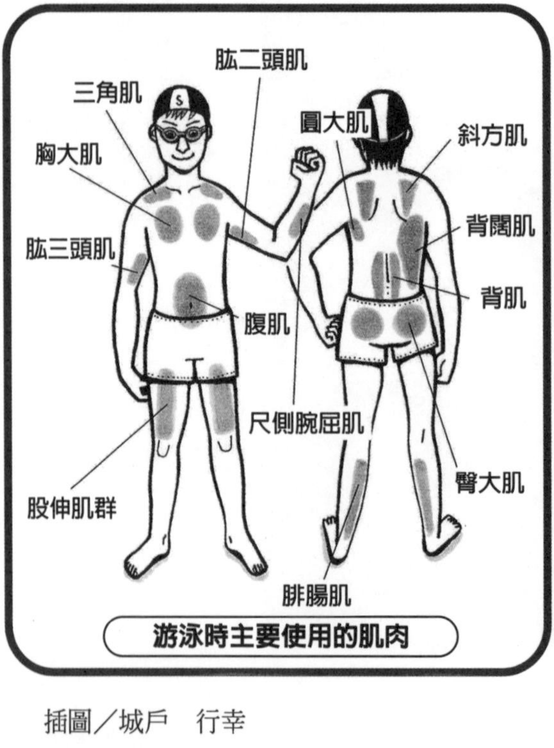

游泳時主要使用的肌肉

插圖／城戶　行幸

於膝或腳的重量，毫不勉強的運動。與其他的運動相比，運動傷害的發生率較低。

例如，美式足球的運動傷害發生率爲八・八四%，而游泳則只有○・一二%。

③游泳池的水溫比體溫稍低一些，在空氣中無法發散的熱藉此都可以排出體外。因爲人體具有適應溫度的構造。

也就是說，爲了對付冷刺激，體溫調節機能會旺盛的發揮作用。因此，持續游泳，就能夠創造一個足以適應溫度變化的身體，在季節交替時也不容易感冒。

④在水中，全身承受水壓，就能夠加強呼吸，使呼吸變得更深沈。結果鍛鍊了呼吸肌，增加肺活量，經常讓新的氧進入體內，並增強排出二氧化碳的力量。

藉著游自由式或仰式時保持水平姿勢，就能使血液循環順暢

⑤游自由式或仰式時，身體保持水平姿勢，能使血液循環順暢，血流遍及全身各處。在水中，從心臟送往全身的血液量爲陸地上的一・五倍。

心臟功能旺盛，血液循環順暢，就能夠預防與治療肩膀酸痛或生活習慣病等。

⑥水中運動的限制極少，只要有空閒，就可以輕鬆的進行。依照時間表，決定適合自己的運動量或時間等。如果是利用室內游泳池的話，那就不必在意天氣的問題，一年四季都可以利用。

⑦只要進行二十到三十分鐘的運動，就能夠消耗全身的熱量，有效的鍛鍊身體。體重五十公斤的女性要消耗掉一百大卡的熱量，那麼，游自由式要花六分鐘、蛙式十二分鐘，長泳則需要十五分鐘（根據「日本人的營養需要量」）。

如果是打高爾夫球或是遠足，則需要花四十分鐘（平地），而六人足球賽大約要花二十一分鐘、快步走則要花三十五分鐘。與其他的運動相比，游泳的熱量消耗率較高。

水的神奇力量

我們對於水的性質大約只了解十%而已，還有許多未知的部分。水具有非常棒的力量，對於人體具有各種效果。代表性的力量包括「阻力」、「浮力」、「水壓」與「水溫」這四項。

①水的阻力

水的密度爲空氣的七百七十五倍（或八百倍）。此外，千分之一立方公尺的水和一立方公尺的空氣其重量相同。在水中可以承受相當於陸上動作四百倍的阻力。在這種重量和密度中運動，當然會比在陸上運動消耗掉更多的熱量。例如，在二十五公尺長的游泳池裡往返走兩趟（一百公尺），就等於在陸地上走四百到五百公尺。

此外，在水中慢慢的活動身體時，身體所承受的力量較小，而動作快些，則承受的力量較大，這就是所謂的負荷。藉由調節負荷，就可以進行配合個人身體狀況與運動能力的水中運動。

②水的浮力

在水中體重變輕，身體上浮，這就是水的浮力作用。身體浸泡在水中時，在該處的水會移動。移動時，水的重量就會形成浮力。因此，浮力和浸泡在水中的物體「體積」成正比。體積一cm^3的水其重量爲一g。體重六十公斤的人，當水浸泡到腰部高度時，則在水中的體積爲二萬五千cm^3，承受二十五公斤的浮力，所以，體重變成三十五公斤。浸泡在水中的部分越多，則浮力越強。

當水浸泡到肚臍時，體重減半，而浸泡到肩膀時，體重變成只有十%。簡單的說，就是只有露出水面的部分會感覺到體重而已。

當水的單位體積的重量（比重）爲一・○時，則人體肌肉一・六的脂肪就會變成○・九屬於肌肉體質的人雖然重，但是，因爲體內脂肪較少，所以不會承受很多浮力。相反的，脂肪越多的人，體積增大，反而變得更輕，會承受超出體重的浮力，容易浮起來。因此，對於運動不足的人而言，是屬於比較輕的負荷，而對於經常運動的人而言，在水中會承受比較重的負荷，能夠得到適當的訓練量。

此外，浮力會減輕加諸於下半身的重力，因爲腰痛、膝痛、關節症等而煩惱的人，也能夠安全的運動。「游泳最適合當成復健運動」的理由就在於此。

藉由浮力，身體形成一種接近無重力的狀態，就能夠充分放鬆。

③ 水壓

在水中配合水的深度，會承受一定的壓力，稱爲「水壓」。深度越深，水壓越大。假設陸上的空氣對於人體的壓力爲一・○，則到了水面下五十公尺處，人體的表面就會承受一・○五的壓力。游泳通常是在水面下三十的深度進行。如果腳踩在池底做運動，則大約是在水面下一百公尺處。與陸上運動相比，在水中會承受一・○三到一・一倍的壓力。這個壓力會加諸於與水接觸的表面積上。

承受水壓時，身體感覺絞緊。爲了產生反彈力使其恢復原狀，因此血管擴張。靜脈的血液流動順暢，則不必進行特別的運動，就能使血液循環順暢。因爲整個循環系統的狀態良好，所以光是待在水中，就有益健康。

身體在水中會顯得比較苗條，是因爲水壓使得腰圍收縮三到五公尺的緣故。腹部周圍收縮之後，橫膈膜被往上推，很自然的就會進行腹式呼吸。藉著腹式呼吸鍛鍊呼吸肌，就能夠提高心肺功能。

只要待在水中，即使不運動，也能使血液循環順暢，促進胸廓發達，自然就會增加肺活量。漁家或潛水伕的肺活量較大，就是藉著水壓的作用，自然鍛鍊呼吸系統等循環系統的緣故。

④ 水溫

進行水中運動的最大重點就是水溫。一般而言，游泳池的水溫爲二十九到三十度。

游泳比賽中，有助於讓選手刷新記錄的水溫，則是二十五度增減一度。整體而言，游泳池的溫度應該比體溫更低一些。

水的熱傳導率爲空氣熱傳導率的二十到二十五倍。亦即是在水中體熱會迅速喪失。這時，人體的恒溫機能就會發揮作用。當水溫比體溫更低時，血管收縮，而當水溫高於體溫時，血管擴張，藉此保持體溫的穩定。

一旦體溫調節機能活絡，身體對於溫度的變化就會產生微妙的反應，對於因爲溫度變化等而引起的感冒等疾病擁有較高的抵抗力。

因此，光是待在水中，就會比待在陸地上消耗掉更多的熱量。如果再加上進行水中漫步或慢跑、水中運動等，那麼就能夠消耗掉更多的熱量，效果更好。

一般而言，最適合進行水中運動的水溫爲三十度左右。水溫較低時，能夠強化運動，而較高時，會降低運動量。

長時間待在水中，冷到牙齒打顫或是嘴唇發紫時，那是身體發出水溫已經突破體溫調節機能界限的警告信號。

因此，即使具有新陳代謝順暢的作用，也不能夠長時間待在水中。

水具有上述四種非常理想的力量。只要充分利用這些力量，就能夠創造健康與力。

根據長時間進行水中運動的人的說法，水中運動具有以下的效果：

「肩膀酸痛消失」、「食物變得更美味」、「腫疱消失」、「肌膚美麗」、「身體輕盈、容易活動」、「不容易感冒」、「晚上容易熟睡」、「能夠紓解壓力」、「外表看起來比實際年齡更年輕」、「膝痛消失」、「改善手腳冰冷症」、「肌肉痛消失」、「即使進行劇烈運動也沒有問題」、「擁有耐力」……。

無論任何年齡、性別、場所與氣候，所有的人都能夠快樂的享受水中運動，藉此增強體力並增進健康。

擔心生活習慣病的中高年齡層，藉著水中運動，能夠保持身心健康。水中運動可說是最適合現代人保持健康與創造體力的運動。

對於人體具有極高效果的代表力量就是「阻力」、「浮力」、「水壓」與「水溫」

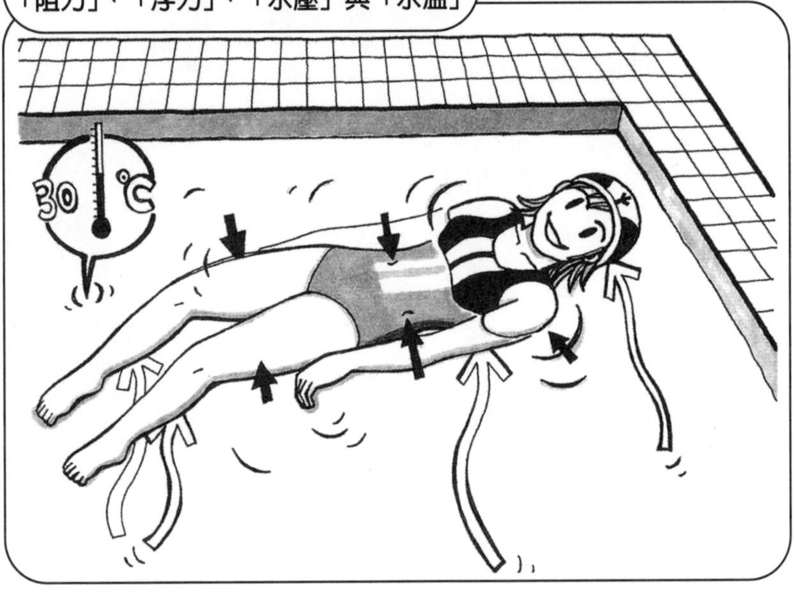

早在古羅馬時代就已經肯定水的效用

水中有氧運動，包括「水中運動」、「水中漫步」、「水中慢跑」、「腰痛游泳」等水中運動，以及「溫冷浴」、「壓注浴」等水療法，還有自由式、蝶式、仰式、蛙式等游泳方式（游泳比賽）這三大範圍。

其中，水中運動和游泳必須一邊吸入大量的氧氣，同時要花較長的時間做全身運動，因此是屬於「有氧運動」。有氧運動能夠提升心肺功能，促進血液循環，活化全身細胞，藉此產生增進健康、增強體力的效果。

「水療」即是浮於或浸泡於水中，藉此消除壓力，放鬆身心。大家熟悉的是「溫冷浴」。

雖然具有個人差，但是，一般而言，最能使人體放鬆的溫度是三十四度左右。在這個溫度帶，新陳代謝較低，不容易流汗。即使長時間浸泡在水中，也不容易感覺疲勞。

一旦水溫升高時，新陳代謝旺盛，排汗增加，就會開始感覺疲勞。

當水溫高達四十度時，只要浸泡十五分鐘就會出汗。浸泡三十分鐘以上，就會感覺疲勞。血管擴張，血流旺盛，這時體內的老廢物會透過血管排出體外，就能夠消除疲勞。

另一方面，水溫低於三十四度時，體溫調節機能會發揮作用，促進血管收縮，避免體熱散失。

巧妙利用身體對於水溫的反應而進行的療法，就是「溫冷浴」。交互浸泡在較高與較低的水中，使得血管反覆擴張與收縮，就能夠提高體溫調節機能。

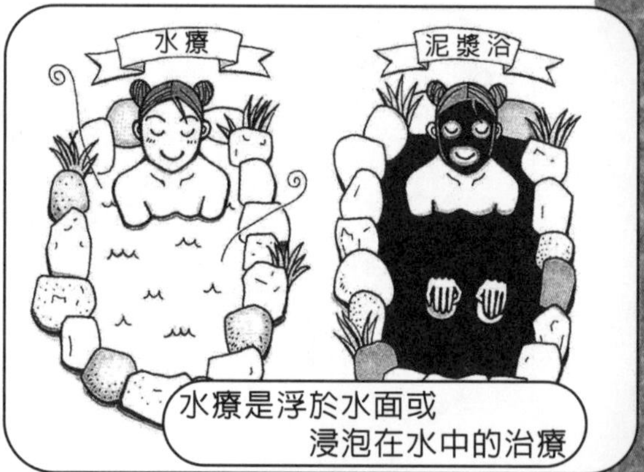
泥漿浴
水療
水療是浮於水面或浸泡在水中的治療

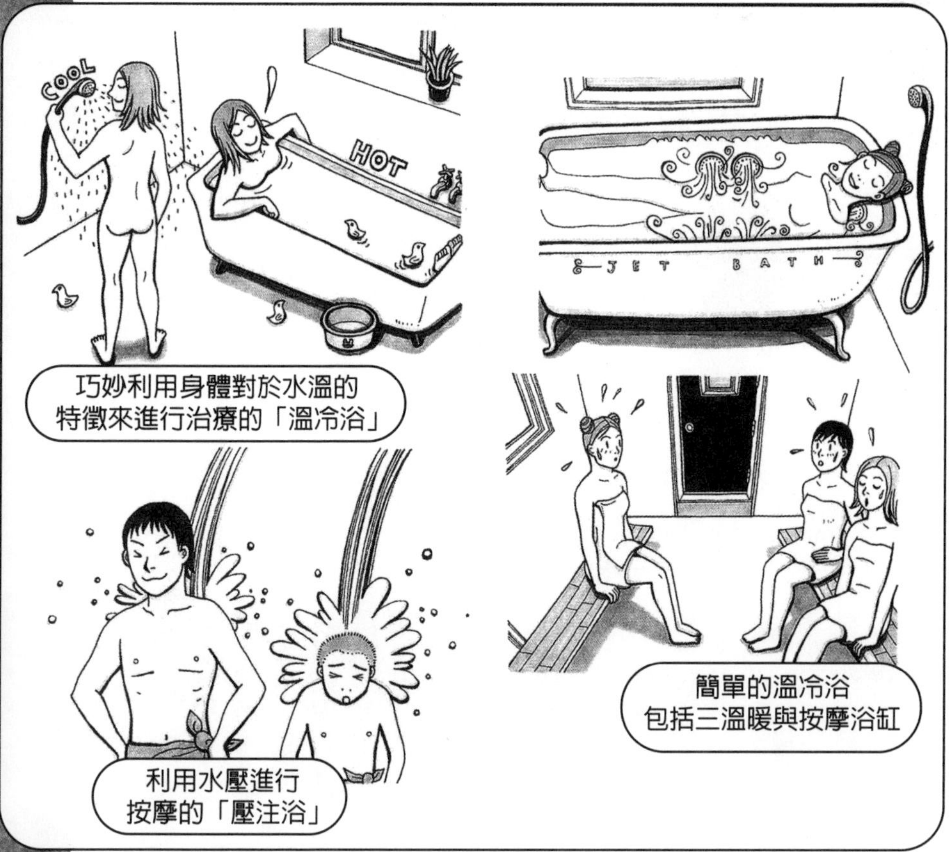

巧妙利用身體對於水溫的特徵來進行治療的「溫冷浴」

簡單的溫冷浴包括三溫暖與按摩浴缸

利用水壓進行按摩的「壓注浴」

一旦身體的調溫機能順暢發揮作用，就能有效的因應季節變化，不容易感冒。

最簡單的「溫冷浴」，就是三溫暖或按摩浴缸。洗三溫暖時，反覆浸泡在溫度較高的熱水或游泳池中，就能夠得到「溫冷浴」的效果。

除了「溫冷浴」之外，還有「壓注浴」，也就是利用水壓來進行按摩。在溫泉區經常可以看到安裝在牆上的壓注浴裝置，就是這類設備。

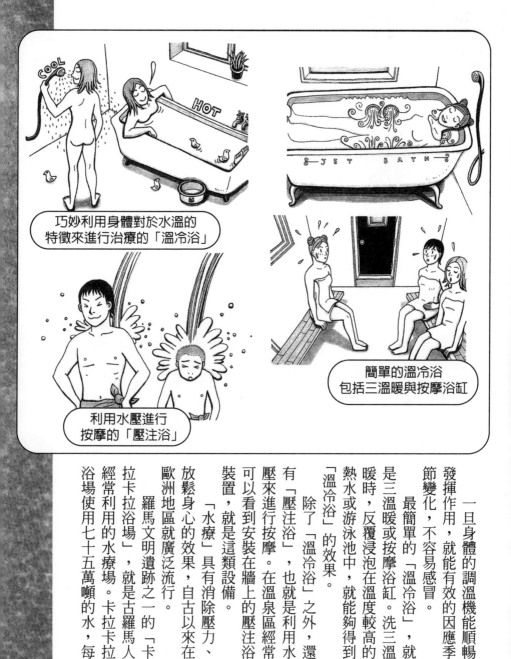

「水療」具有消除壓力、放鬆身心的效果，自古以來在歐洲地區就廣泛流行。

羅馬文明遺跡之一的「卡拉卡拉浴場」，就是古羅馬人經常利用的水療場。卡拉卡拉浴場使用七十五萬噸的水，每天的利用者超過千人。浴場的牆壁上刻有「水是健康的根本」等文字。

羅馬文明遺跡之一的卡拉卡拉浴場

古羅馬帝國打敗列強，建立廣大的羅馬帝國，遺跡遍及歐洲各地，包括許多溫泉與保養療法地。其中德國的「巴登巴登」就是著名的保養療法地。可見「水療」的研究在當時已經相當盛行。

著名的「水療」包括①海洋療法、②大自然療法、③溫冷水淋浴療法、④溫泉療法四種。以下介紹各種水療的特徵。

①海洋療法

利用海藻、海泥或海水等海洋成分進行治療。

②大自然療法

是將香草等藥草撒入浴缸內，泡個香草澡，或是利用森林浴等自然氣候的療法。

③溫冷水淋浴療法

交互將冷水與溫水澆淋在身上，藉著血管的收縮與擴張，使得血液循環狀況良好的治療法。

④溫泉療法

利用溫泉效能進行治療。

四種水療法中，最近備受注目的是海洋療法。從喝海水開始，到將海水塗抹在肌膚上或注入皮下等，讓海水中所含的礦物質進入人體細胞內，藉此活化細胞、使精神穩定的方法。

海洋療法中，使用自然鹽的「自然鹽健康法」，通稱爲「鹽浴」，最近備受注目。做法很簡單。

①從頭到腳全身澆淋熱水或溫水，讓身體溫暖、皮膚柔軟。

②併攏手指，取一些自然鹽，從頭頂到整個頭、臉、頸、肩膀、身體、肚臍、肛門、腿、腳底、手指與腳趾之間，塗抹全身。

③塗抹全身之後，澆淋溫水，沖洗掉鹽和身體的污垢。有些人則會將重點置於特定部位，反覆進行幾次鹽浴。

④結束之前用冷水淋浴，充分冷卻頭和身體，藉此就能夠抵擋寒冷，不容易感冒。不可以全身抹鹽泡在冷水中，以免鹽和污垢一起凝固。最後用毛巾擦乾身體，就可以去除肌膚不需要的物質，殘留必要的物質。

身體表面的皮膚又稱爲「薄膜腦」或「第二腦」。具有將外界訊息傳遞到體內、將體內訊息傳遞到外界的作用。皮膚最先感受到來自外界的各種刺激。皮膚也和肺、肝臟、腎臟的功能有關。一旦皮膚無法順暢的發揮作用，就會造成肺、肝臟和腎臟的負擔。

「鹽浴」可以將皮膚上不需要的老舊蛋白質和廢棄油脂溶解、沖洗掉，使皮膚活化、呼吸順暢，促進肌膚營養劑皮脂分泌的順暢。一旦皮脂的分泌減少時，皮膚就會乾燥、龜裂。

相反的，當皮脂的分泌順暢時，則皮膚滋潤、具有張力、血色良好、富於光澤。健康人的肌膚閃耀光輝。皮膚可以說是身體健康的指標。

利用自然鹽或海水等海洋成分的「水療」，能夠消除壓力、安神，促進身心健康。

預防生活習慣病的水中運動

水中運動全年都可以輕鬆的進行。無論是略會游泳、完全不會游泳或怕水的人等，只要進入水中漫步，就是很好的水中運動。

利用前述水的特性，透過在陸地上不會使用的各種運動方法，就能夠增進健康、增強體力，這就是水中運動的一大特徵。

代表性的水中運動是「水中有氧運動」。

利用游泳池的設備，組合朝前後左右移動的踏步運動或上下移動的深蹲運動，這就是運動的重點。

通常要先做預備操，然後再進行有氧運動或強化肌力運動，最後再做整理體操。四個課程合計約一小時完成。

其次是「水中漫步」或「水中慢跑」。這些運動不會對足腰造成負擔，而且能夠鍛鍊全身。利用浮力或水壓等水的特性，連運動選手都可以用來做復健運動，賽馬的游泳池調教等也會利用水。結束田徑賽、足球、棒球、籃球或排球等劇烈的運動後，再進行水中運動，就能夠迅速去除體內的疲勞物質乳酸，緩和肌肉緊張，防止肌肉痛。

也可以進行「水中爵士舞」或「水中草裙舞」等的水中運動。將爵士舞納入水中運動，可以體驗到在陸地上無法完成的動作，提高身體機能。配合音樂活動身體，更能夠放鬆身心，紓解壓力。

「水中草裙舞」的動作不像爵士舞那麼快速，可以在水中慢慢的活動。只要活動全身的肌肉，就具有和「水中爵士舞」同樣的效果。最近，發現水中草裙舞對於風濕復健也有效。

此外，游泳或慢跑動作等也可以納入「水中有氧健康運動」中，以及能夠鍛鍊腰部肌肉、改善腰痛的「腰痛游泳」中等。

進行這些「水中運動」，能夠增進健康、增強體力，但是最大的優點，則是維持中高年齡層的體力，增強並且維持健康，預防成人病。

以高血壓症爲例，因爲運

動不足、壓力或肥胖等而導致高血壓時，只要進行全身的肌肉運動，尤其是有氧運動，就能夠得到降壓效果。

但重點是，任何運動都一定要遵從醫生的指示來進行。

有氧運動對於改善糖尿病也很有效。

一般而言，糖尿病必須採用食物療法與藥物療法。而有氧運動也有助於改善糖尿病。只要活動全身的肌肉，就能夠提高胰島素的功能，降低血糖值，結果就能節省胰島素。

此外，持續運動，能使好膽固醇增加，預防糖尿病患者容易出現的動脈硬化症。

想要預防膝關節痛、腰痛、肩膀酸痛時，也可以進行水中運動。水中運動是屬於活動全身肌肉的運動，不會造成患部的負擔，能改善症狀。

因此，水中運動能夠預防及改善生活習慣病。

此外，運用「水的特性」進行的水中運動，也是維持健康與體力的重要運動，任何人都可以輕鬆的進行，是最適合現代人的運動。

水中運動沒有年齡的限制，任何人都可以輕鬆進行。

7 在水中培養超級兒童

在母親的帶領下，讓孩子享受玩水的樂趣。經過習慣水、臉浸泡到水中的階段，只要在水中吐氣，就能浮於水中，自然的學會游泳。

不見得要將孩子訓練成游泳好手。但是，希望孩子不生病、有體力，這是所有父母的願望。想要讓孩子健康、擁有好體力，游泳是最適合的運動。讓孩子從小就習慣水、親近水，自然的就能夠鍛鍊全身的平衡感。本章將爲各位介紹讓孩子習慣水的各種運動。

儘早讓孩子習慣水、親近水

在水中游泳、玩耍或跑步，自然的就能夠鍛鍊全身的肌肉，提高心肺機能，是非常適合用來提升孩子體力的運動。

嬰兒在出生之前，原本就長期待在母親的羊水中，所以非常習慣水，能與水親近。

因此，不要讓孩子忘記對於水的感覺。在出生後較早的時期（出生後六到七個月大最適合）讓嬰兒在游泳池中親近水。

許多游泳池都擁有完善的設備，可以配合生活規律，選擇適合的游泳教室或游泳池，親子一起練習。

在水中創造健康

只要與水親近，就能促進孩子的體力發達，創造一個不

主編／富永典子　攝影／早坂　明　插圖／皐　月
示範／加藤智枝、遼、玲・花岡孝子、美波・大谷靖代、七海

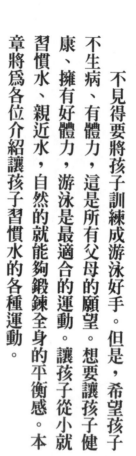

容易感冒的健康身體。不僅對孩子有益，對父母而言也是快樂的事情。

在水中運動，藉著水壓、浮力、阻力與水溫等特性，均衡的鍛鍊孩子的身體功能，就能夠有效的增強體力並維持健康。

水中運動必須要鑽入水中進行換氣呼吸，藉此就能自然的培養出孩子攝取氧（將必要的氧吸收到體內）的能力。

親近水，從水中得到快樂

想要讓孩子覺得「待在水中很快樂」，首先就應該帶孩子前往河邊、海邊或游泳池玩水。只要多接觸水，很快的就能學會游泳。

孩子一旦親近水之後，就能從中得到快樂。父母不要勉強孩子進入水中，以免孩子怕水。雖然胎兒曾經待在母親的羊水中，但事實上，游泳池、海洋、河川與羊水的情況完全不同。

最好先和孩子一起待在水中，教導孩子水的特性，讓孩子感受到在水中遊玩的樂趣。

初次進入水中的孩子，會對於水的各種特性感到十分的好奇。孩子一旦發現身體能夠浮於水中，而且在水中活動手腳與在空氣中的感覺截然不同時，就會覺得很困惑。

同時，孩子也會驚訝於水的神奇力量。因爲能夠浮於水中，所以，會產生一種難以言喻的快感。

儘量讓孩子了解水的「魔力」，陪孩子一起玩水，就能使孩子自然的親近水，並且從中得到快樂。

教導孩子水的可怕

孩子最初接觸游泳池或海水、河水時，會發現有水的地方是快樂的地方。

但即使如此，父母也要教導孩子水的危險性。尤其對於幼稚園大班以上的孩子，更是要讓他知道水的危險性，這是父母重要的責任。

不妨利用暑假，帶孩子到海邊或河邊，教導孩子大自然中水的姿態，共享水的歡樂。讓孩子在自然中親近水，同時讓他們了解水的樂趣與危險性，這對孩子而言，是非常珍貴的體驗。

「母親的搖籃」

出生後 6 、 7 個月大到 2 、 3 歲的孩子，可以利用「母親的搖籃」習慣水。

孩子是否習慣水，決定於在游泳池與水接觸的情況。如果孩子擁有怕水的經驗，則終其一生都可能會遠離水。為了避免發生這種情況，千萬不要勉強孩子，儘可能的親子一起玩水，讓孩子覺得「玩水是件很快樂的事情」。

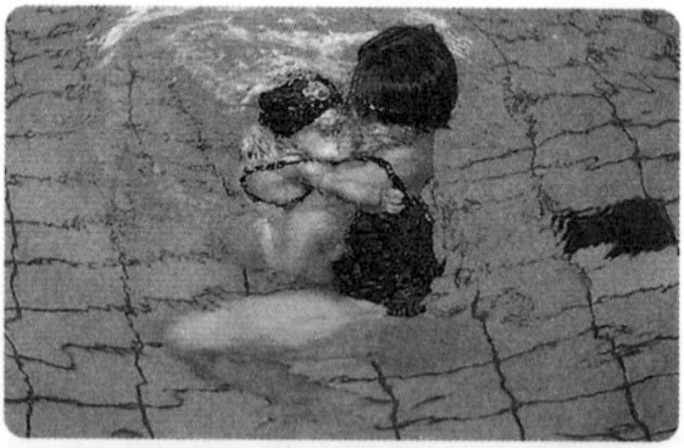

目標！鑽入水中試試看

逐漸習慣水之後，和孩子一起鑽入水中。要叫喚孩子，讓他安心，不要勉強他。

搖晃孩子的身體

利用較淺的游泳池，用雙手支撐孩子的身體，朝前後左右搖晃。然後慢慢的伸直雙手，拉開與孩子之間的距離。反覆進行。其次，從背後支撐孩子，讓孩子面對正前方，搖晃他的身體。然後慢慢的伸直手臂，拉開與孩子之間的距離。反覆進行。

在休假日，可以由父親負責這項任務，讓孩子進行習慣水的運動，藉此也可以加深親子間的肌膚之親。孩子一旦了解在水中也能得到父母的保護時，就會感到安心而慢慢的習慣水。

「模仿動物」

孩子習慣在水中遊玩之後，就可以進行模仿動物的遊戲。例如，變成鱷魚、螃蟹等，讓孩子用身體實際感受接觸水的樂趣。

變成鱷魚

將台子置於游泳池中，讓孩子的四肢跪在台子上，臉浮出水面，模仿棲息在河川中的鱷魚。雙肘與雙膝前後交互移動，在平台上來回進行。習慣之後，維持雙肘姿勢，伸直雙腳，做出上下打水前進的動作，讓孩子自然的進行打水練習 。

變成螃蟹

手肘置於游泳池畔，腳貼於池壁，口中喊著「1 2 、1 2 ，做出有如螃蟹側走一般的動作。最初肩膀可能會露出水面，或是上半身在水面上移動。習慣之後，連肩膀也會泡入水中來進行側步移動。而原本置於池畔的手肘，也變成只有剩下手扶住池畔來進行側步移動。這個遊戲能夠鍛鍊手臂的力量。

「利用玩具遊玩」

父母陪孩子在水中玩溜滑梯或浮棒等玩具，能夠使孩子更喜歡接觸水 。

開火車

孩子的手置於母親的肩上，口中唸著「嘟嘟鏘鏘」，母子一起前進來玩開火車的遊戲。最初水的深度只要到達孩子的肚臍附近即可，習慣之後，就可以到達肩膀，逐漸增加水的深度。親子輪流在前面或後面往前移動。前進的速度時快時慢，使得單純的遊戲富於變化，藉此就能夠讓孩子了解水的阻力。

過山洞

使用細長的「浮棒」，做成好像山洞出入口的拱門。高度從孩子的下巴能夠露出水面開始，逐漸降低拱門的高度，讓孩子的臉浸泡在水中來穿過拱門。

追逐遊戲

這是孩子們經常玩的遊戲。在水中，因為水的阻力，所以不像在陸地上活動那麼順暢。父母若一邊喊著「等等我啊」，一邊在後面追趕著孩子 ，這樣孩子就會非常的快活。在追逐的同時，就能夠鍛鍊全身。

利用溜滑梯玩遊戲

父母親待在溜滑梯旁邊或終點，讓孩子從滑梯上溜下來。較小的孩子可以由父母牽著手溜下來。習慣之後，放手讓孩子自己溜滑梯。除了能夠體驗到溜滑梯的快感之外，溜下來後，也能掌握入水的感覺，藉此就能夠讓孩子更習慣水。

盪鞦韆

將浮棒彎成拱形，讓孩子坐在上面，在水中不斷的抖動腳來玩盪鞦韆遊戲。進行這個動作時，身體有可能會往後翻，因此，父母必須陪伴在旁。這是培養平衡感的遊戲。一邊承受水的浮力，同時足腰朝前後擺動，藉此就能夠取得身體的平衡。

騎自行車

好像騎自行車似的，跨坐在拱形浮棒上，腳旋轉踩踏前進。這也是培養平衡感的運動。藉著不斷的前進、後退與旋轉，就能取得全身的平衡。

當孩子體驗到在游泳池中遊玩的樂趣之後，就可以進行讓臉浸泡到水中吐氣的練習。吐氣是游泳的基本練習。有些孩子雖然喜歡在游泳池中嬉戲，卻討厭把臉浸泡到水中。因此，必須讓孩子慢慢的習慣將臉浸泡到水中。

洗臉

洗臉是讓臉浸泡到水中的準備運動。由父母先做示範動作，然後讓孩子試著做做看。務必要給予稱讚和鼓勵。

吹泡泡

吹泡泡是指在水中吐氣、產生泡沫的意思。這是水中呼吸不可或缺的訓練。做得很好，就能學會游泳。父母先示範給孩子看，鼻子以下都浸泡到水中吐氣，就能形成泡泡。鼓勵孩子嘗試。孩子逐漸習慣之後，會連臉都浸泡在水面上，最後整個頭部都沈入水中吹泡泡。不要忘記持續給予鼓勵。

憋氣

學會吹泡泡之後，接下來讓孩子的臉浸泡到由母親的雙手所撈起來的水中或水面下。頭鑽入水裡，挑戰到底能夠憋氣多久。以秒為單位，父母在一旁大聲數「1秒、2秒、3秒…」，為孩子加油。

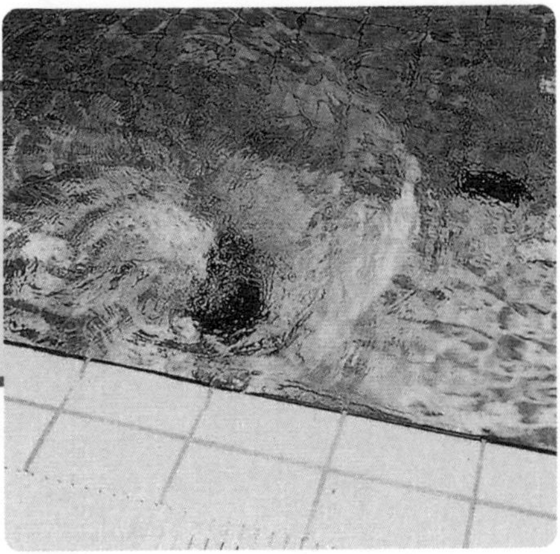

撿彈珠

學會憋氣之後，接下來讓孩子在水中撿彈珠。練習將臉沉到水面下，進行在水中憋氣以及在水中張開眼睛的練習。最初撿1、2顆，或撿特定顏色的彈珠等，讓遊戲富於變化。

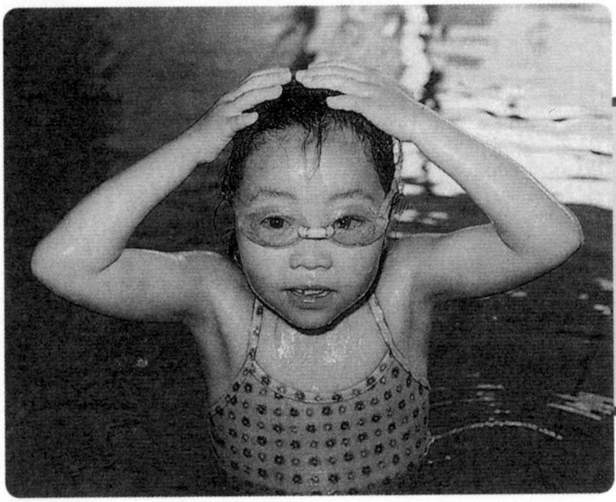

戴蛙鏡

學校的游泳課程也會教導孩子使用蛙鏡。讓孩子體驗在水中直接睜開眼睛，以及在使用蛙鏡下不會接觸水而睜開眼睛的感覺。原本無法把臉浸泡到水中的孩子，戴上蛙鏡後，變得比較不怕水，就能夠將臉浸泡到水中了。

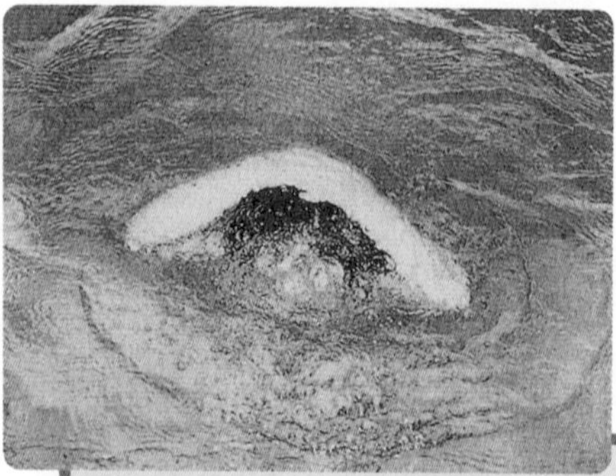

鑽入水中吐氣稱為潛水。孩子學會吹泡泡之後，就可以向潛水挑戰。潛水也是游泳的重要一環。不要操之過急，要多花一點時間慢慢的練習。

潛水

第一次潛水時，母親要陪在身旁。母子面對面站立，母親說「好，開始潛水」後，母子一起潛水。母親示範吐氣。教導孩子由口中吐氣、由鼻子吸氣的動作，讓孩子模仿。習慣之後，讓孩子單獨潛水。

從池邊跳水

母親先進入游泳池裡，讓孩子從游泳池邊跳入水中。最初，池面上不要放任何東西，然後再將大圓圈等道具置於池面上漂浮，讓孩子以圓圈為目標，跳入圓圈內。這是很有趣的遊戲。

以這種方式練習跳躍、下沉，讓孩子掌握潛入水中的感覺。

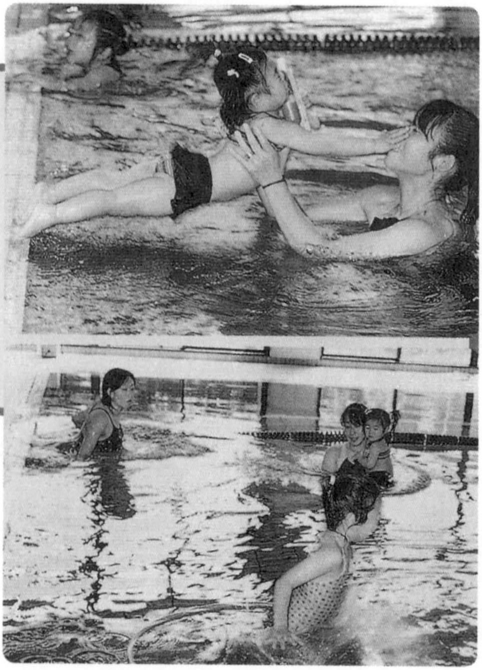

從浮板上跳躍

利用游泳池的道具形成小浮板島。讓孩子站在浮板上朝水面跳躍。浮板漂浮在水面上時，要站在上方並且取得平衡很困難，藉此就可以訓練孩子的平衡感。站在浮板上取得平衡之後，就朝水面跳躍。

在水中猜拳

父母陪孩子潛入水中猜拳。為了確認輸贏，一定要睜開眼睛進行。一邊說「你贏了」、「你輸了」、一邊玩遊戲。讓孩子感覺在水中張開眼睛的樂趣，這是訓練的主要目的 。

在水中扮鬼臉

由母親陪同，在水中玩扮鬼臉遊戲。母親扮一些有趣的鬼臉讓孩子看，孩子在開懷大笑的同時，會在水中吐氣，藉此就能夠自然的學會潛水。

藉著水的浮力，身體吸滿氣息，在放鬆全身力量的狀態下，則幾乎所有的人都不會下沉。從固定的支撐到不固定的支撐，慢慢的變化方式，讓孩子體驗身體浮在水面上的樂趣。

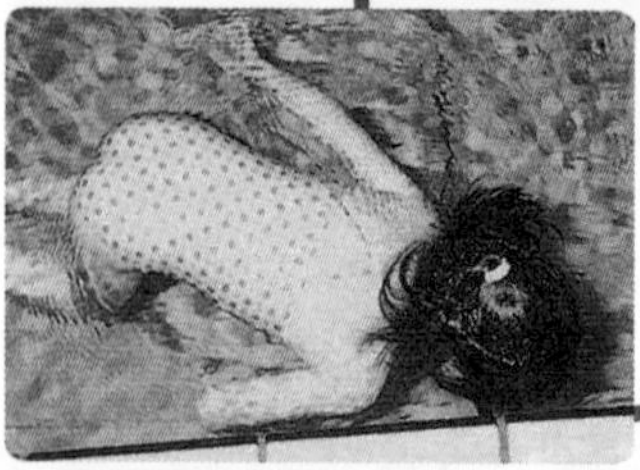

俯臥浮於水面

這是學會浮起的基本運動。最初，讓孩子的雙臂置於母親的雙臂上，使孩子俯臥浮於水面。等孩子伸直腳之後，母親後退。孩子慢慢的伸直雙臂，扶住母親的部分從雙臂慢慢的變成手肘、手腕、手掌。母親要對孩子說「不要怕」、「媽媽在你旁邊」，讓孩子安心。

習慣之後，放開孩子的手，讓孩子單獨學習浮於水面。

仰躺浮於水面

練習仰躺浮於水面。仰躺的感覺完全不同。父母先抬起仰躺的孩子的肩膀，讓身體緊密接觸，然後對孩子說「不要怕」，鼓勵孩子開始練習。

原本支撐肩膀的手變成扶住頸部、枕部，逐漸的更換位置。等到習慣仰躺浮於水面的感覺後，就可以嘗試讓孩子單獨浮於水面。也可以利用浮棒等，讓孩子掌握浮於水面的感覺。重點在於要抬高肚臍。

使用浮板

學會俯臥與仰躺浮於水面之後，接著使用浮板進行，當成下一個步驟「踢壁游出」及「打水動作」的練習。

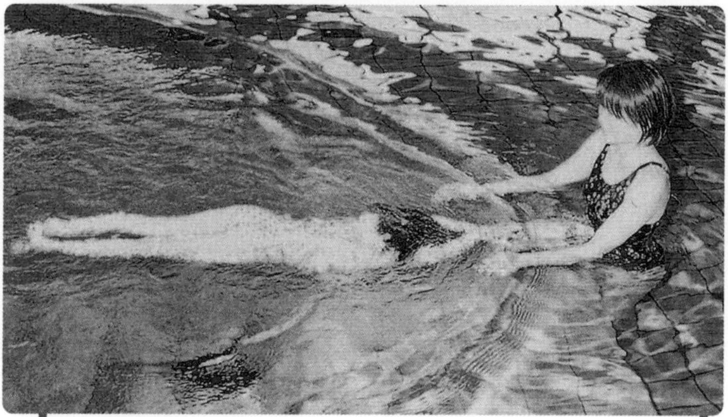

踢壁游出

踢壁游出是指，雙臂伸直，好像夾住兩耳似的，用力踢游泳池壁或池底，使身體往前進的練習。踢完之後，手臂伸直，臉浸泡在水面，腳伸直，持續前進到必須換氣為止。最初由父母牽著孩子的手進行，習慣之後，放開手，站在離孩子稍遠的位置，對孩子說「游到這裡來」，讓孩子練習踢壁游出，來到父母的身旁。

熟悉打水動作

打水是自由式中非常重大的要素。雖然撥水的手臂力量與姿勢也很重要，但是腳上下取得平衡來打水，就能藉打水的踢力，游得又快又遠。

坐下打水

坐在游泳池邊，膝以下放入游泳池中。上下抖動腳，不要屈膝，一直打水。

在游泳池邊打水

手抓住游泳池邊，伸直身體。最初整個頭部露出水面，手肘之前的部分撐在池畔練習打水。慢慢的，手扶著池邊，腳上下移動打水。孩子屈膝時，必須加以矯正。接著，臉浸泡在水面進行打水動作。

使用浮板打水

使用浮板打水前進。最初，由父母抓著浮板讓孩子打水前進。習慣之後，與孩子距離 5 公尺，讓孩子做打水動作，游到父母的面前。

自行打水

前項動作熟練之後，不要使用浮板，進行獨自打水前進的練習。這時父母要陪伴在旁。

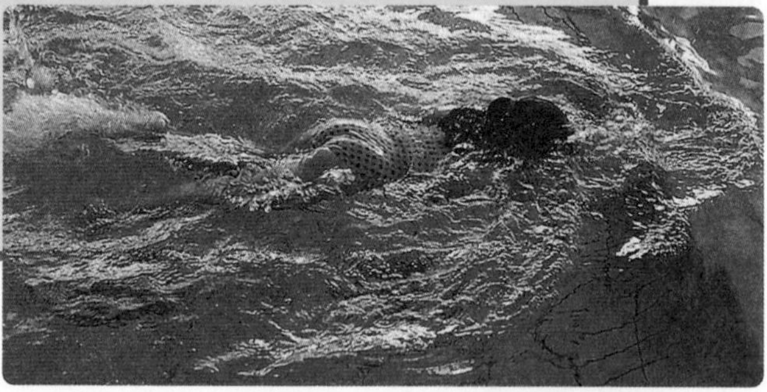

加上手臂動作

專欄 入水前後必須仔細檢查身體

入水之前，必須先淋浴，去除身體的污垢。尤其游泳池是公用場所，因此，保持身體清潔是重要的禮儀。

進入游泳池之前，必須先撈池水澆淋身體與臉部等，讓身體慢慢的適應水溫。

從游泳池上岸之後，也必須要仔細的清潔身體。從頭頂到腳底都要淋浴，同時漱口、清洗眼睛、檢查耳朵是否進水等。耳朵進水時，絕對不能放任不管，否則容易罹患中耳炎等疾病。水會使耳朵變軟，因此要避免使用棉花棒等而弄傷耳朵。

淋浴之後，用乾毛巾擦拭身體。身體長時間接觸水之後，體溫會降低，對健康不好，必須要注意保溫。雖然待在游泳池或海水中感覺不到流汗，但實際上所消耗掉的熱量比陸上運動多好幾倍，所以要多補充水分。

單獨完成打水動作，能夠游 5 公尺以上距離時，就要加上推水動作（手臂動作）。

最初，手臂和用腿打水的動作可能不平衡，因此必須先熟練打水動作，然後再向手臂動作挑戰。

首先，抓著母親的手練習。如圖所示，孩子與母親都保持手臂伸直，然後母親一直後退，將孩子的手依序朝下方送出。手部從伸直狀態到感覺用手掌將水往後推，一直推到拇指碰到大腿為止，然後手臂上抬到水面上，左右用力的交互旋轉。

如果進行順利，就可以使用浮板，從打水動作的形態變成輪流繞左右手臂。

習慣之後，可以自己試試看。

向換氣挑戰

手臂動作和打水動作取得平衡並且能夠游１０公尺以上時，就要做換氣練習。學會換氣，就能游較長的距離。

首先，單手置於浮板上，在打水的同時，臉和肩膀一起朝側面旋轉呼吸。請回想一下潛水的練習。在水中吐氣，臉部上抬時吸氣 。母親可以喊著「噗噗噗噗」，藉此培養孩子的節奏感（練習到能夠利用左右兩邊呼吸為止）。

能夠順利呼吸之後，再加上手臂動作。單臂由前往後推水，然後換氣。這時，另一隻手臂要好好的伸向前方。進行第３個划水動作時換氣。練習到能夠左右交互換氣為止。

打水、推水、呼吸等３個時機都能配合，就完成了自由式的練習 。配合孩子的步調慢慢的進行，直到完全熟練為止。

母親一隻手扶住浮板，另一隻手抓住孩子的手臂，教導他撥水的方法。拇指碰到大腿之後，從水中抬起，回到母親的另一隻手中。

專　欄

不可以進入水中的狀態

孩子輕度發燒時，也可能會若無其事的繼續遊玩。越是活潑的孩子，這種傾向就越強。因此，發現孩子的身體狀態異於平常時，不要進入水中。因為稍不留意，就可能會發生意外事故。為了避免發生意外，要充分注意下列狀況。最好根據標準，檢查孩子的身體狀況。

- 體溫比平常更高
- 感覺頭痛
- 腹痛或出現下痢傾向
- 從事劇烈運動或遊戲後身體非常疲累
- 睡眠不足
- 未攝取足夠的食物
- 臉色不佳
- 看起來身體十分倦怠
- 發冷
- 眼睛充血

此外，感覺孩子的狀態異於平常時，就不要進入水中。

藉著優質肌肉創造出「倒三角形」的身材

不僅是游泳，運動所需要的理想肌肉要具備哪些條件呢？一言以蔽之，就是「富於彈性」、「反應迅速」、「能夠大範圍活動」的肌肉。

藉著本章的練習，就能夠獲得這些條件，創造一個倒三角形的身材來。

這次的運動目標如下：

1 伸展運動的重點，在於充分伸展成爲目標的肌肉（肌群）。

2 收縮運動的重點，在於要意識到是否加入不必要的力量來進行運動。

3 伸展運動以「1、2」，收縮運動以「1」的節奏來進行。一套進行20到30次，以相同的節奏來進行（無法保持同樣的節奏，就表示重量過重）。

4 基本上伸展時吸氣、收縮時吐氣（但是腹肌以外不必特別意識這一點）。

5 以送入血液的幫浦動作的感覺來進行目標肌肉的訓練。

只要持續進行上述的運動，就一定能夠創造出倒三角形的好身材。

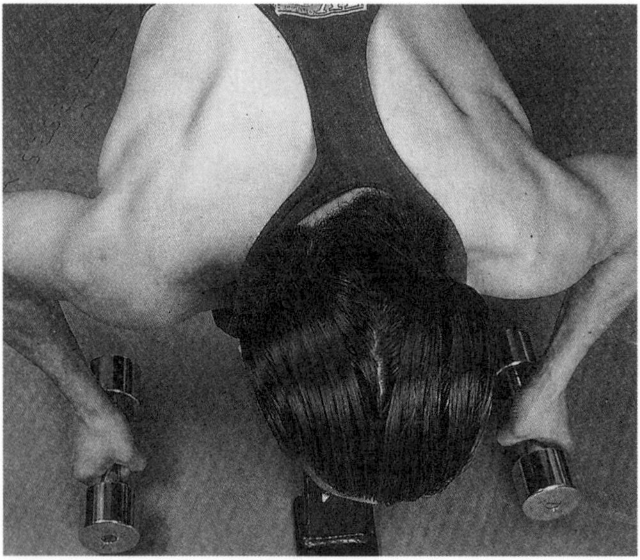

主編／太田　興
攝影／阪本　智之　　插圖／二宮　博彥　　示範／山崎　純子

8 創造倒三角形的健美身材

任何人只要進行適當的重量訓練，就可以創造出倒三角形的健美身材來。

●肩關節肌

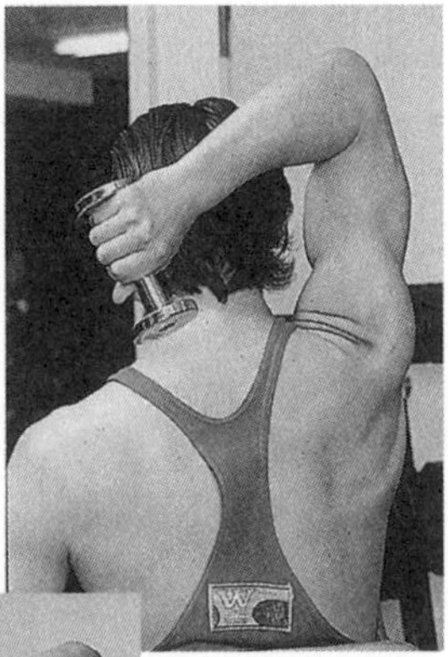

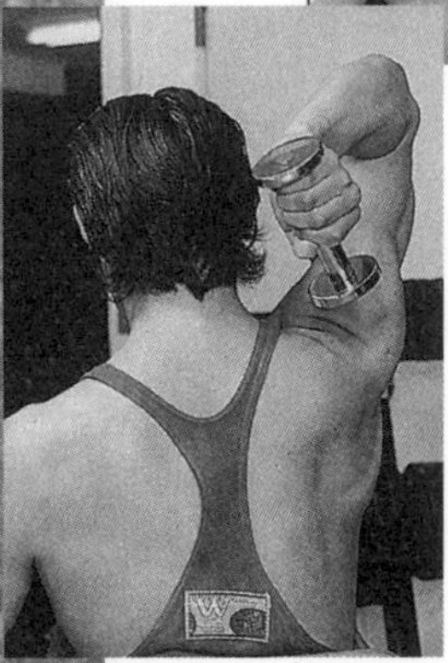

與游泳的划水動作關係最密切的，就是肩膀的「旋轉」肌群。所謂「旋轉」，就是不斷繞環的意思。旋轉能力決定划水動作的品質。肩膀的可動範圍越大，就能夠大幅度、順暢的旋轉肩膀。

三角肌下方複雜的肩關節肌，與上半身形成倒三角形有密切關係。此外，也和胸部的胸大肌、背部的背闊肌及斜方肌等緊密相連。

也就是說，從機能與形態上來看，一定要將肩膀的旋轉肌群鍛鍊成壯碩的肌群。游泳前做暖身運動時，首先要進行的就是肩關節肌的運動。

Part1

單手舉啞鈴，手臂繞到後方，以手肘為主，朝背部外側扭轉。好像輕輕搖晃似的，扭轉的瞬間放鬆力量，回到原先的位置。反覆練習，然後慢慢的進行深扭轉。

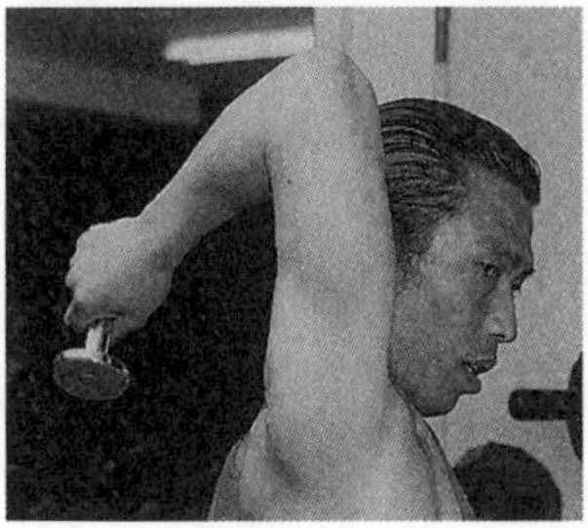

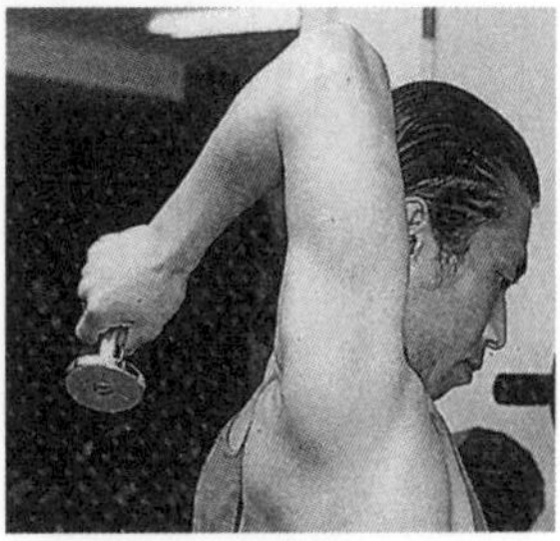

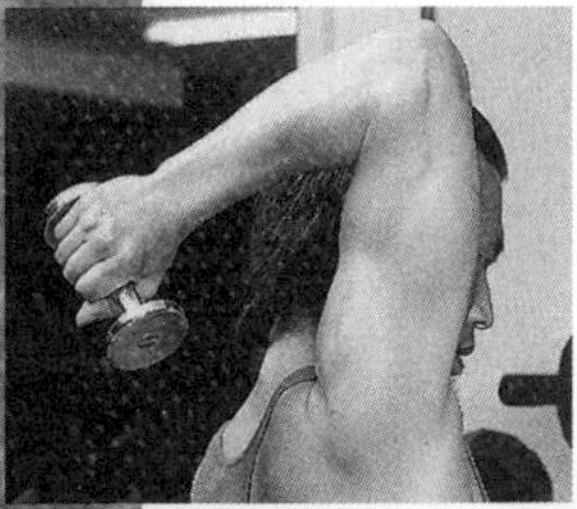

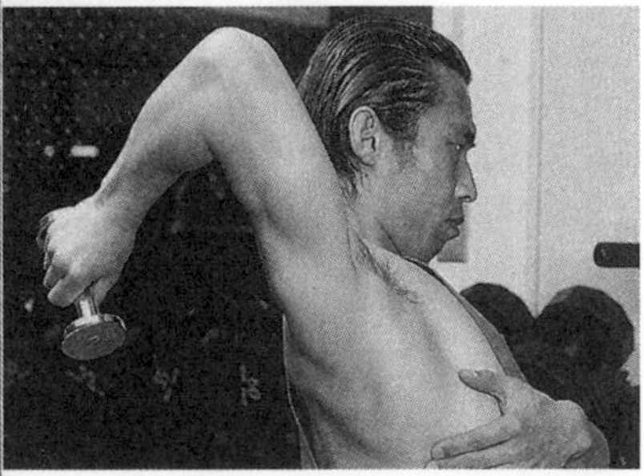

Part2

手肘上抬伸展，手腕朝下。在「手肘上抬、放鬆力量」的時機，進行手肘抬起、放下的動作。手慢慢的朝下，就會驚訝的發現到手肘竟然可以繞到後方。

相反側的手臂繞過腋下，推舉啞鈴的手臂，也可以利用有靠背的椅子來進行運動。平常的動作幾乎都是利用肩膀以下的部位來進行，因此，如果不下意識的鍛鍊肩膀，則肩膀的機能就會衰退。

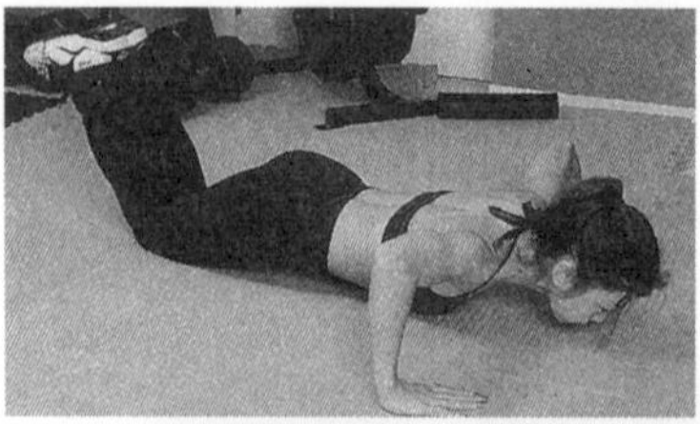

●伏地挺身

與普通的做法稍有不同。胸部貼地之後，手肘輕輕的伸直 ，收縮肱三頭肌。挺起上身之後，完全伸直手肘，然後還原。意識到胸大肌的伸展來做運動。

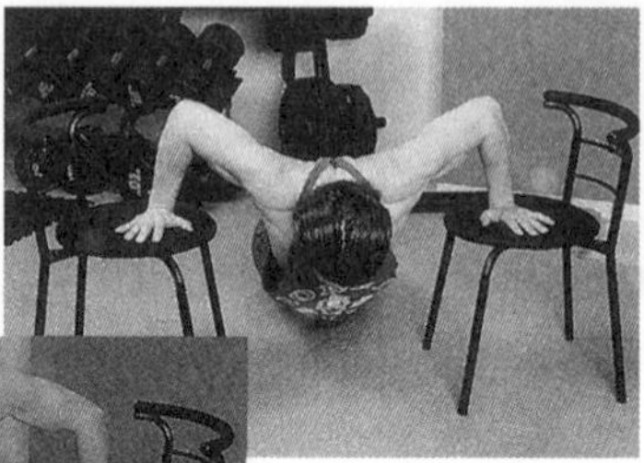

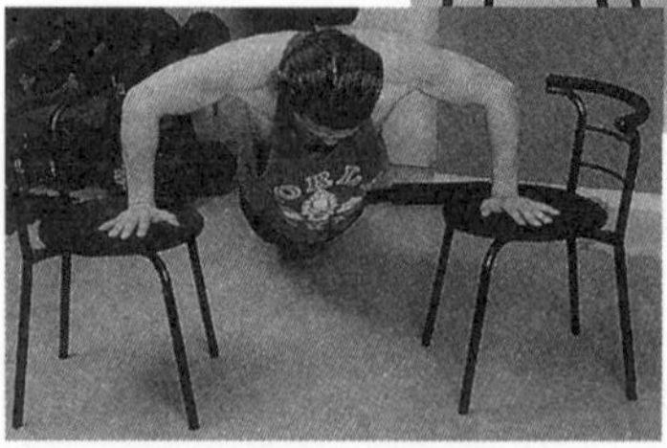

●變化

利用椅子，可以進行較深的伏地挺身。彎曲手肘，頭下沈到與椅子座面平行的程度。藉此能夠增加肱三頭肌、胸大肌、三角肌的負荷。適合對於肌力有自信的人嘗試。手肘完全伸直之後還原。

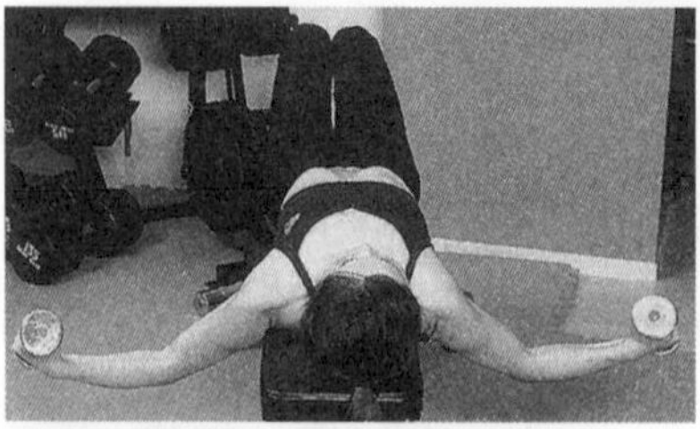

●飛舉啞鈴

躺在長椅上，雙膝直立。握住啞鈴的雙臂輕輕彎曲，伸展肱三頭肌與三角肌，同時手臂放下還原。所謂「飛舉」，是指手臂做出畫拋物線的動作。而「推舉」則是基本的推出動作。

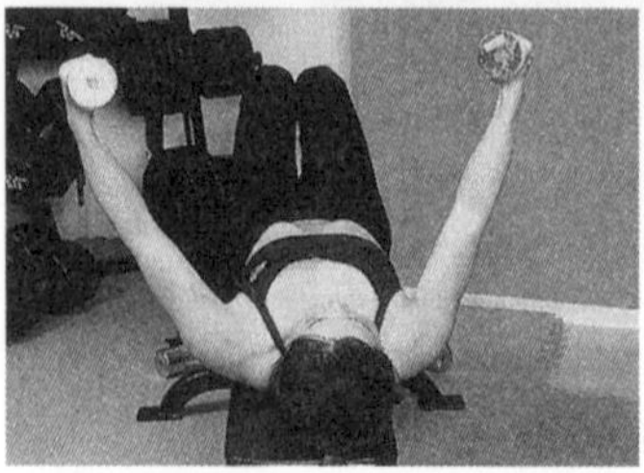

通常必須上抬到這個位置，讓胸大肌收縮，才是正確的動作。但是本章的目的只是伸展肌肉而已，因此不必上抬這麼高。

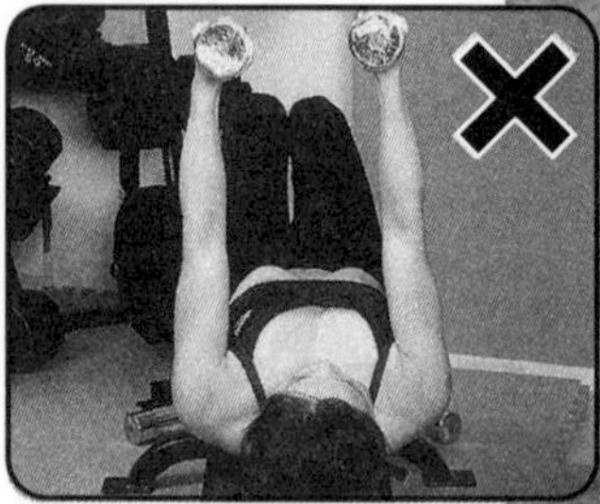

●單手飛舉啞鈴

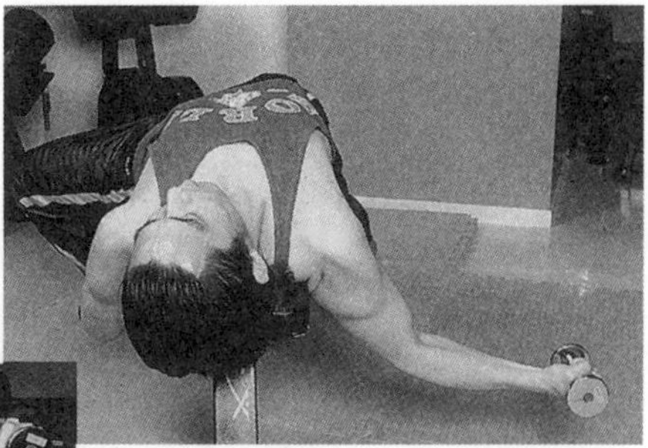

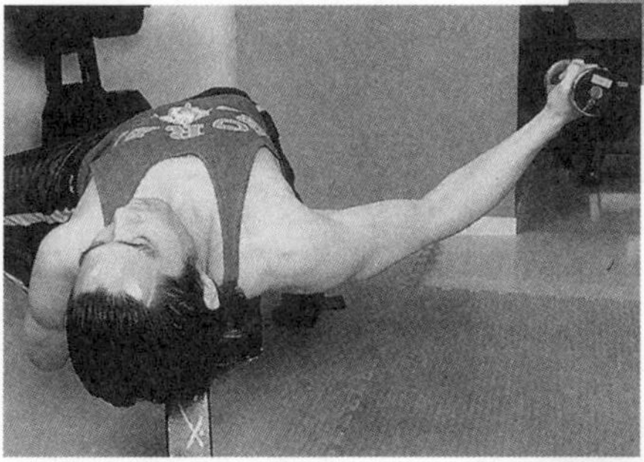

飛舉啞鈴的單手變化。順著啞鈴的重量，手臂往下落，接著有節奏的上抬。等到胸大肌無力之後再慢慢的還原。另一隻沒有握啞鈴的手抓住長椅的一角。這比飛舉啞鈴更能夠提高胸大肌的伸展度。

●推舉啞鈴

這是對胸大肌的中、下方肌肉有效的運動。握住啞鈴、手肘往下落，然後瞬間往上推，完全伸直手肘之後還原。通常腳置於長椅下。但是這個動作則是將腳置於長椅上，腳跟踩在長椅上，藉此能夠意識到軀幹軸，培養平衡感。

※想要提高平衡力時，可讓腳跟離開長椅。

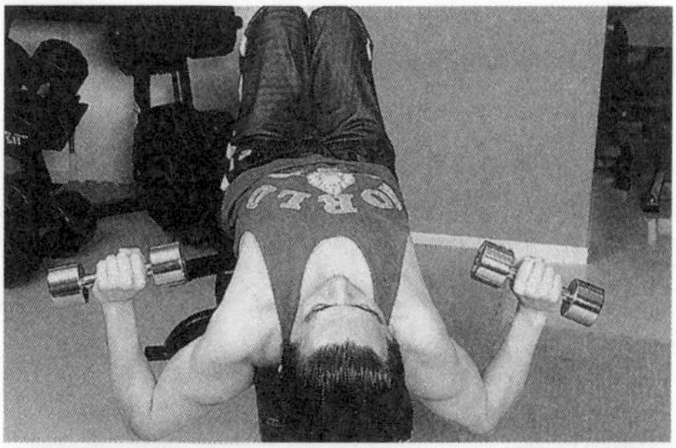

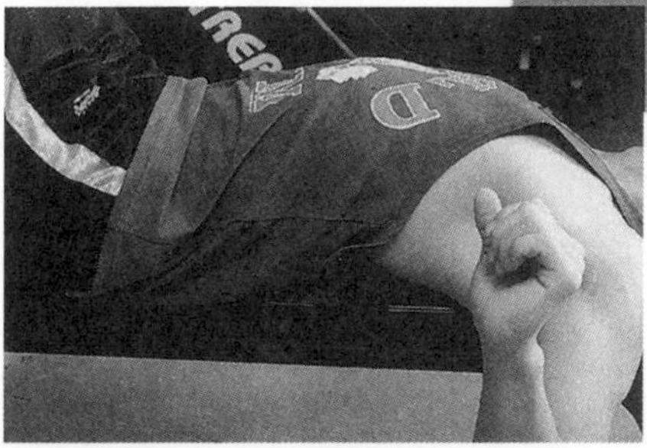

圖片中看不清楚，但是如果肩胛骨下方夾住墊子或毛巾等，則胸部就能形成拱形，增加胸大肌的伸展度。手肘要筆直上抬，然後直接放下。

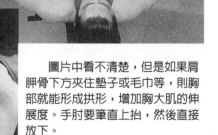

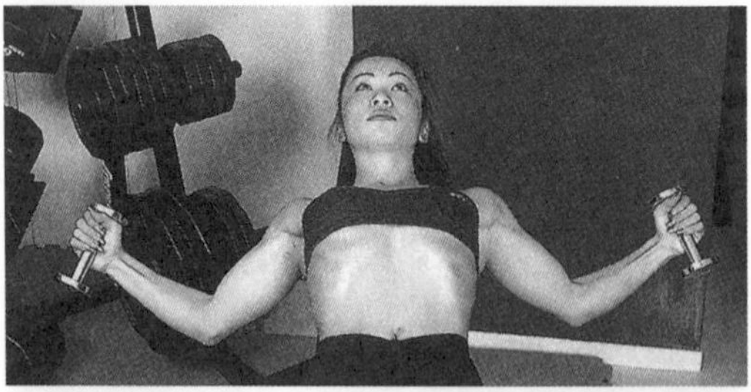

●仰臥斜板推舉啞鈴

所謂「仰臥斜板」，指仰躺在朝上的長板上。這是對胸大肌上方與三角肌前方有效的運動。一邊畫拋物線同時往上推的雙臂，通常會到達正上方，但是，這裡則是來到力量的鬆脫點，然後還原。要有節奏的反覆進行。

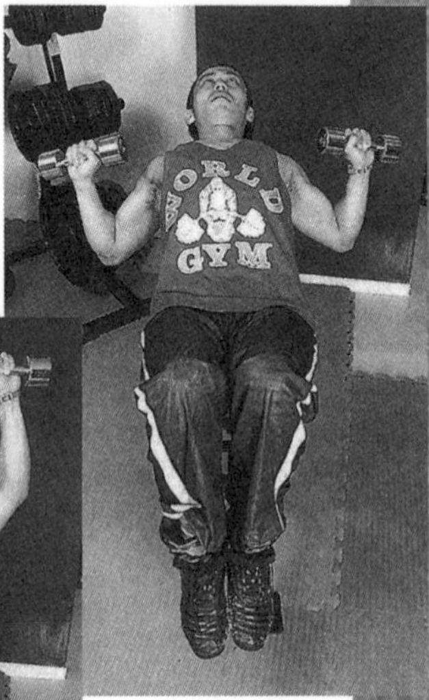

●仰臥斜板推舉啞鈴

與仰臥斜板飛舉啞鈴，幾乎是使用相同的肌肉。肩胛骨完全貼在長椅上，盡量伸展胸大肌上方，同時取得開始的位置。手臂往前推到「完全無力」的狀況下還原。依照「1、2（放下）・1（上推）」的節奏反覆進行。

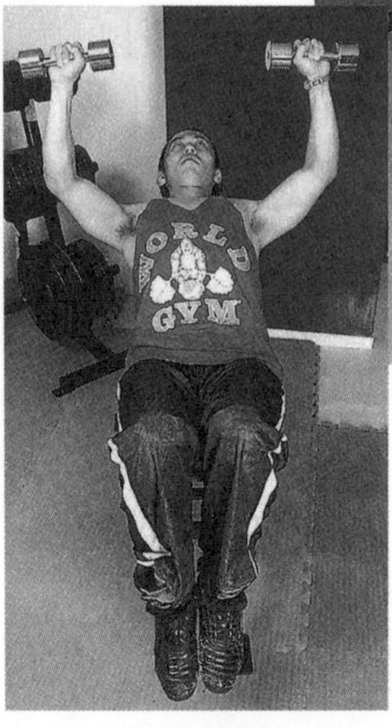

這是一般的結束點。但是在此不需要完全收縮胸大肌，因此不必上抬到這個位置。

●蛙式

俯臥成Ｘ形，一邊旋轉一邊抬起上身。雙腳不需要上抬。這是整個背部的肌肉運動。形狀與蛙式類似，但是動作相反。「從放鬆力量狀態到用力狀態」的動作有節奏的反覆進行。

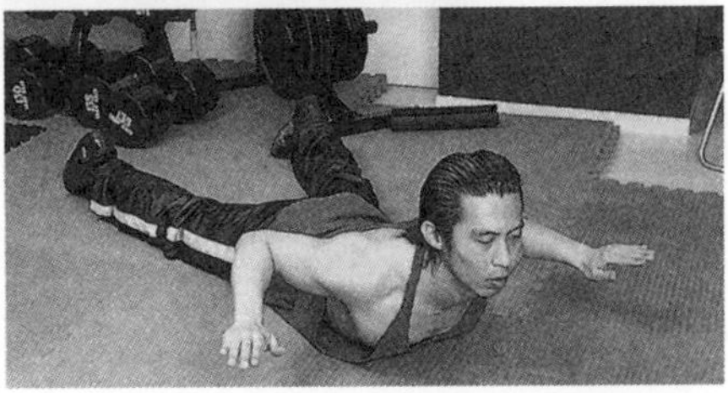

●Ｘ形

俯臥成Ｘ形，對角線的手腳各自上抬、放下。這是鍛鍊整個背部的運動，藉此也可以提升平衡感。

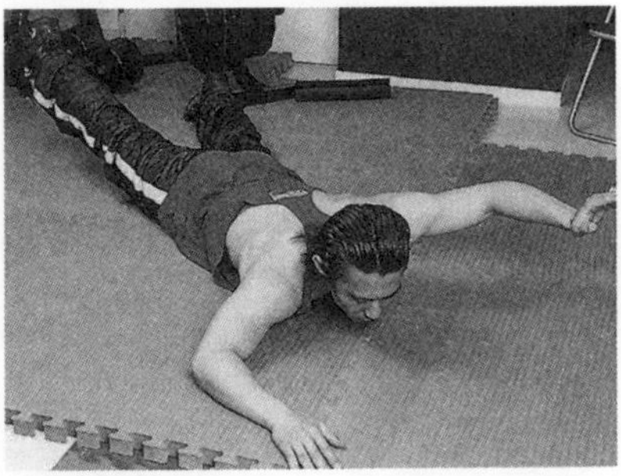

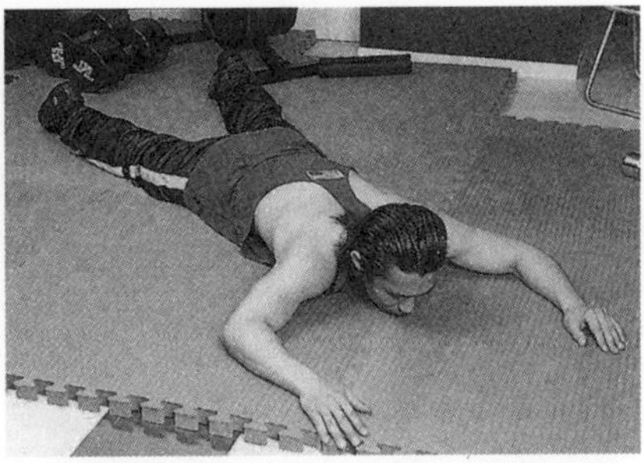

●俯臥抬臂

是次頁仰臥直臂提鈴的徒手動作，藉此能夠鍛鍊胸大肌與背闊肌。雙膝跪地，挺直背肌，雙手置於椅子的座面。由輔助者輕輕按住背部。背部慢慢往下落之後，回到原先的水平姿勢。反覆進行這個動作。

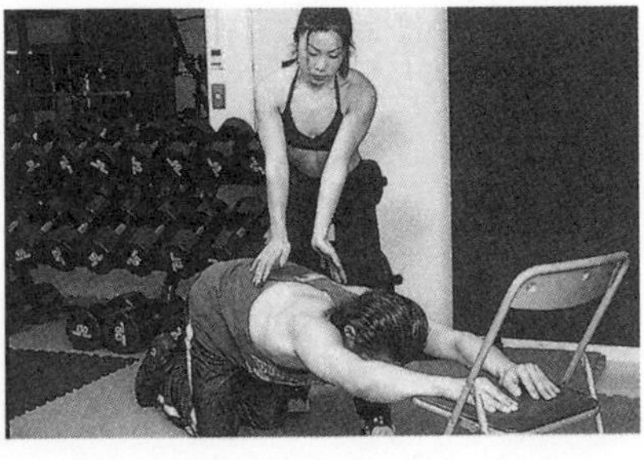

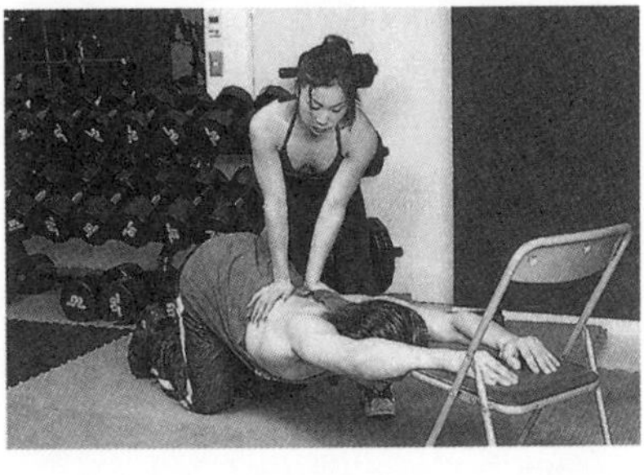

●仰臥直臂提鈴

雙手交疊，夾住啞鈴往上提。通常必須抬到正上方，但是這裡只要抬到45度角就還原。胸大肌與背闊肌以肩膀的三角肌為交界，附著於前後，互相拮抗，所以，日常動作或一般運動很少有機會能夠伸展兩邊的肌肉，而這個運動就具有提高兩邊肌肉協調性的效果。

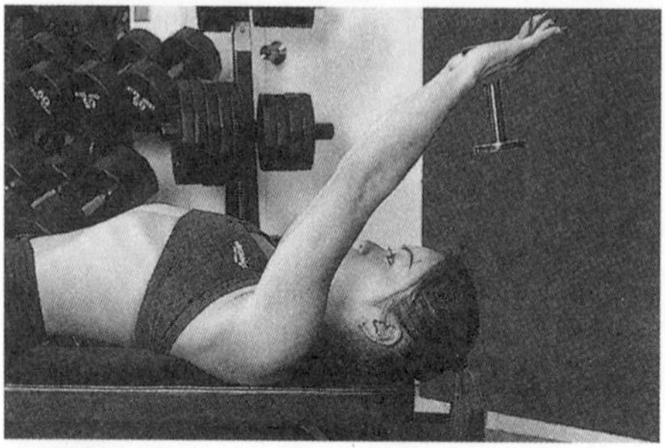

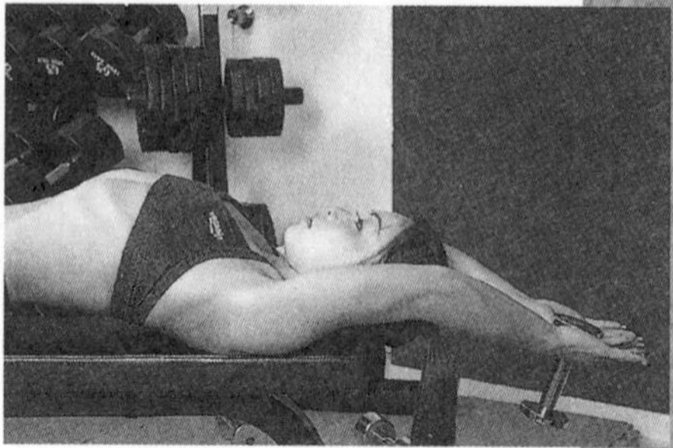

●變化 2

仰躺在長椅上，雙手提起啞鈴，朝後方用力往下落，然後進行仰臥直臂提鈴的動作，這樣更具效果。

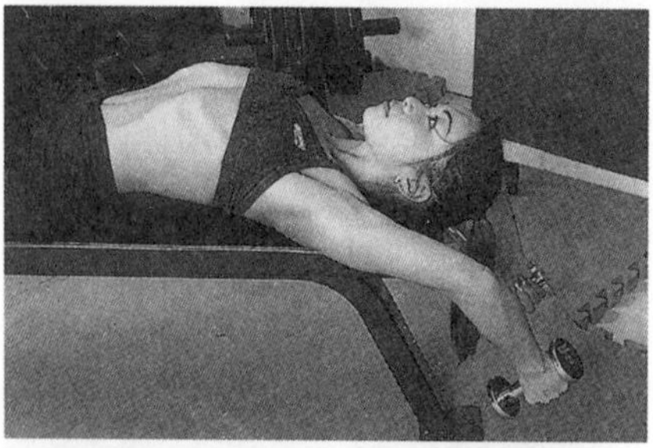

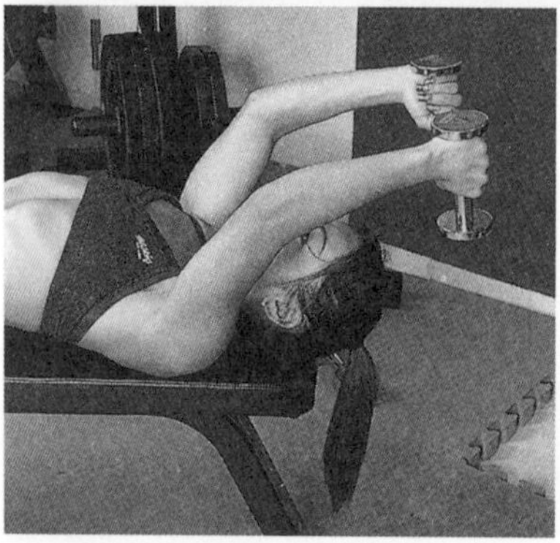

●變化 1

想要更加提高胸大肌與背闊肌的伸展效果時，可以躺在長椅上進行。重點是股關節不可以上抬，否則會降低伸展效果。

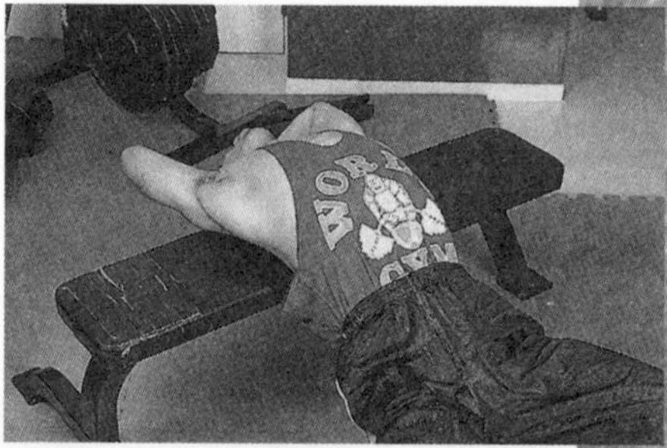

●變化 3

前述的仰臥直臂提鈴是雙手同時上舉、放下的運動，而這個動作則是雙手交互抬起、放下，藉此可以調整左右的平衡。

●俯臥長椅屈臂提鈴

基本形是屈臂提鈴到胸部，而這裡則是俯臥在長椅上進行的運動，是為本章而設計的基本動作。雙手握住啞鈴，盡量擴張肩胛骨，藉此能夠鍛鍊斜方肌和豎棘肌。想要提高軀幹的平衡時，可以將伸直的雙腿置於長椅上。

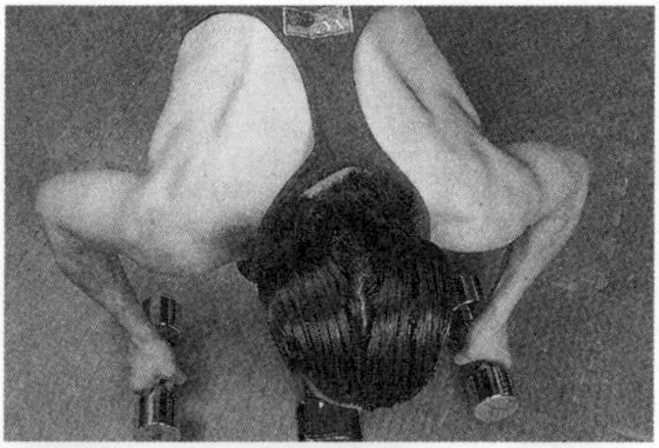

拱起背部，同時肩膀上抬。在拱起的狀態下，豎棘肌會隨著上抬的動作而收縮。換言之，這是屬於小型的背肌運動，既不會對腰部造成負擔又能鍛鍊背肌。

●單手屈臂提鈴

肩膀盡量落下，然後手臂突然「砰」的往上抬。上抬手臂和相反側的膝置於長椅上，上身與地面保持平行。這是鍛鍊背闊肌的運動。在背部與斜方肌並排的大肌肉背闊肌，可以藉著上抬、放下上臂擴大肩胛骨而獲得伸展。

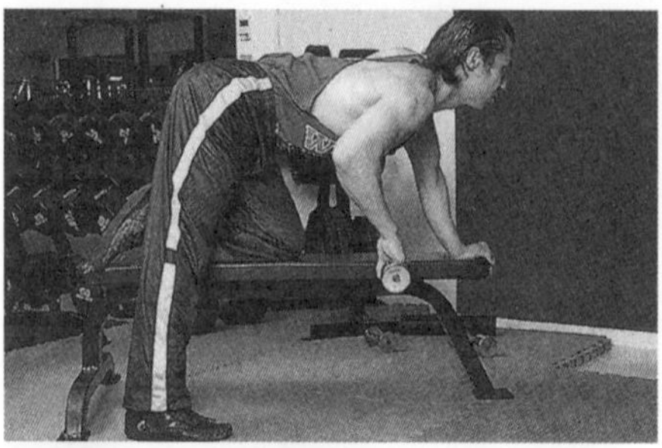

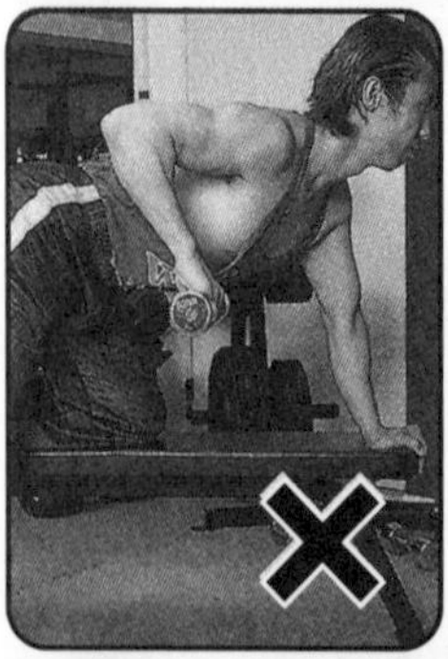

手臂不必上抬到像屈臂提鈴的動作一樣，亦即不必與背部的線條保持平行。只要感覺「好像已經伸展了」就可以還原。因為「伸直之後收縮」才是游泳的動作。

啞鈴的握法

為了應付各種動作，最好改變啞鈴的握法。看起來好像進行完全相同的動作，但是因握法的不同，鍛鍊的肌肉也會產生微妙的差距。

平行握

啞鈴與身體平行，從上方握住橫桿。

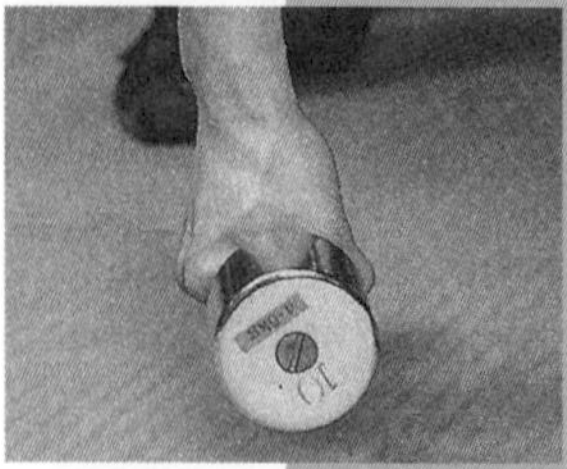

正握

啞鈴與身體垂直，從上方握住橫桿。

反握

啞鈴與身體垂直，從下方握住橫桿。

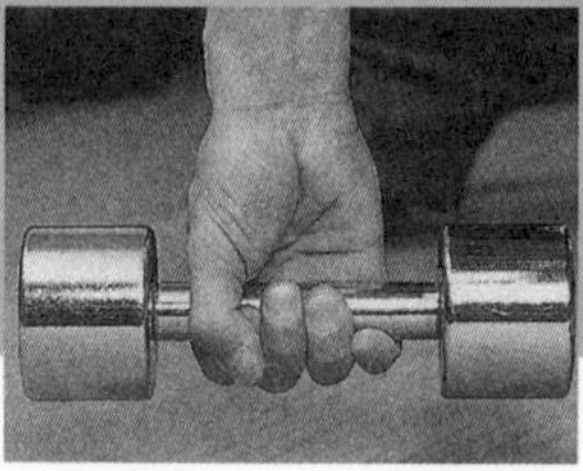

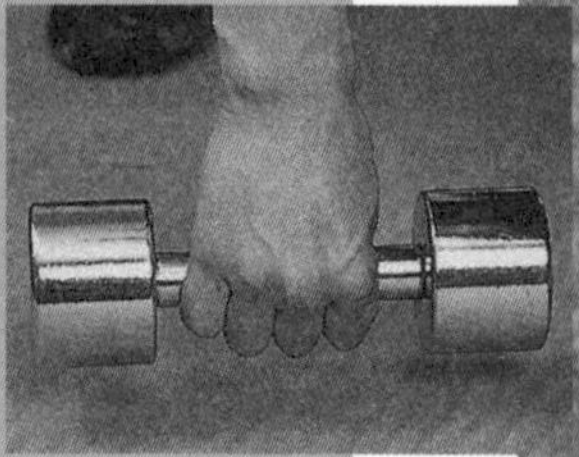

●大腿內側

這是伸展大腿內收肌群的運動。仰躺。輔助者的雙手置於運動者的膝上，將膝往外推。在兩膝不斷張開的狀態下，用力讓大腿還原。這時，輔助者的手要立刻離開運動員的膝。

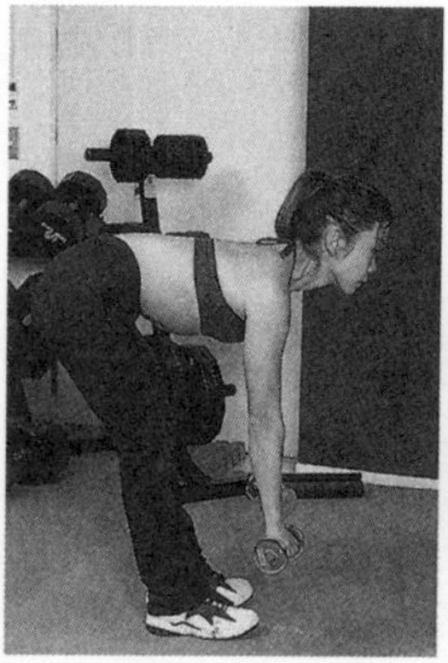

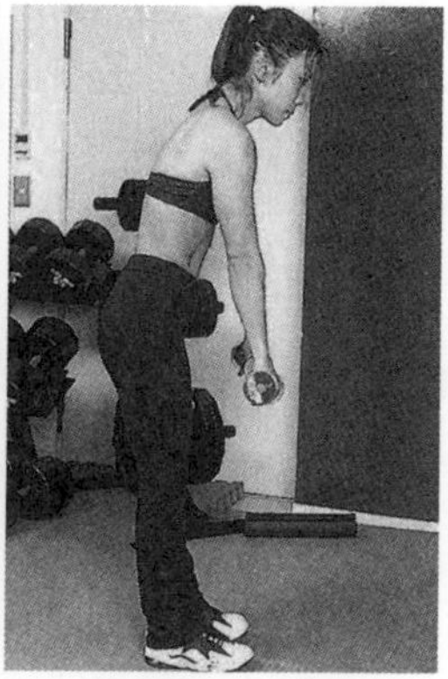

●伸膝握鈴

膝蓋伸直，身體往前彎曲。具有伸展臀大肌、股二頭肌與小腿肚的效果。正握啞鈴時，呈駝背狀態，不要屈膝，慢慢的將身體往前倒，然後，突然砰的恢復原先姿勢。藉此能夠徹底伸展整個腿的背面。身體僵硬的人，不必握啞鈴進行。

●4分之1硬舉

挺直背肌，雙手正握啞鈴，膝彎曲4分之1（彎曲程度還包括半彎與全彎），接著砰的突然還原。重點在於啞鈴不可以離開大腿，否則上身就會傾斜。這是鍛鍊臂大肌、股二頭肌與整個背面的運動。動作和游蝶式時使用骨盆的方式類似。

●4分之1平行蹲下

雙腳張開如肩寬，深蹲的程度僅止於4分之1。重點在於要看著斜上方，膝不可以過度往前，臀部後突，感覺股關節好像朝後方移動似的。反過來說，以彎曲股關節、連帶的讓膝彎曲的感覺來做動作。能夠有效的鍛鍊臀大肌與股二頭肌。

圖所示並不是股關節往後移，而是膝突出的深蹲動作，是錯誤的動作。蝶式的海豚打水動作，並不是使用膝，而是利用股關節柔軟的打水。因此，必須要注意股關節的動作來進行深蹲 。

●4分之1寬間隔深蹲

雙腳張開為肩寬的兩倍，好像讓肩胛骨併攏似的，雙手交疊在頸後進行深蹲動作。感覺「臀部伸展」時立刻還原。藉由拉大雙腿之間的間隔，就可以鍛鍊臀大肌、股二頭肌及腿內收肌群。

膝朝內側時，會對膝造成多餘的負擔，必須注意。

●變化 1

雙手握住啞鈴重量的部分，深蹲。好像從左右推啞鈴似的，拿著啞鈴。

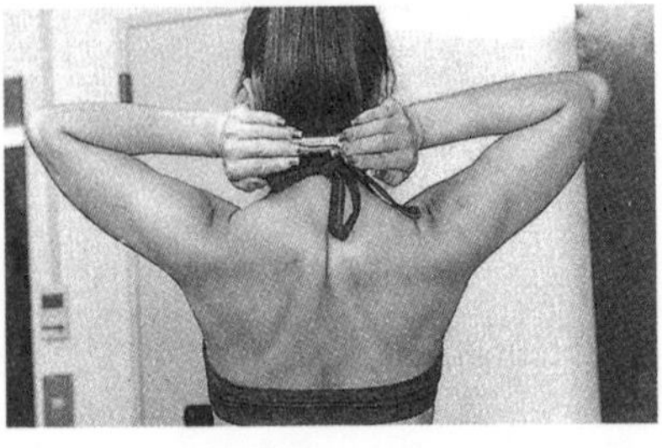

●變化 2

單腳做深蹲動作，增加下肢、股關節與內收縮群的負荷，藉此能夠伸展股關節並加以強化。在實際游泳打水時，能產生極大的力量。

●踏台升降

利用較高的長椅做升降運動，可以促進髂腰肌的發達，伸展臀大肌。如果右腳先站上去，則要由左腳先下來。依照「1、2、3、4」的節奏反覆做動作。避免出現腳步聲。腳步聲太大，就表示膝關節承受太大的負荷，這樣容易造成傷害。

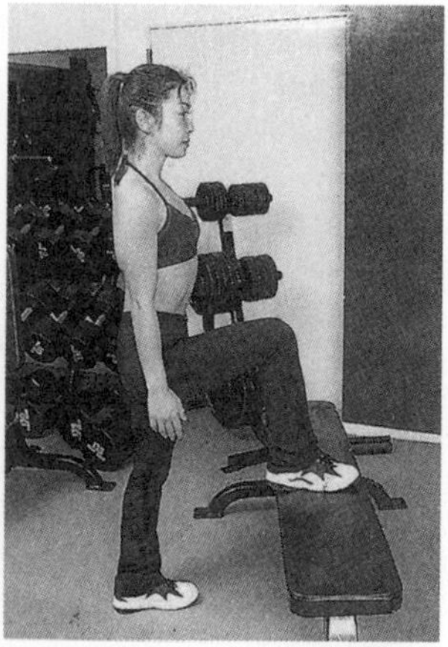

●變化

背著棒子做踏台升降動作。背著棒子時，一旦手握棒子的幅度縮小，就能使肩胛骨充分閉攏 ，有效的將熱量從下半身（股關節）傳到上半身（肩胛骨關節）。

●上提屈舉啞鈴

正握啞鈴，從下垂的狀態往上提起，盡量抬高手肘，慢慢的讓手臂完全伸展後放下。藉此可以伸展三角肌與斜方肌。

以兩手背夾住臉來做結束動作 。

手肘的使用方式

好像讓手背對合似的將啞鈴往上拉。這時手肘的角度最大。能夠完成這個運動，游自由式時就能夠順利的做出抬臂動作的高手肘動作。

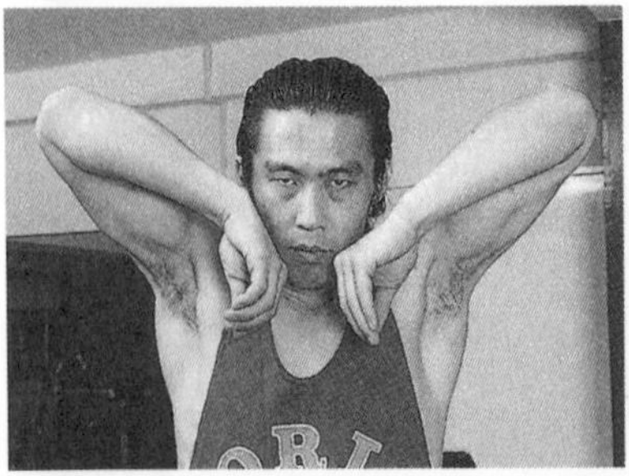

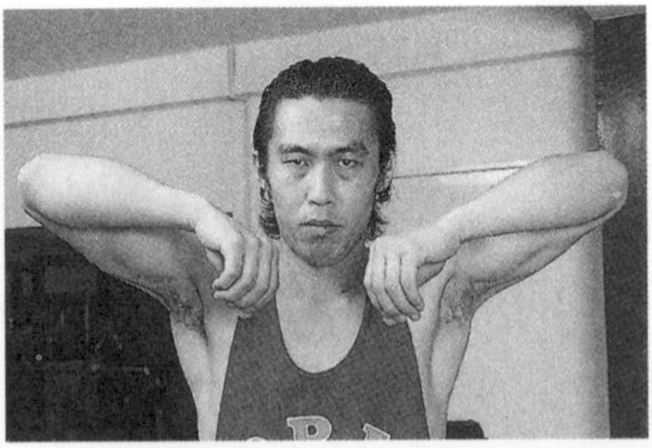

不良姿勢

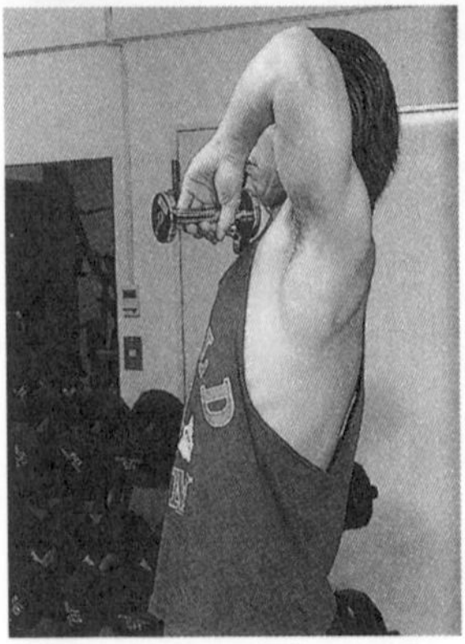

腰不可過度後仰，以免損傷腰部。

正確姿勢

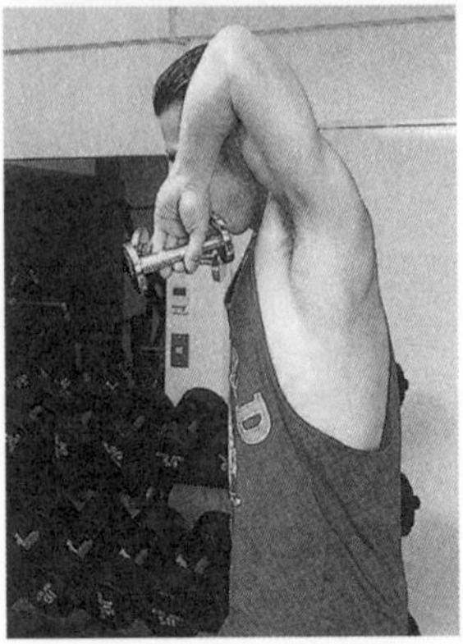

其祕訣是好像用臉迎接往上提的啞鈴似的，這樣就會意識到要抬高手肘。

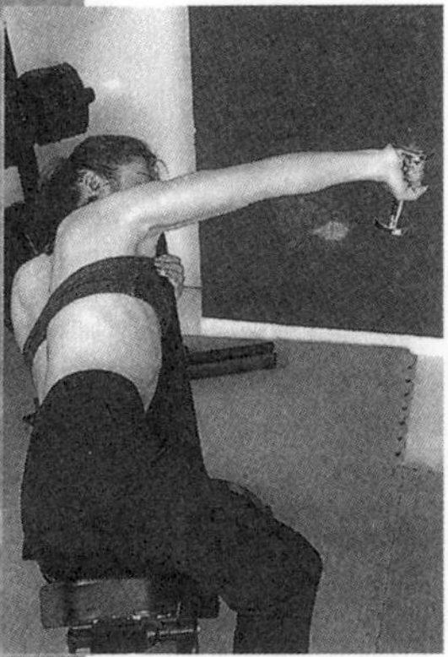

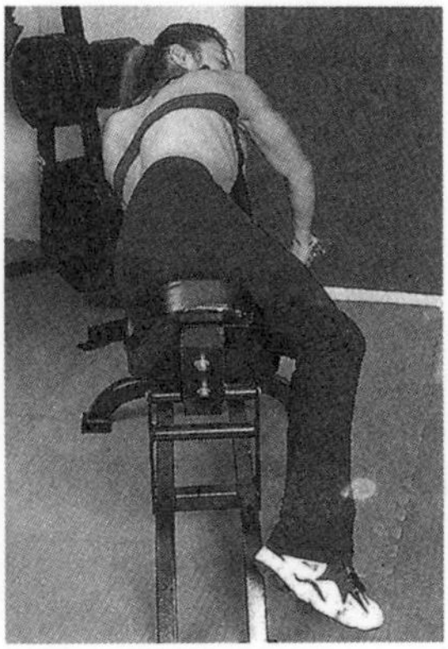

●單手後舉

側躺在斜板上，手臂稍微彎曲、伸直，以這種狀態將小指往上抬。藉此能夠擴大肩胛骨的可動範圍，也可以伸展斜方肌與三角肌後方。三角肌的後方較小，但卻是旋轉時非常有用的肌肉。進行這個動作，就可以有效的強化游泳時的划水動作。

一般的單手後舉必須上抬到這個位置，但本運動不必抬這麼高。

●坐姿肩上推舉啞鈴

坐在長椅上，進行肩上推舉啞鈴的動作。藉此能夠有效的鍛鍊三角肌。啞鈴和肩膀保持平行的高度，一直推舉到頭頂上為止。

通常手臂必須要到達完全伸直的位置，最後盡量收縮肌肉，但是本運動不必做到這個地步。不過要挺直背肌來進行。在游自由式或蛙式時，如果不能伸展背肌，就會增加水的阻力 。

●坐姿單手肩上推舉啞鈴

坐下，單手進行肩上推舉啞鈴的動作。這個動作的優點是，比起用雙手進行而言，肩膀的可動範圍擴大。此外，進行單手運動時，藉著保持相反側肌肉的均衡，就能夠培養全身的平衡感。

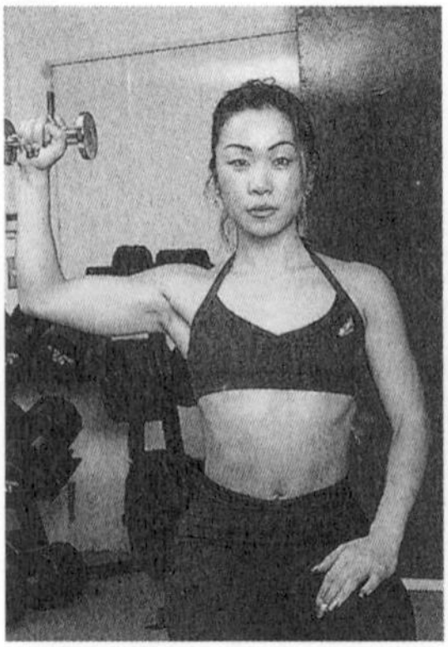

正確姿勢

伸直軀幹軸，保持平衡的理想姿勢。游自由式或蛙式時，在搖擺的同時，手臂必須交互移動，因此全身的平衡感很重要。要意識到這一點來進行運動。

雖然不必上抬到這個位置，但還是要挺直背肌。將意識集中在能夠讓啞鈴富於節奏的抬起與放下。

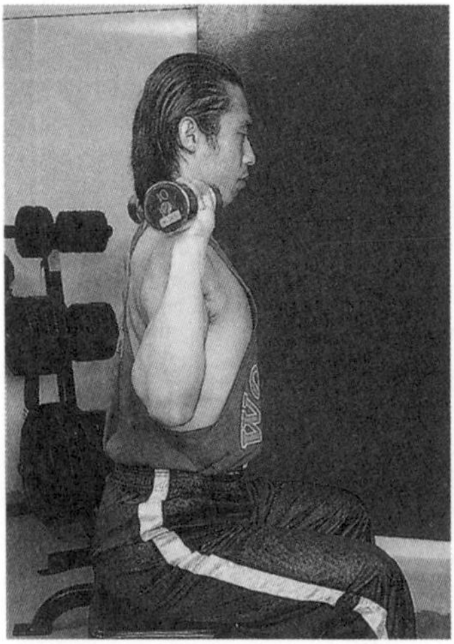

不良姿勢

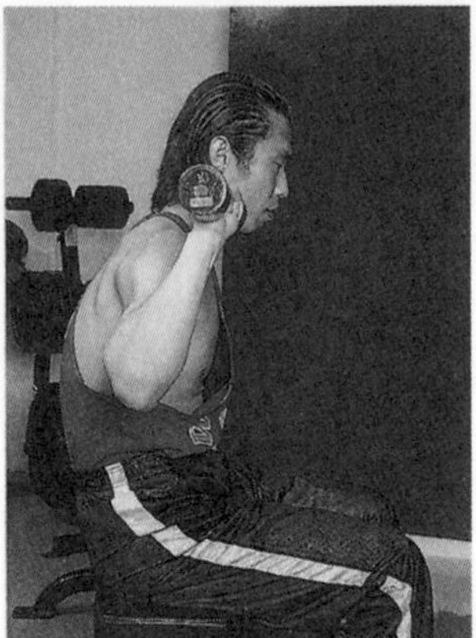

上半身前傾，是不良姿勢。必須意識到軀幹軸，挺直背肌。姿勢前傾，容易損傷腰 。

●頭上頸後推舉

彎曲手肘，雙手在頭後方夾住啞鈴，然後突然「砰」的往上推。藉此能夠鍛鍊雙臂內側，也就是，伸展肱三頭肌。利用較矮、有靠背的椅子來進行，更具伸展效果 。

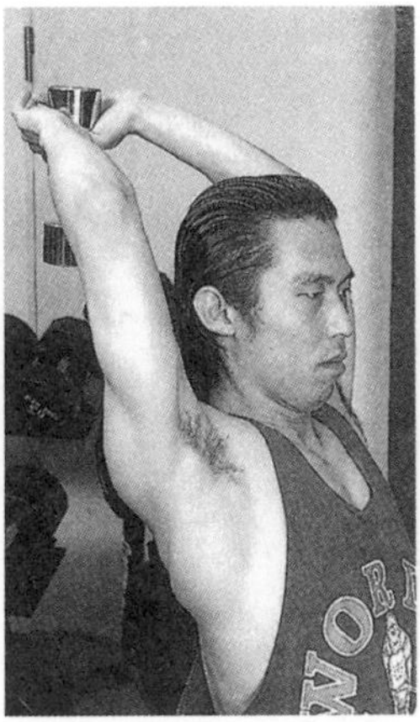

●單手頸後推舉

單手抓住啞鈴，置於頭部正後方。單手進行，能夠擴大肩膀的可動範圍，這時就可以旋轉手臂。當然，也可以伸展肱三頭肌。

●變化

雙手各自握住啞鈴來進行。這樣身體較容易搖擺，能夠擴大肩膀的可動範圍。可以當成蛙式划水動作的練習，有節奏的進行 。

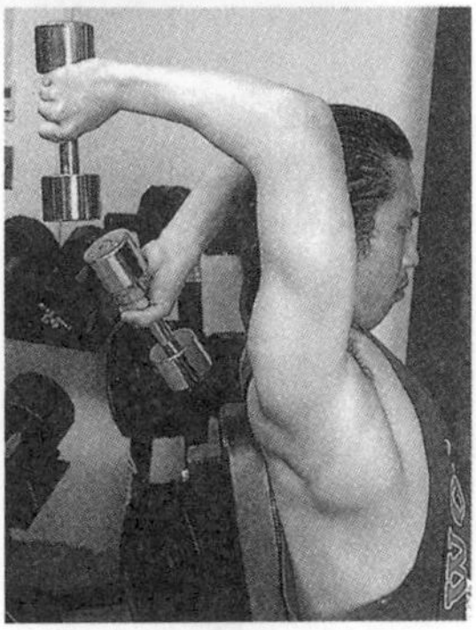

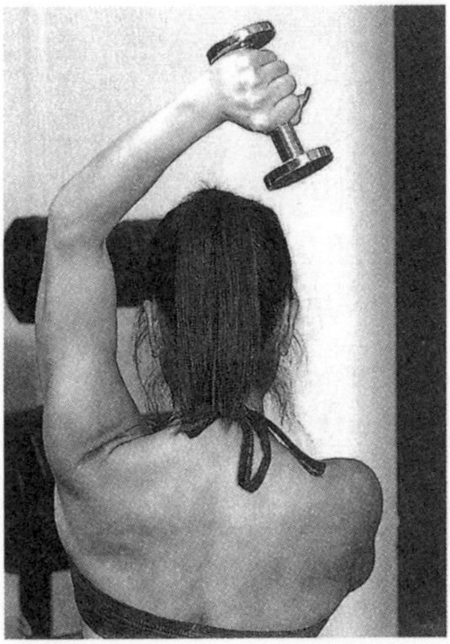

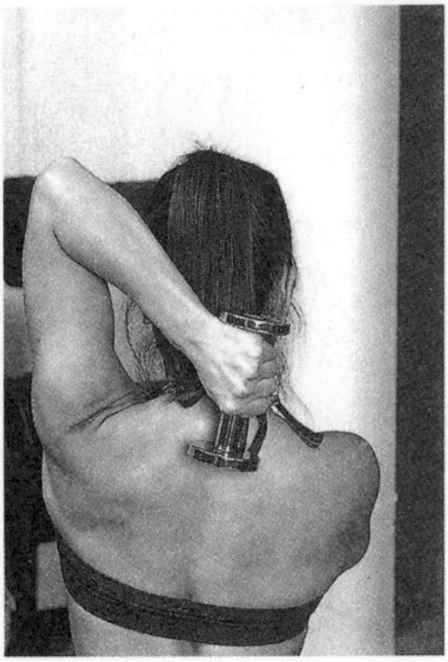

●仰臥斜板屈舉啞鈴

肩胛骨緊密貼合於45度角的靠背長椅上，屈舉啞鈴。採用反握法，伸直手肘，感覺好像朝向肩膀三頭肌似的屈舉啞鈴。手肘到前方保持水平，然後放下啞鈴。

這是能夠伸展肱二頭肌與胸大肌的運動 。

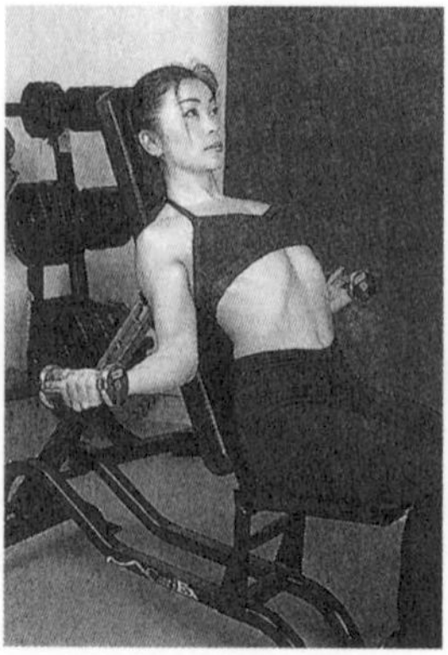

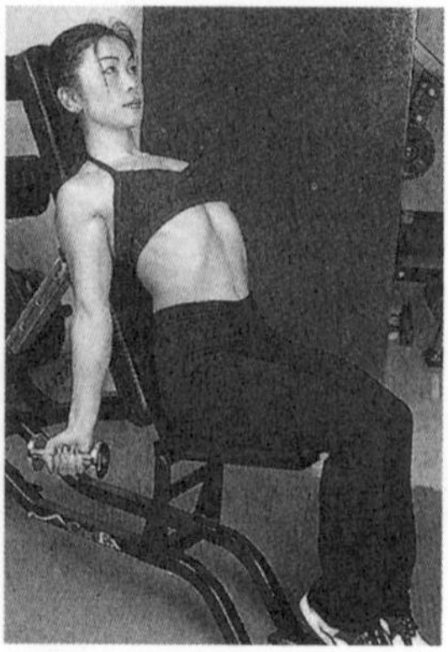

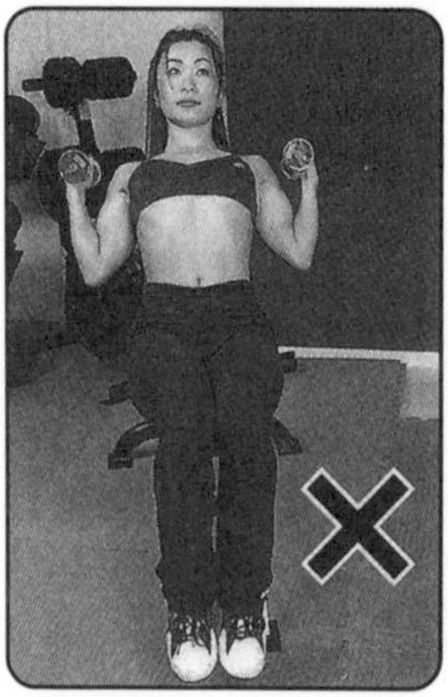

不必屈舉到這個地步。本運動的目的主要是伸展肱二頭肌與胸大肌，而並不是要讓這些肌肉收縮。

●變化 1

降低仰躺斜板的角度。這樣就可以自然的增大肱二頭肌與胸大肌的伸展度。

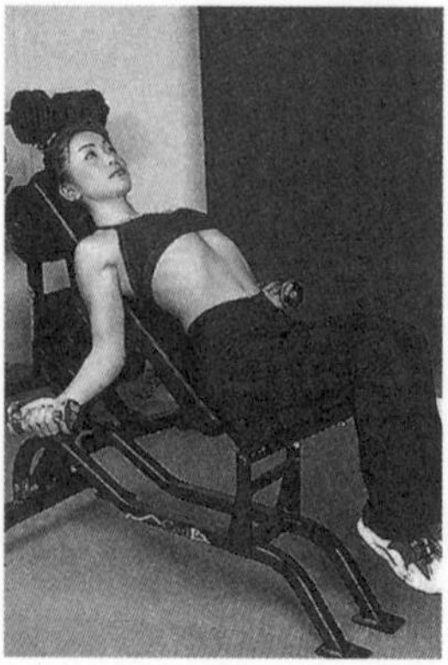

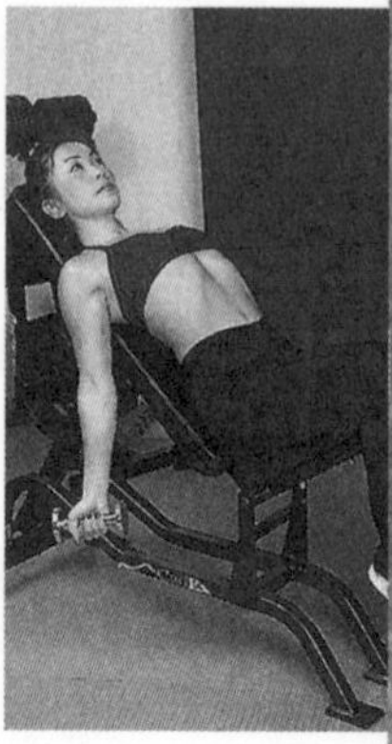

●變化 2

單手交互屈舉啞鈴。當一側放下時另一側往上舉。有節奏的進行一連串的動作。

●抬小腿

大腿垂直，抬起小腿。藉此可以鍛鍊腹肌上方。視線置於膝上，抬起頭。重點在於手肘要盡量張開，讓頭抬起來。

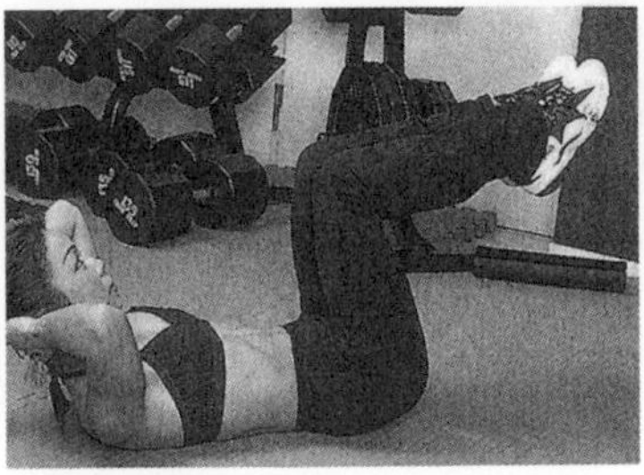

●轉體抬小腿

抬小腿同時「轉體（twisting）」，也就是加上扭轉身體的動作。抬起頭，扭轉上身，單手手指朝相反側膝的外側伸直。盡量讓肩膀往前伸出。動作比較困難，左右上身的扭轉動作要保持一定的節奏來進行。

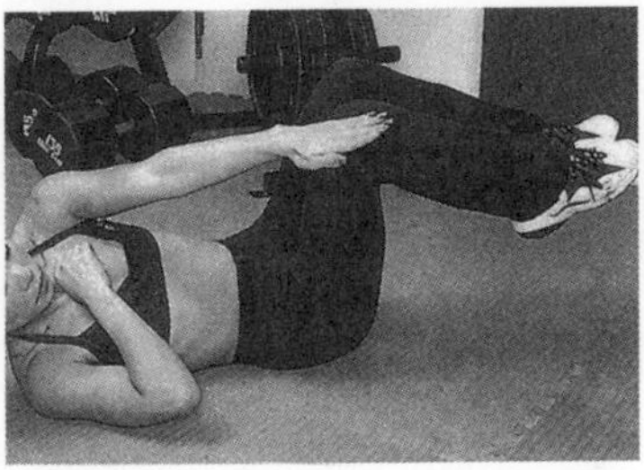

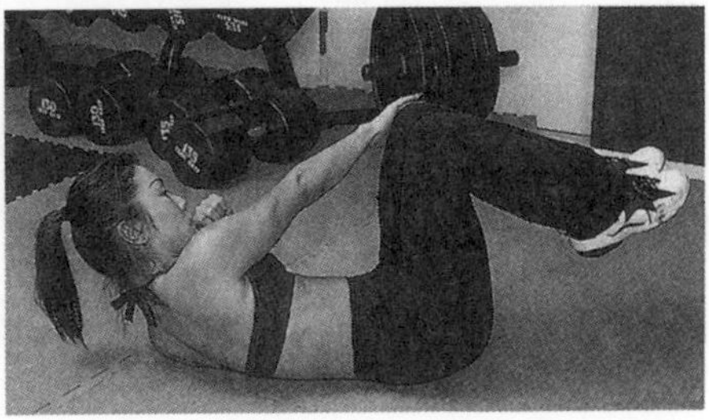

●變化 1

單手手指與相反側的腳趾在空中接觸，是屬於C級難度的運動。腳垂直伸直，保持這種姿勢抬起身體是高難度的動作。手腳動作必須連貫，才可以鍛鍊腹外斜肌。動作和利用雙手交互撥水的自由式、仰式類似。

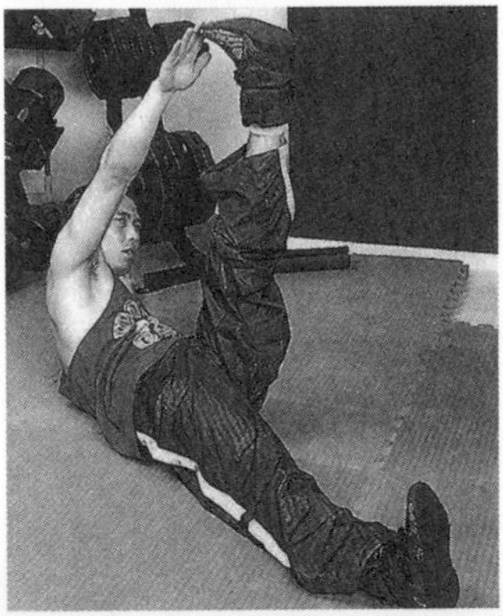

●舉腿

手肘撐地，雙腿後收，然後突然「砰」的還原，吐氣，慢慢的吸氣伸直。

●變化 1

使用椅子來做舉腿動作。手肘彎曲，盡量靠近胸部。如圖所示，上半身不要前傾，就可以抓住後面的鐵管等來進行動作。坐在椅子前面時，腳往下伸直，就可以增大腹肌的伸展度。

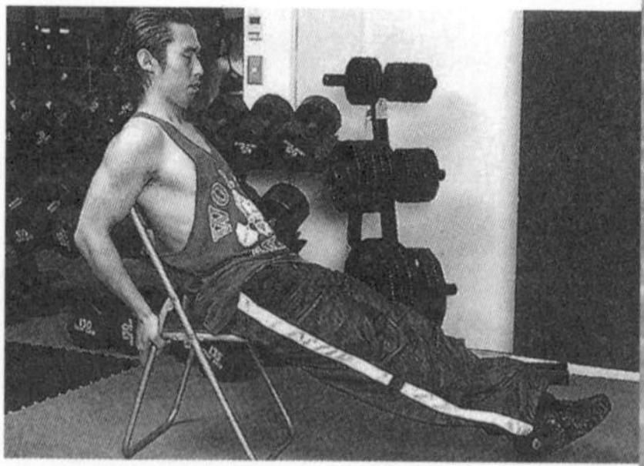

●上體側屈（棒子）

背著棒子進行側屈動作。左右交互側屈。活用棒子，就能夠伸展使用啞鈴時難以伸展的背部側面肌肉。

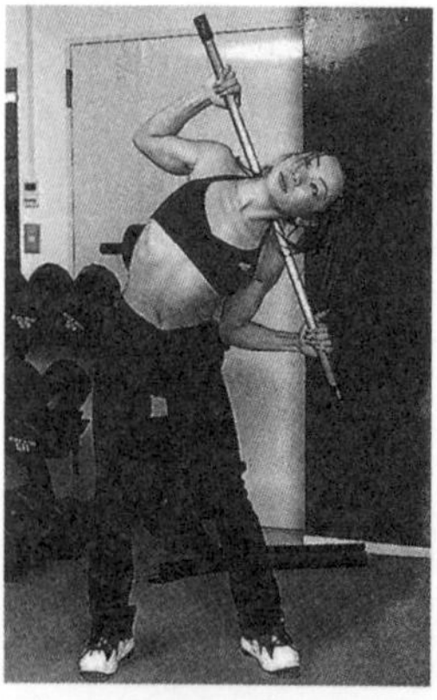

●上體側屈（啞鈴）

使用啞鈴進行側屈動作。雙腿張開比肩寬稍寬，單手拿啞鈴，另一隻手的手肘彎曲，置於頭部後方。手肘的前端面向正上方，朝啞鈴側側屈。藉此能夠有效的伸展腹外斜肌。

游泳前的暖身運動與游泳後的整理運動

所謂暖身運動，就是能夠促進血液循環的運動。而所謂的整理運動，則是能夠迅速去除運動後體內所產生的乳酸等疲勞物質的運動 。不是靜態的伸展，而是動態的伸展。這個伸展運動能夠促進血液循環 ，方法是讓身體小幅度搖晃來進行。秘訣是「一邊搖晃一邊伸展 」。只要實際進行，就可以得到效果。

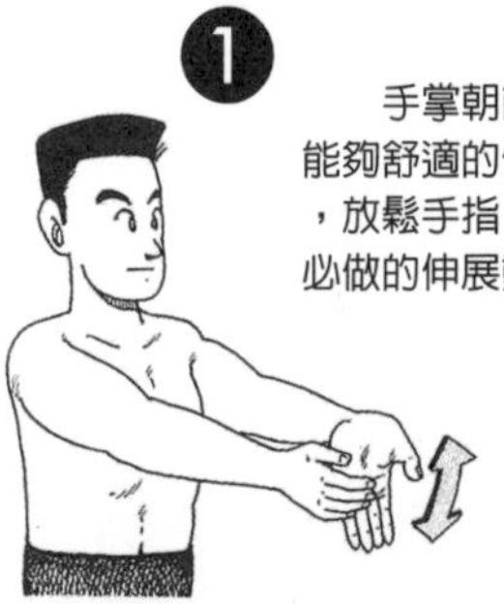

手掌朝前持續搖晃。能夠舒適的伸展肱二頭肌，放鬆手指。這是游泳前必做的伸展動作。

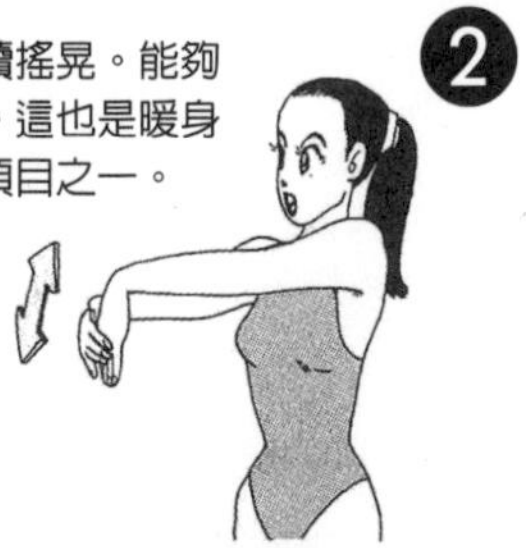

手背朝前持續搖晃。能夠放鬆手腕的緊張。這也是暖身運動不可或缺的項目之一。

好像用手掌包住另一隻手的手肘前端似的，抓住手肘來搖晃。感覺「肩膀能充分旋轉」。在游泳之前，必須要好好的旋轉肩膀 。

單手在胸前水平伸直，手肘抵住另一隻手的手掌搖晃。放鬆整個手臂的力量，讓肩三頭肌舒服的旋轉。能促進血液循環，最適合當成整理運動來進行。

雙手水平伸直到肩膀高度 ，好像鳥兒張開翅膀似的 ，拇指朝上，挺胸往後搖晃。可以當成暖身運動或整理運動來進行。

稍微屈膝，雙手伸直貼合。手儘可能離開身體，拱起背部，保持駝背狀態搖晃手臂。可以當成整理運動來進行。感覺積存的疲勞物質好像完全消失了。

大腿單側伸展運動。將膝拉到大腿根部的後方。這是游泳前、後一定要做的動作。

8

腳尖朝上，伸直腿，抓住腳趾搖晃。另一隻腳輕微彎曲也無妨。適合當成暖身運動來進行。

9

好像相撲選手雙腳用力踏地的伸展動作。按壓膝蓋，肩膀落在前面，搖晃上身。這個動作會讓人覺得很舒服。在使用肌肉前後，一定要進行這個動作。

10

單腳往前跨出半步，伸直後方的腳。伸展、搖晃大腿部、小腿肚與跟腱。動作很簡單，游泳前後一定要進行。

11

游泳時，經常使用與軀幹軸相連的頸部。在游泳前後一定要好好的伸展一番。

12

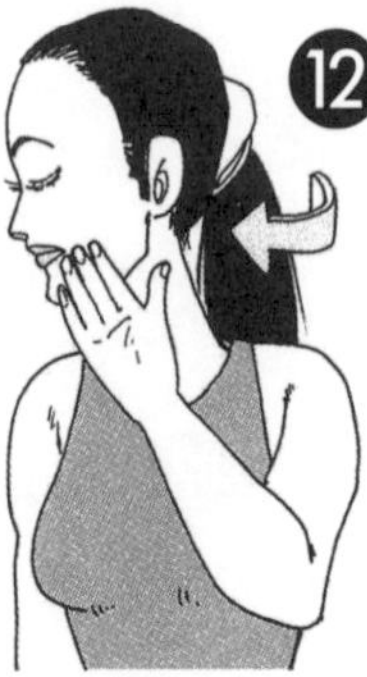

好像用手指輕推臉頰似的，慢慢的伸展頸部。

13

雙手交疊於膝上，上半身慢慢的接近膝同時搖晃。能夠放鬆全身。游泳後做這個動作，會讓人覺得神清氣爽。

14

坐在地上，雙腳交叉，單膝直立。身體轉向直立的膝側搖晃。能夠有效的伸展腹外斜肌、背闊肌與臀大肌。游泳前務必要進行。

兩個人一起做伸展運動

比起單獨做伸展運動而言，兩人一起進行當然比較有趣，而且效果更大。不要勉強拉扯或推壓，必須考慮到對方的身體狀況。

15

站在後方的人其手搭在同伴的肩上。一邊推一邊搖晃另外一隻手的手肘。不可以用力推手肘。比單獨進行時更容易旋轉手肘。

16

繞到後方，拉同伴的雙手同時搖晃。能夠伸展胸大肌和三角肌。

17

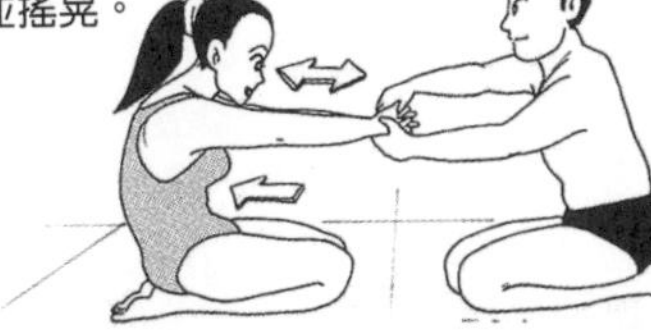

面對面坐下。輔助者拉同伴的手並搖晃。

18

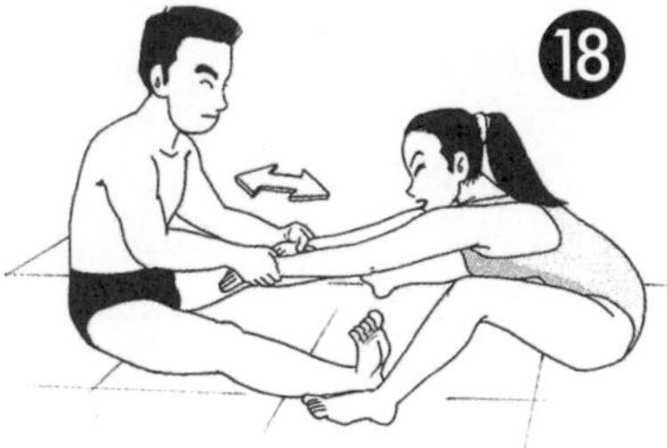

輕微屈膝，張開雙腳。輔助者拉同伴的手臂並搖晃。具有伸展全身的效果。

19

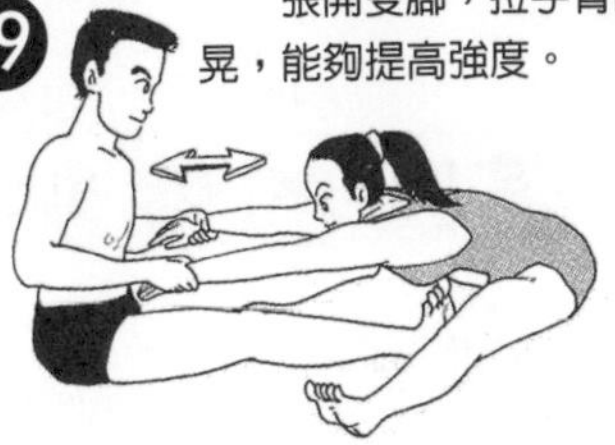

張開雙腳，拉手臂同時搖晃，能夠提高強度。

20

手搭在輔助者的肩上，伸展背部並搖晃。腳不要彎曲。游泳前後一定要做這個動作 。

21

將同伴的手掌拉向內側並且搖晃。輔助者好像從上下包住同伴的手腕似的搖晃。最初力量較弱，然後逐漸增強來搖晃。能使三角肌產生舒適的振動感。

22

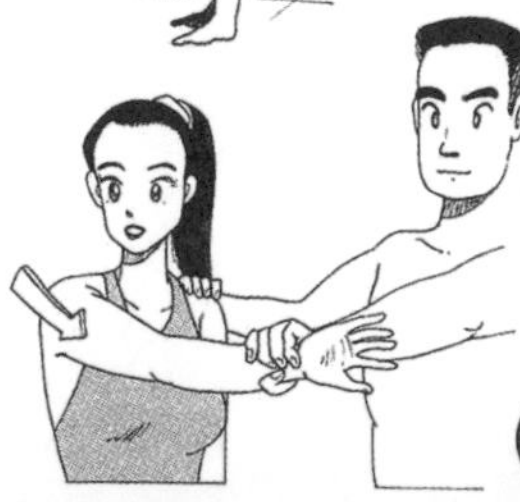

手掌朝外側伸展，上半身朝向相反側。能夠伸展三角肌後方。

9

消除疲勞的特效藥
三溫暖與淋浴

經由淋浴或泡三溫暖而大量流汗後，會感覺非常舒服。這是因為新陳代謝旺盛，乾淨的血液流到身體各角落所致。因此，三溫暖與淋浴對身體很好。只要了解正確的使用方法，就更能有效的增進健康。徹底探討對於身體有益的利用法吧！

學習三溫暖發祥地北歐的享受快樂方式

近年來，許多健身房、游泳池或溫泉等休閒設施都同時設有三溫暖。

許多人都知道洗三溫暖大量流汗之後感覺很清爽，但卻因爲三溫暖室非常悶熱，因此望而卻步。

不過，在發祥地的北歐，不論男女老少，都能夠輕鬆的享受三溫暖。冬天每週洗1、2次，夏天則有的人幾乎每天都使用三溫暖。

在綠意盎然寧靜湖畔的圓木三溫暖小屋，赤身裸體的跳入湖中冷卻身體，這種景象相信各位都不陌生。

洗三溫暖，能夠舒適的流汗，然後再進入冷水中沖洗汗水、冷卻身體，呼吸新鮮的空氣。反覆讓身體接觸熱與冷，這就是洗三溫暖的樂趣。

爲了冷卻發燙的身體，北歐人在冬季時會於雪中打滾，夏季則會跳入湖中。

三溫暖的魅力，就是能夠在短時間內享受這種溫冷交互浴。

三溫暖的優點

溫泉或泡澡可算是溫水浴，而三溫暖則稱爲熱氣浴。將室內的空氣加熱，形成對流熱。而牆壁或天花板加熱後所產生的輻射熱等，也能使體溫上升，具有出汗作用。

與泡澡最大的不同點，就是不會承受水壓。泡澡時，身體會承受將近１公噸的靜壓，然而三溫暖是在空氣中進行，不必承受水壓，所以不會造成心臟的負擔，可以輕鬆的讓身體得到熱。

花較長的時間浸泡在溫熱水中，才能產生出汗效果。因此，溫冷交互浴比較費時。

皮膚在熱水中無法呼吸，而洗三溫暖時，皮膚可以呼吸。

主編／粟井　英一郎
插圖／百田　千峰

三溫暖浴的最低必要條件

1．在小屋中擁有能夠使身體溫暖的環境。
2．附近有可以冷卻的環境。
3．新鮮空氣，例如能夠產生臭氧、有許多綠色植物生長的地方。
4．能夠讓身體輕鬆休息的地方。

符合這 4 項條件，才能稱為三溫暖浴。

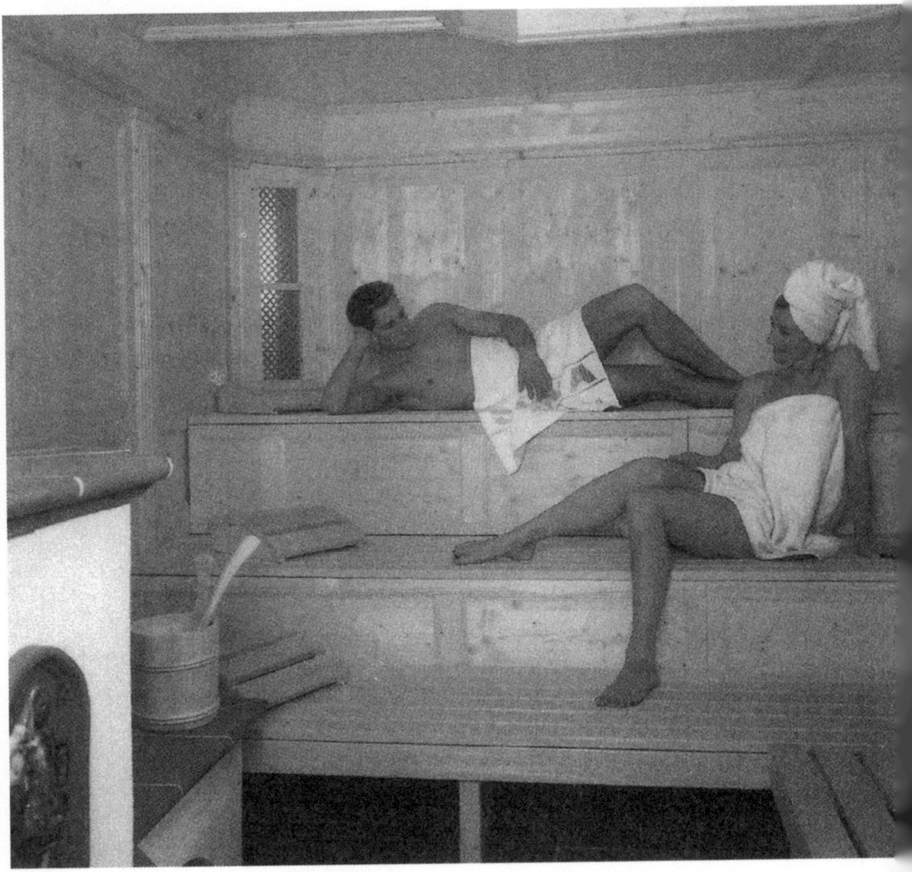

潮濕的身體直接進入三溫暖室，坐在長椅上層，好像參加忍耐大賽一般，長時間揮汗如雨的洗三溫暖。最後再用熱水沖掉汗水。

這種方法不僅無法得到三溫暖浴的效果，同時，也會危害身體健康。要學會正確的使用法，這樣才能有效的活用三溫暖。

1. 首先清洗身體

帶著骯髒的身體進入三溫暖室，這是不禮貌的行為。一定要先將身體清洗乾淨，去除汗水。

2. 擦拭身體

身體潮濕時很難出汗。

3. 進入三溫暖室後先躺下來

從腳趾到頭頂，全身都能均勻的得到熱。

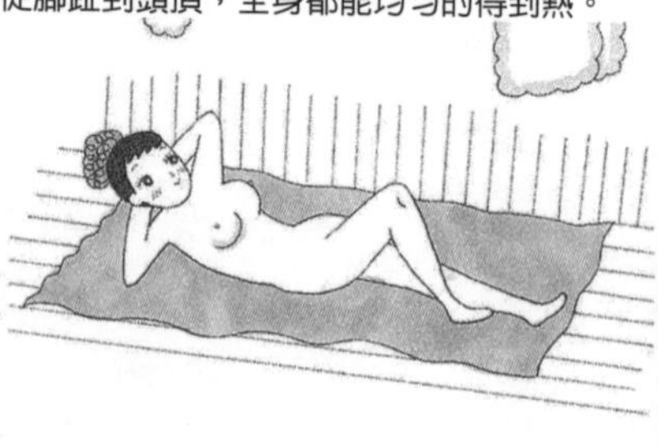

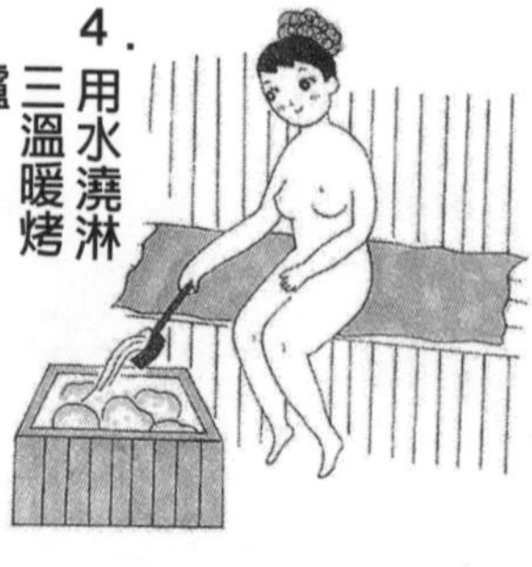

4. 用水澆淋三溫暖烤爐

若三溫暖室設有加熱的石頭或石頭造形的烤爐時，必須在石頭上澆水，藉此提高室溫。

5. 離開三溫暖室的前2分鐘站起來或坐下來

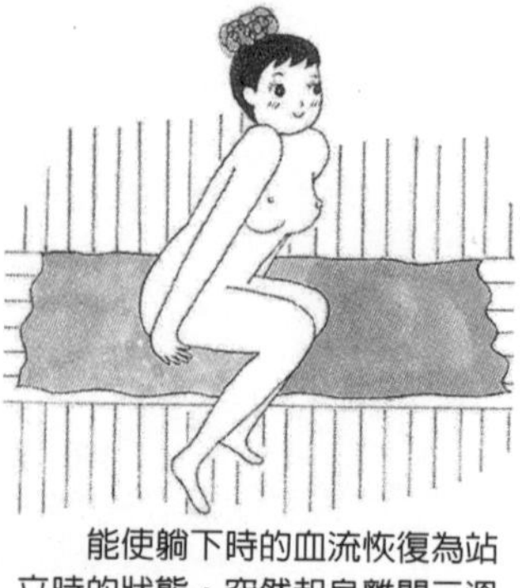

能使躺下時的血流恢復為站立時的狀態。突然起身離開三溫暖室非常危險。

6. 離開三溫暖室後，用淋浴方式沖洗掉汗水

大量流汗後，必須利用溫熱水沖洗掉汗水與體內排出的老廢物。

對身體有益的三溫暖利用法

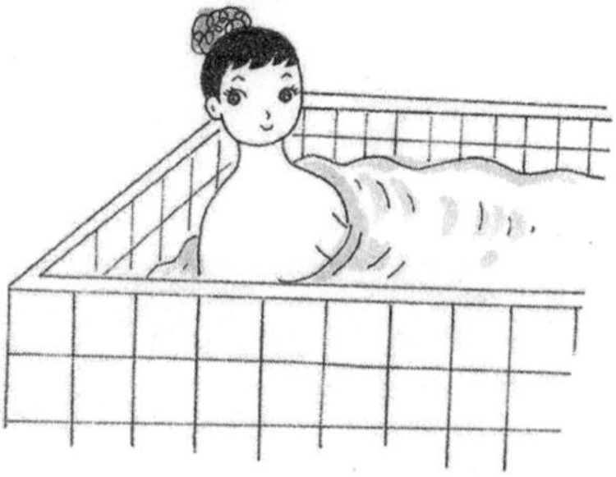

7.進入冷水池中冷卻身體

因為冷水池的水溫太低而不敢進入時，可以利用洗臉盆或水管（最好採用淋浴方式），從距離心臟較遠處開始往心臟方向澆淋冷水。

8.呼吸新鮮空氣

利用溫泉區的三溫暖設備時，必須打開窗戶，讓室外的新鮮空氣進入。利用露天溫泉時，則可以到外面走走。

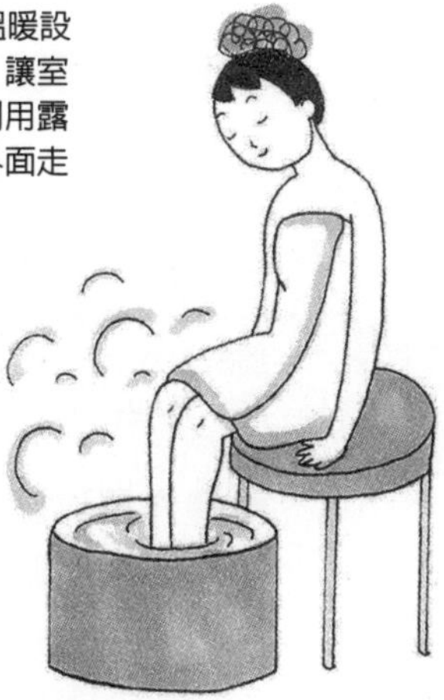

反覆進行 2 ～ 9 的動作

配合身體狀況，反覆享受溫冷交互浴之樂 。

9.進行足浴

洗三溫暖後腳部會發冷，必須溫熱腳部。

10.讓身體休息

洗三溫暖會消耗體力，必須讓身體好好的休息。

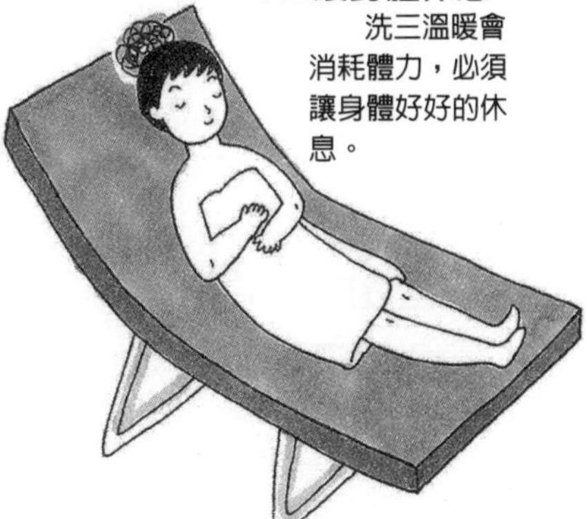

11.補充水分

利用三溫暖出汗，會流失水分與礦物質，因此最好攝取離子飲料或檸檬水等。

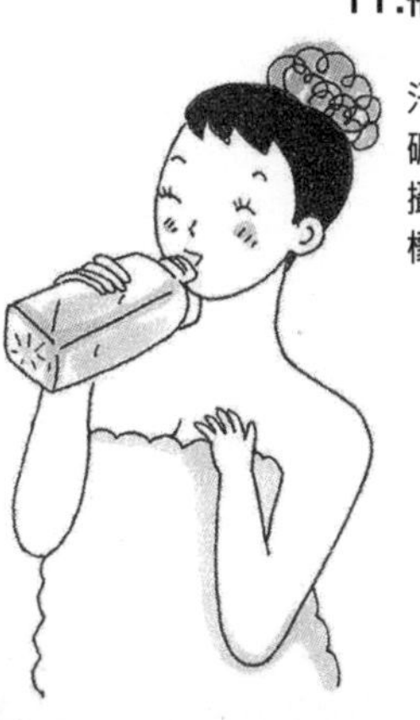

享受舒適的三溫暖生活

近年來三溫暖在國內流行，但是許多人的利用方法錯誤。擁有三溫暖室的家庭並不多，大部分的三溫暖都是衆人利用的公共場所。為了讓大家都能夠舒服的利用，因此一定要遵守禮儀。前面介紹三溫暖正確的使用方式，這裡說明錯誤的使用方式，並進一步介紹舒適使用三溫暖的禮儀。

錯誤的三溫暖利用法

◆帶著潮濕的身體進入三溫暖室

國内的三溫暖大都設在游泳池内，許多人喜歡先泡個澡，然後身體濕淋淋的進入三溫暖室。

三溫暖室内保持一定的熱度，進入其中之後，身體容易出汗而會調節體溫，因此，應該要保持身體乾燥、容易出汗的狀態進入三溫暖室，這樣效果更高。

此外，身上的水滴也會弄髒三溫暖室的長椅。

◆不斷的忍耐大量流汗，長時間待在三溫暖室

一般而言，進入三溫暖室15分鐘就足夠了。不要和他人一較長短，必須配合自己的身體狀況，舒適的流汗。

◆身體疲勞或飯後洗三溫暖

三溫暖會讓全身對熱產生反應，藉由流汗，而會消耗掉體力。疲勞時應該先休息30分鐘以後再洗三溫暖，同時也要避免空腹時利用，而飯後則至少要休息 1 小時才能洗三溫暖。

◆沒有將身體清洗乾淨就進入三溫暖室

有的人一心只想要大量流汗，因此，沒有清洗身體就直接進入三溫暖室，這樣會弄髒室内。事實上，藉由清洗身體，去除身體表面的污垢與油分，就更容易流汗。

◆進入三溫暖室之後立刻坐在長椅的上層

對人體而言，「頭冷腳熱」是最舒適的狀態。三溫暖室的上層溫度較高。若是直接站立或坐在長椅上時，雖然頭部很熱，但腳卻依然是發冷的狀態 。

為了給予身體均衡的熱度，首先應該躺在長椅上。歐洲三溫暖室的長椅上有木枕，但是國内三溫暖室可供躺下的面積卻非常有限。

進入三溫暖室時，最好先低頭，坐在下層的長椅上，腳置於其上 。

◆離開三溫暖室之後又去泡熱水澡

洗完三溫暖後，身體發熱，如果再浸泡於熱水中，就會消耗掉更多的體力，造成心臟極大的負擔。反覆接受熱的效果，將會使身體過熱 。

為了停止消耗體力，讓體內的熱積存下來，則一定要冷卻身體表面，使皮膚緊縮。因此，洗完三溫暖之後，一定要用冷水澆淋身體。

◆離開三溫暖室之後浸泡在溫度較高的水池中

空氣加熱到100度時，氧濃度會減少為平常的一半。在三溫暖室內，人處於缺氧狀態，同時身體的血液循環順暢，因此，需要大量的氧。離開三溫暖室之後，為了讓血中的氧恢復原狀，則一定要呼吸新鮮空氣。無法達成這項要求的三溫暖室，最好不要進去。利用露天溫泉區的三溫暖室時，可以坐在一旁的長椅上，或是打開窗戶，讓新鮮的氧進入。

讓大家都能夠舒適享用三溫暖室的基本禮儀

◆自己的汗自己帶回去

以日本的公共澡堂為例，為了避免弄髒洗澡水，則不可以將毛巾帶入澡堂中，這是一般的禮儀。同樣的，不慎將汗水滴在三溫暖室時，也一定要擦拭乾淨。

不要直接坐在長椅上。衆人共同利用的三溫暖室，可能存在皮膚病等細菌。雖然室內的溫度很高，但是經常有人出入，在細菌被殺死之前，可能就已經有人坐上去了。

即使三溫暖室的長椅上已經鋪上了毛巾，但仍必須鋪上自己的毛巾後再坐上去，這樣比較衛生。最好從身體的背部到腳底都蓋上大浴巾。

◆不可以在三溫暖室內刮鬍子

和在家中泡澡不一樣，不可以在三溫暖室刮鬍子。也不可以用毛巾或沐浴刷等擦拭汗水。此外，也不能在三溫暖室飲食或抽煙。

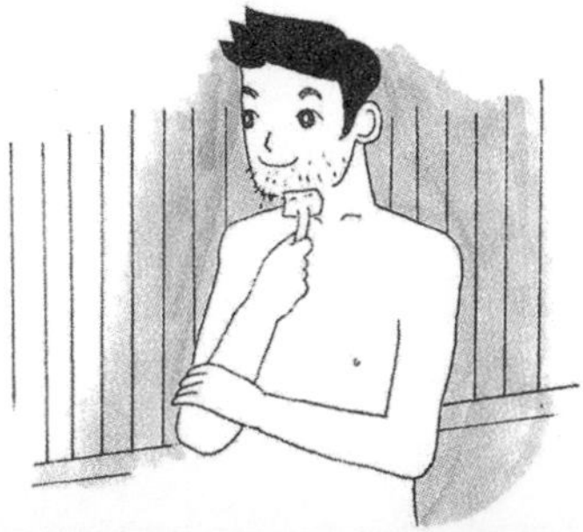

◆避免大聲喧鬧

三溫暖室應該是安靜、讓人得到放鬆的場所，因此，絕對不要大聲喧嘩。此外，室內的氧氣較稀薄，大聲喧嘩會消耗掉更多的氧，形成更嚴重的缺氧狀態。

喜歡三溫暖的重點

和歐洲相比，國內的三溫暖溫度較高。因此，除了已經習慣洗三溫暖的人之外，許多人最初會產生排斥感，甚至根本不願嘗試。但是洗三溫暖真的對身體很好，為了讓更多人加以利用，以下介紹能夠喜歡三溫暖的重點。

◆選擇三溫暖的溫度

溫度較低、濕度較高的三溫暖可以待久一些。一般三溫暖室的濕度為5~10%，但是，如果提高為15%而溫度稍微下降些，就會感覺比較溫和。

在烤爐的石頭上澆水，就可以調節溫度或濕度（但必須要先徵求管理人員的同意）。將水澆在200~700度的熱石頭上，水分子會破裂而生成負離子。藉此能夠在熱中得到放鬆效果，感覺很輕鬆。

最近像羅馬浴、蒸氣浴等各式三溫暖都很受歡迎，可以選擇適合自己的三溫暖，慢慢的讓身體習慣熱。

◆最初進行足浴

腳溫暖有助於促進血液循環 。血液迅速在體內循環，就能立刻出汗。亦即把腳浸泡在溫水中，可以將其當成是讓身體立刻適應三溫暖的暖身運動。

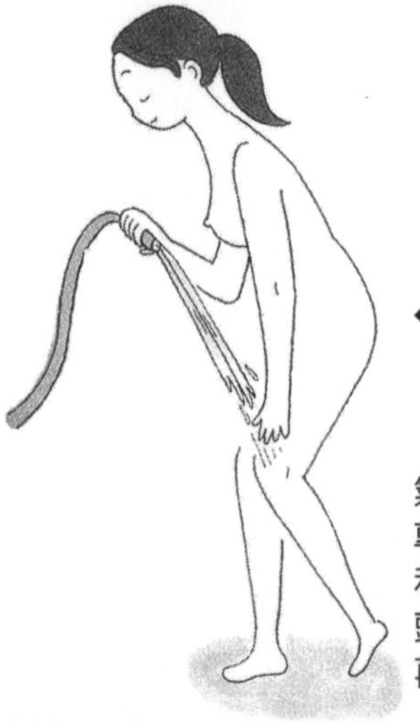

◆利用水管的水代替冷水池中的水來澆淋身體

進入三溫暖室的冷水池，需要有相當大的勇氣。能夠進入冷水池，就稱得上是利用三溫暖的專家了。對於不習慣泡冷水的初學者而言，可以利用小木桶或洗臉盆裝水來澆淋身體。沒有蓮蓬頭時，可以先用水管沖淋手腳，習慣冷水之後，再澆淋身體 。

好壞三溫暖的分辨方式

最近三溫暖室的數目與種類增加，應該要選擇衛生管理良好的設施。以下介紹好的三溫暖所具備的條件。

1．長椅下有縫隙

許多三溫暖室都設置有木製長椅，但長椅下方有縫隙的比較理想。舖設木板的三溫暖室並不好，因為長椅下被蓋住，整個房間非常狹窄，室內的氧含量較少。長椅下也是重要的氧的來源，在形成缺氧狀態的三溫暖室中又採取容易減少含氧量的設計，這對人體當然不好。

2．長椅上不要舖毛巾

長椅上的毛巾會吸收使用者的汗水，坐在這種毛巾上當然不衛生。汗水在室內循環，再加上長時間舖設毛巾，會造成室內充滿灰塵。使用三溫暖室時，擦乾自己的汗水是一般禮儀，因此，要利用自己的毛巾。

3．房間的構造最好有利於吸入大量新鮮空氣

人體在三溫暖室形成缺氧狀態，非常需要新鮮的空氣。因此，如果三溫暖室是密閉空間，沒有敞開的窗戶，也不便前往戶外，那就無法呼吸到新鮮的空氣，當然也就不能享受到忽冷忽熱、溫冷交互浴的三溫暖之樂。洗過三溫暖之後，是否擁有能夠讓身體休息、放鬆的場所，這也是挑選三溫暖室的重點之一。

4．重視禮儀、衛生管理良好之處

使用者是否能遵守三溫暖室的使用禮儀，以及對於違反者的處理方式等，都是注意事項。

此外，保持三溫暖室的清潔也是重點之一。

消除疲勞的淋浴方法

大部分的家庭都有淋浴設備。

只要活用淋浴設備，就可以輕鬆的進行按摩、溫熱或穴道刺激等，提升淋浴的效果。

淋浴所產生的負離子具有放鬆效果。

利用方便的淋浴設備，高明的消除一天的疲勞吧！

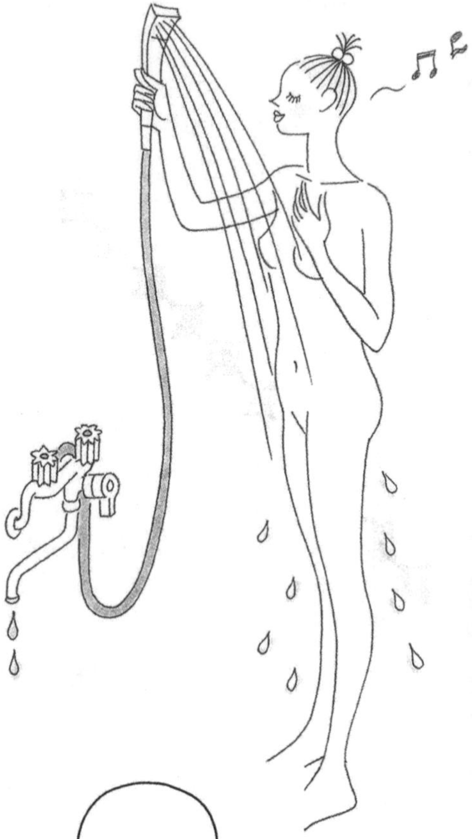

枕部

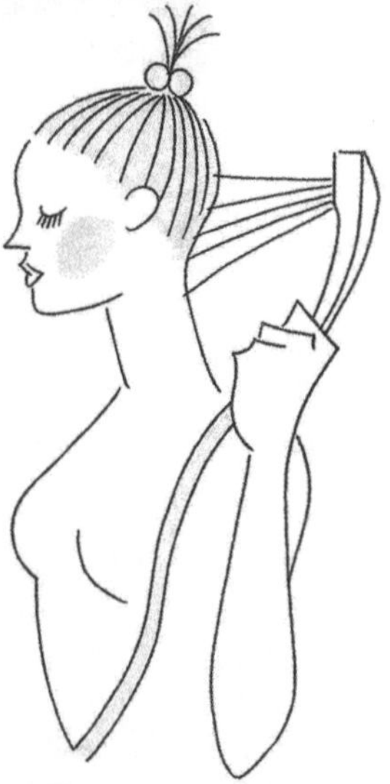

枕部淋浴能促進發熱。對於初期感冒有效。此外，對於體力降低、體溫調節不順暢、感冒久久不癒的人也有效。

可以去除因為眼睛疲勞而導致的肩膀酸痛及頸部疼痛或頭痛等。對於頭夾肌或斜方肌的疲勞和酸痛也有效。

可以刺激天柱、風池、完骨、大椎等穴道。

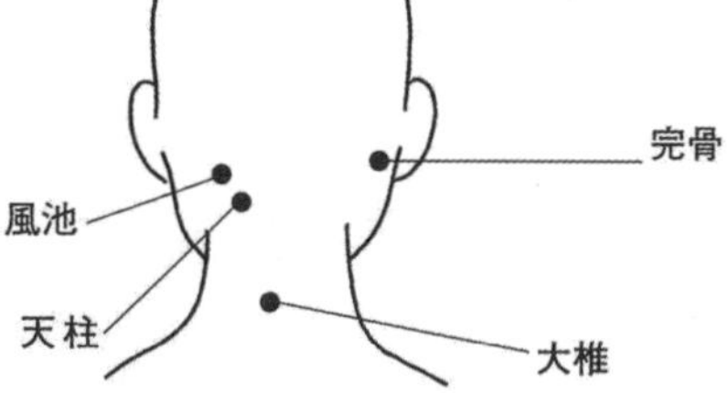

主編／秦　彌　　　插圖／小野寺　美生

胸部・肩膀

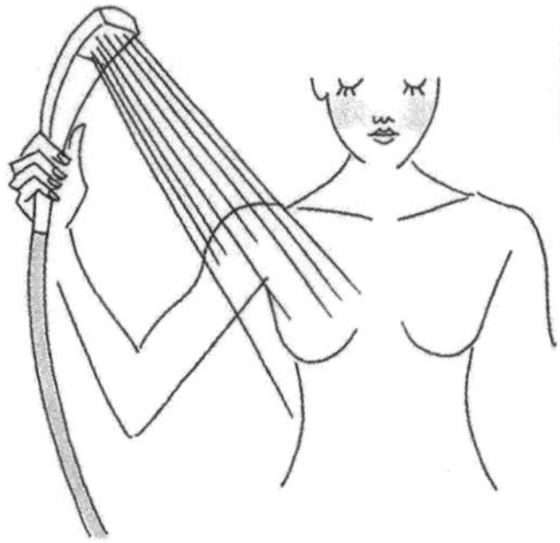

使呼吸輕鬆、背肌挺直。對於從事事務性工作而引起的肩膀酸痛、手臂倦怠、背部疼痛等，具有緩和效果。

對於胸大肌、三角肌、胸鎖乳突肌、斜方肌、圓大肌等的疲勞與酸痛都有效。

藉此可以刺激背部的中府、極泉穴，以及肩膀的肩井、肩髃、肩外俞等穴道。

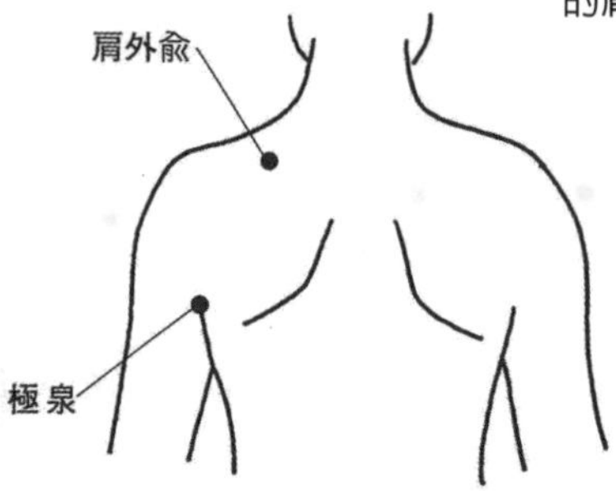

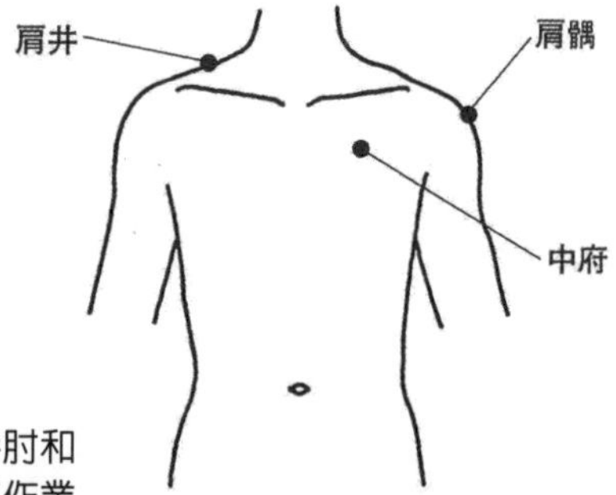

手臂

促進手臂的血液循環順暢，連手肘和手指都變得溫暖。對於因為從事手工作業而出現的頭痛、眼睛疲勞、肩膀酸痛、四十肩和五十肩都有效。

能夠去除肱二頭肌、肱三頭肌、臂撓肌等的酸痛與疲勞。

刺激勞宮、陽池、外關、曲池等穴道也不錯。

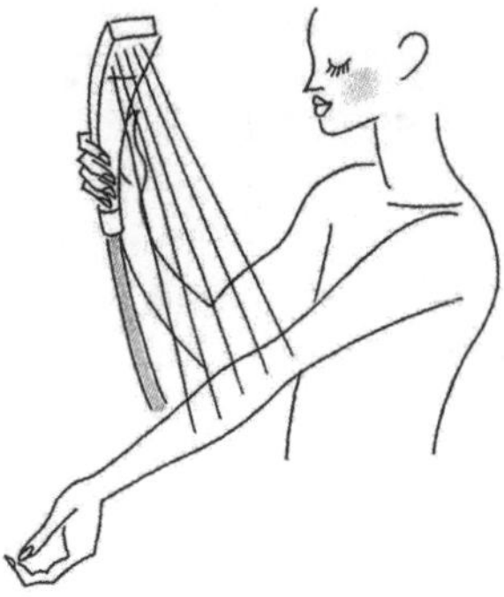

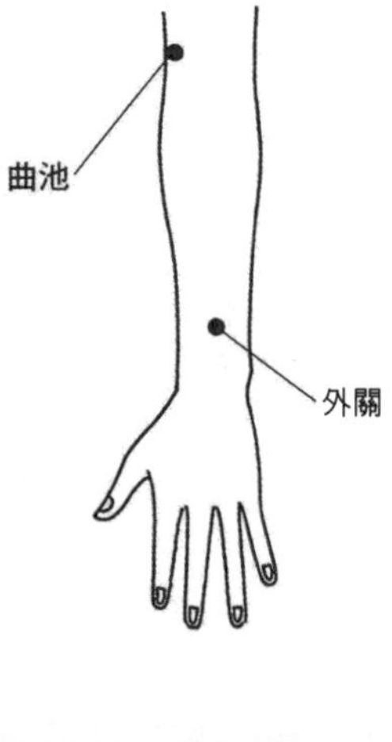

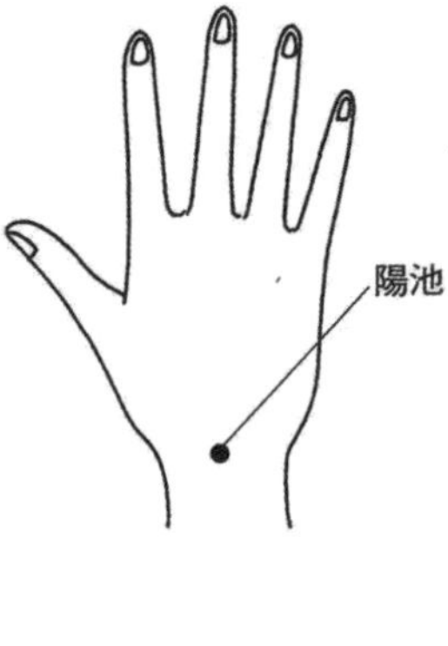

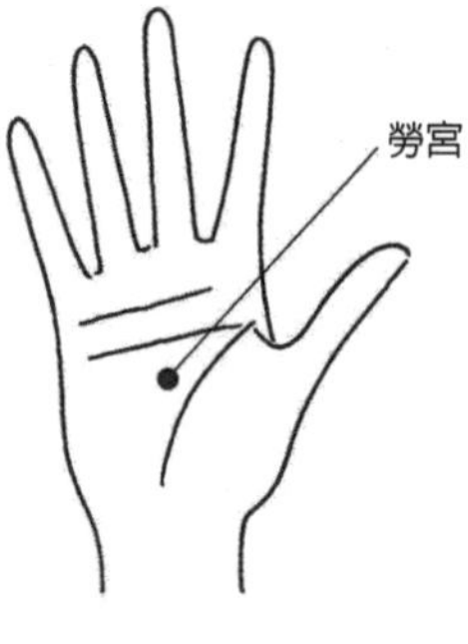

腹部

調整內臟的狀態。對於因為胃腸或肝臟疲勞所引起的肩膀酸痛、便祕、腹痛、失眠與生理痛等都有效。

能夠去除腹直肌、腹內斜肌、腹外斜肌、肋間肌等的疲勞與酸痛。可以刺激期門、天樞等穴道。

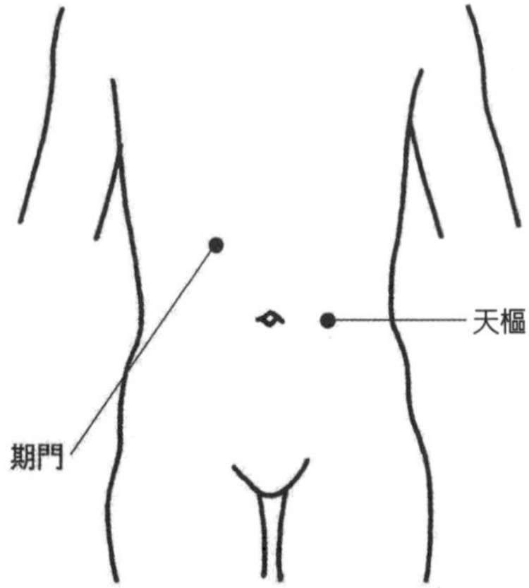

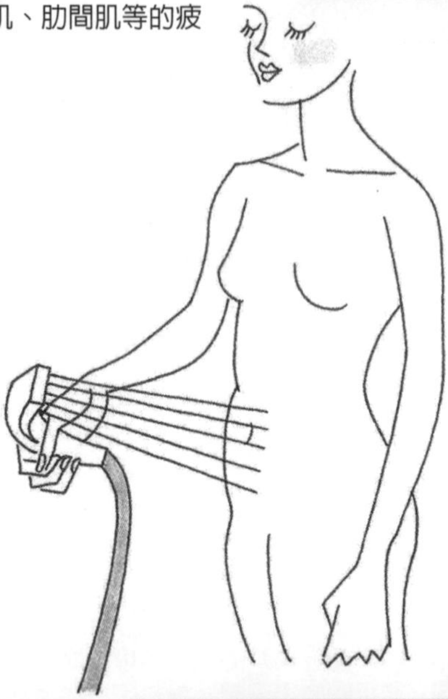

腰・臀部

舒緩骨盆周邊的肌肉。對於因為骨盆歪斜而產生的肩膀酸痛、腰痛、下肢發麻、婦科疾病，或腎臟失調導致的腰痛、手腳冰冷、浮腫、便祕及痔瘡等都有效。

能夠有效的去除豎棘肌群、背闊肌、腰方肌、臀大肌等的疲勞與酸痛。可以刺激腎俞、志室、大腸俞等穴道。

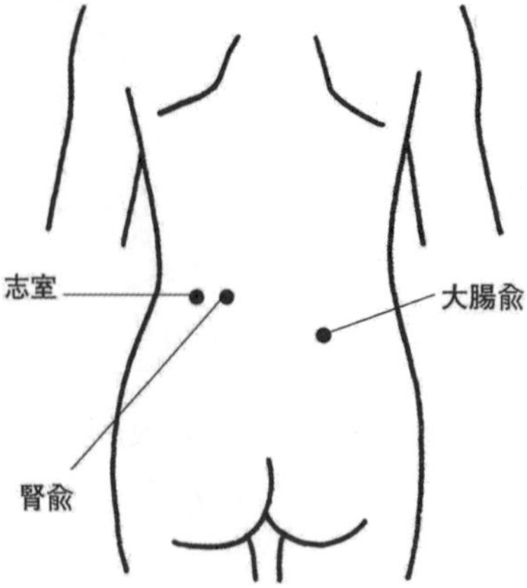

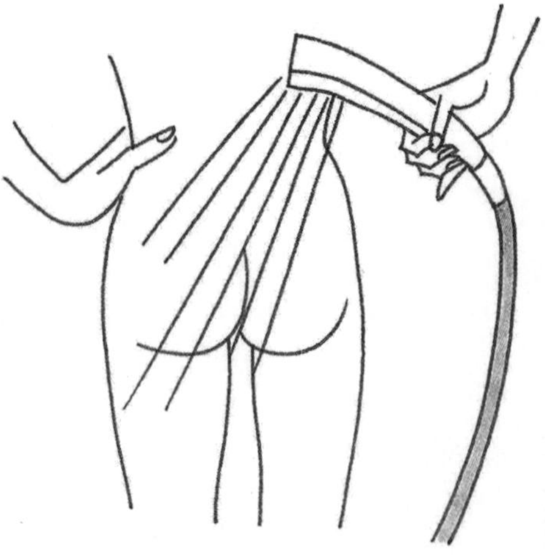

下半身

使大腿部的血液或淋巴液的流通順暢，舒緩腳關節周邊的肌肉。腳底集中了全身的穴道，用熱水澆淋來進行足浴也有效。

對於腿部倦怠、肌肉痛、股關節痛、膝痛、腳趾冰冷或浮腫，以及足脛、小腿肚、腳底的疼痛或倦怠都有效。

可以刺激大腿部的血海、梁丘、承扶、委中等穴道，以及足脛到腳踝的足三里 、承筋、崑崙、太衝、湧泉穴等。

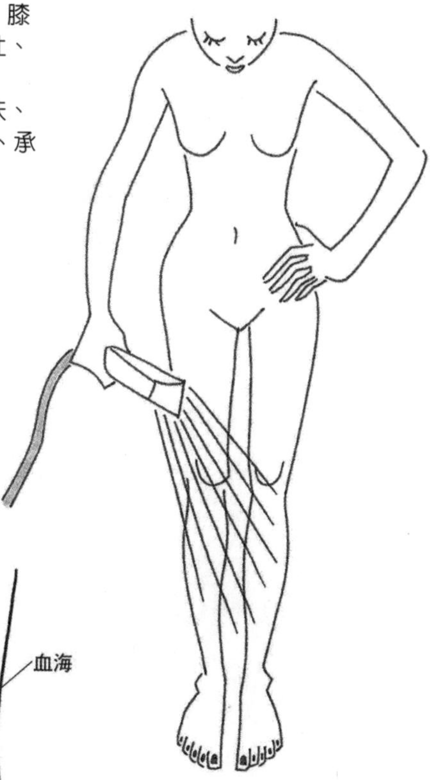

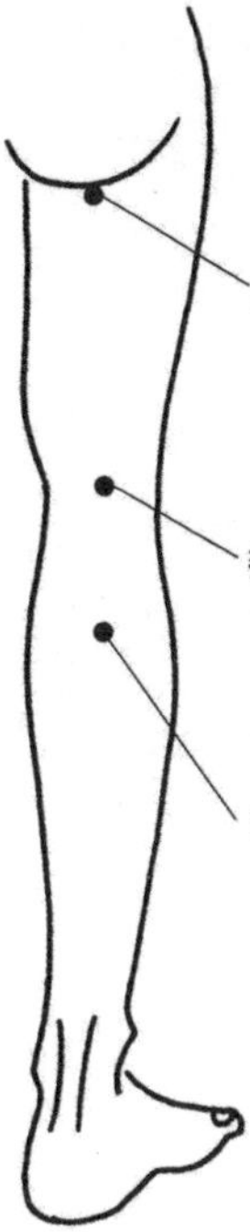

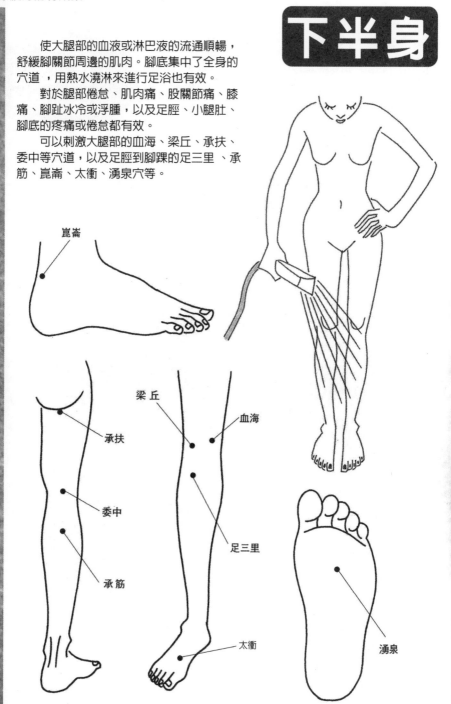

各種症狀的淋浴利用法

頭腦昏沈時，泡個熱水澡，可以使頭腦清醒，而不容易熟睡時，泡個溫水澡，就能夠產生睡意。以下介紹利用水溫的高低來緩和各種症狀的淋浴使用法。只要調整水溫，就能夠享受淋浴之樂。

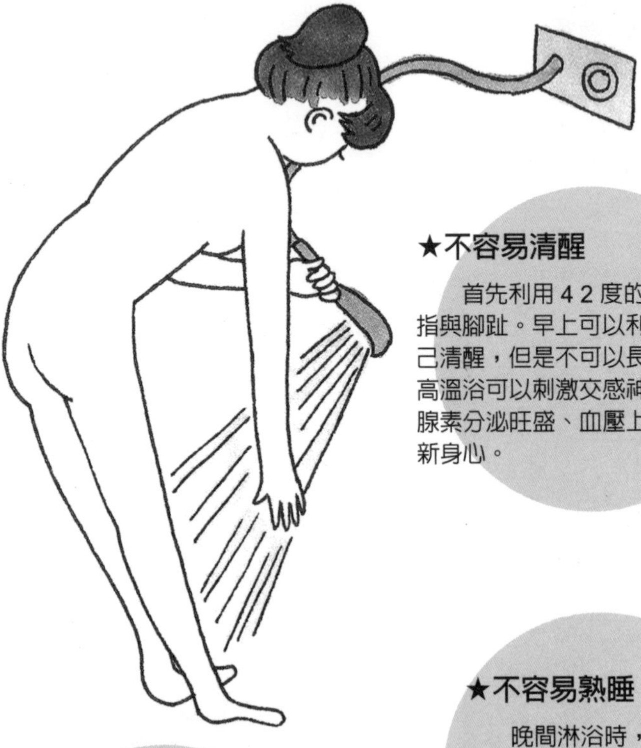

★不容易清醒

首先利用42度的熱水澆淋手指與腳趾。早上可以利用淋浴使自己清醒，但是不可以長時間淋浴。高溫浴可以刺激交感神經，使腎上腺素分泌旺盛、血壓上升，藉此更新身心。

★不容易熟睡

晚間淋浴時，慢慢的澆淋39～40度的溫水。溫水可以刺激副交感神經，放鬆身心。為了避免身體寒冷，要注意室溫。

★不愉快

澆淋42度左右的熱水，感覺非常爽快，身心煥然一新。持續澆淋熱水時，水花會在浴室內產生負離子，因此，光是淋浴，就讓人覺得神清氣爽。

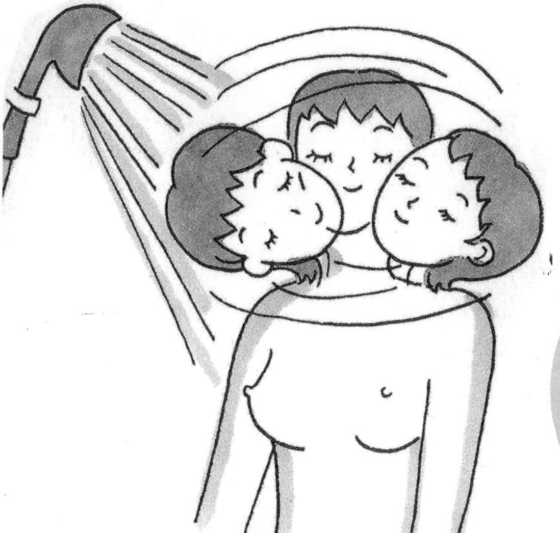

★肌肉痛

長時間保持相同的姿勢時，肌肉內側積存血液，就會形成「酸痛」狀態。整天坐著工作易造成腰痛的理由，就在於此。感覺酸痛或疼痛部分，可以使用40度左右的熱水澆淋5～10分鐘 。而特別容易酸痛的部分，可以藉著一邊淋浴一邊進行輕微的伸展運動，使得肌肉或關節得到放鬆。

★胃弱

慢性胃炎、胃下垂或胃鬆弛等胃虛弱的情況，可以利用澡盆或溫水淋浴充分溫暖身體，然後花2～3秒鐘，以20度左右的水澆淋腰部5、6次。冷水雖然能使皮膚的血管收縮，但是卻會使胃的血管擴張，促進胃液的分泌。

★便祕

對於排便間隔時間較長的直腸性便祕，利用４０度左右的熱水與２０度左右的冷水交互澆淋腹部，就能使大腸的運動活絡。相反的，如果是大腸運動過強的痙攣性便祕，則要從４０度熱水開始 ，慢慢的將水溫調高到４３度為止。邊淋浴邊以畫圓的方式按摩腹部。持續進行3～5分鐘。

★四肢冰冷症

因為四肢冰冷而睡不著時，進行溫冷水交互浴有效。對於手腳冰冷的部分，花２～３分鐘澆淋42～45度的熱水，接著花20～30秒澆淋１８度以下的冷水。反覆進行5次溫冷水交互浴，結束時使用冷水澆淋。此外，足浴對於四肢冰冷症也有效。

10 水中意外事故的援救法

游泳有益身體健康。但是，首先必須要了解安全的重要性。本章簡單介紹入水前的安全對策以及遭遇事故時的處理法。

1 開始游泳的常識與誤解

首先就從游泳之前開始說明。以下是「享受游泳之樂的 4 大條件」，也是入水前必須遵守的最低限度的 4 大條件。「做暖身運動」或「適度休息」等，看似理所當然，但是，許多人卻因為過度自信而加以忽略。在此，我們重新複習一下游泳的「常識」。

好好的做暖身運動

唯有好好的做暖身運動，才可以預防心臟麻痺、小腿肚抽筋等意外。同時，讓身體大幅度活動，有助於提高呼吸與心跳次數。入水前喝酒，會使心跳次數增加，一定要避免。

▲不要忘記做暖身運動

▲入水前嚴禁喝酒

主編／小針　千典　　插圖／忠村　恆雄

越擅長游泳的人越容易溺斃嗎？

要正確掌握自己能夠游的距離、時間與水的深度，否則容易遭遇意外事故。在海水浴場游泳時，不要超越海面上的浮球。擅長游泳的人，往往因為過度自信而溺水，這也就是俗話所說的「淹死會游泳的」。

※浮球…在海面上做為警戒線的漂浮球

游泳的「充分」條件

時間上必須充裕。游泳前，必須要擁有「充分」的睡眠、取得「充分」的用餐或休息時間、補充「充分」的熱量（醣類較高的運動果凍等），然後再入水。怠忽這些「充分」條件，就容易遭遇意外事故。

▲不要過度相信自己的游泳能力

▲快樂游泳的重要條件

▲裹上乾的大浴巾取暖

適度休息

每游１小時，必須休息５～１０分鐘，藉此恢復游泳時所失去的體力。休息時，可以利用取暖室或裹上大的乾浴巾來取暖。

2 遭遇意外事故時

游泳意外事故攸關人命，即使入水之前做好萬全的準備，但環境變化（海潮的變化或氣溫的變動）、身體不適等意外狀況，也可能使你遭逢意外。以下從「小腿肚抽筋」到急救處置等，列舉遭遇緊急事故時的處理法。唯有學會緊急處理法，才能鎮定的應付意外事故。

遭遇意外事故時的自救法

▼用力吸氣……

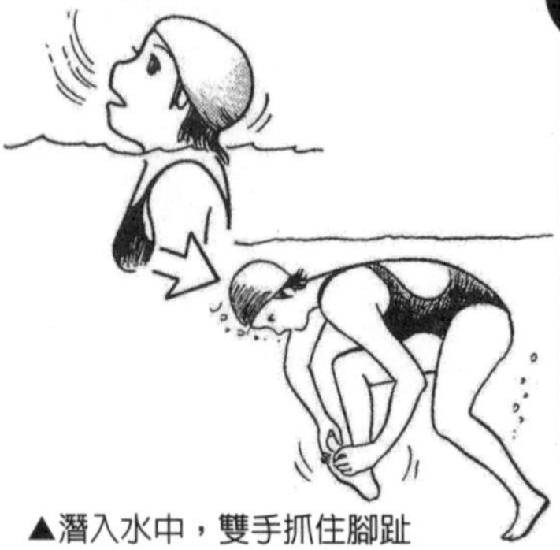

▲潛入水中，雙手抓住腳趾往上拉

腳抽筋時（肌肉痙攣）

游泳時的肌肉痙攣，大都發生在小腿肚上，也稱為小腿肚抽筋。一般而言，游泳能力不足、水溫太低或暖身運動做得不夠時，容易發生抽筋現象。當小腿肚抽筋時，不要焦急，先用力吸氣，潛入水中，雙手抓住腳趾往上拉，這樣就可以充分伸展抽筋的肌肉。大腿抽筋時，則可以用手抓住腳趾，慢慢的拉直膝。

＊暫時復原時，要趕緊回到岸邊或游泳池邊，進行伸展運動或輕微摩擦，促進僵硬肌肉的血液循環。暫時休息 ，讓身體溫暖。

①讓呼吸穩定的基本方法是「嗯」、「啪」

▲在水中要發出「嗯」的聲音，同時由鼻子吐氣

▲臉露出水面時要啪的吸氣

單獨游泳而快要溺水時

一旦快要溺水時，很容易就會陷入恐慌狀態中。重點是要保持鎮定。嘗試進行穩定的呼吸法與游泳的方式等。為了「 預防萬一」， 要記住以下的方法。

③選擇容易呼吸的游泳法

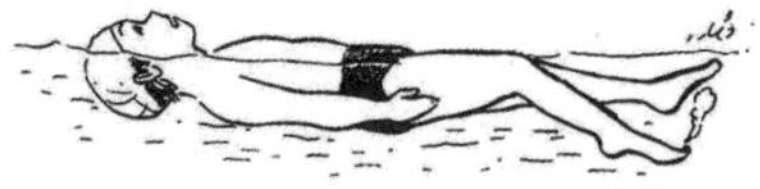

▲仰式…趕緊仰躺在水面上，嘗試游泳

▲側泳…臉露出水面之後側躺，慢慢的前進

＊站立游泳比較消耗體力，要避免必須注意的不是「游泳」，而是「浮於水面」

②發出「求救信號」

▲朝向岸邊或游泳池邊高舉雙手，送出求救信號 。

朋友或周遭的人遭遇意外事故時

▲首先判斷自己是否有能力援救對方

▲不斷的出聲鼓勵溺水者，持續注視，避免溺水者離開自己的視線範圍

發現溺水者時…

一旦發現有人溺水，應該立刻判斷並展現行動。

①立刻通知周遭的人發生意外事故、馬上聯絡救生員等。

②視線不要離開溺水者、持續注意溺水者。（尤其在海中時）

③判斷自己是否有能力援救對方。

可以援救時

首先自己必須先保持鎮定。和溺水者說話，讓他安心，然後小心的從背後靠近溺水者，讓對方的鼻和口固定在水面上，盡量讓呼吸變得輕鬆。

無法援救時

立刻找人協助。這時，必須對溺水者說話，讓他安心。同時，不要讓他離開自己的視線範圍，等待救生員到來 。

＊為了避免發生雙重意外事故，要先確保自身的安全。對於游泳沒有自信的人，不要勉強救人，最好等待協助者的到來。

援救法

▲利用游泳圈援救

①將救生圈或海灘球扔給溺水者抓住。扔的位置必須靠近溺水者。最好能夠事先在救生圈上綁上繩子。

▲使用氣墊能給溺水者安心感

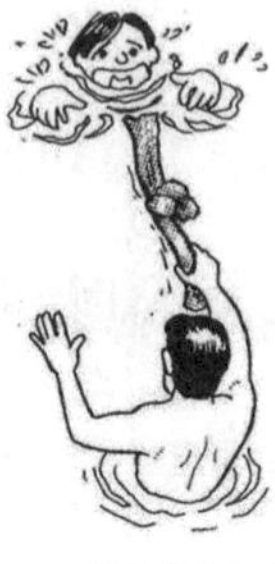

▲也可以用毛巾援救

②游泳池意外事故，通常都發生在游泳池邊。這時可以拿著長棒、帶子、繩子（也可以連接毛巾或衣服來代替）入水，以自由式的游法接近溺水者。讓溺水的人抓住援救道具。重點是不要讓溺水者抓著援救者。溺水者與援救者之間一定要藉著線來連接，這是絕對條件。

＊如果有氣墊，那就更好了。氣墊具有足夠的浮力，同時能夠產生穩定感。也可以利用衆人手牽手拉溺水者的方法，但是這需要許多人力　，因此只有在無計可施時才利用。

▲一定要繞到溺水者的背後來進行援救

▲讓溺水者的臉朝上，這樣才能夠輕鬆的呼吸

▲援救者的手從溺水者的下巴繞到腋下，利用臂部將其拉回

③必須自己救援時，要迅速繞到溺水者的後方，接近他。

接近的重點

●如果溺水者留長髮，可以抓住他的頭髮。
●抓住頭時，讓溺水者的臉自然的朝上，一旦鼻和口固定，就能輕鬆呼吸。
●抓住手臂。
●手從溺水者的下巴繞到腋下，援救者利用臂部將其拉回岸上。

＊通常溺水者會拼命的抓住東西。重點是在到達距離 2 ～ 3 公尺遠的地方加以觀察。若溺水者想要抱住援救者時，必須先踢溺水者的胸部離開對方。援救方式依溺水者狀態的不同而有不同，要注意。

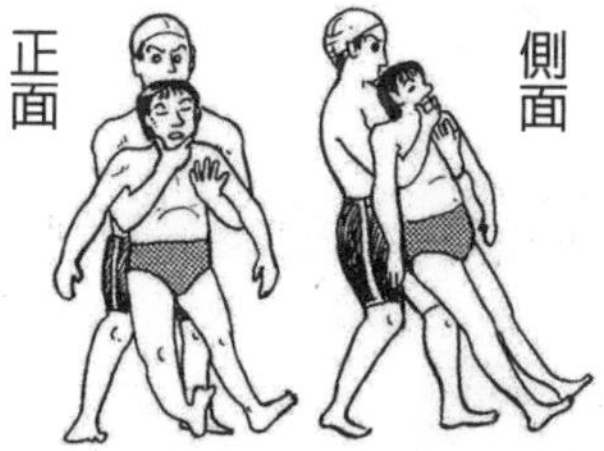

▲抬溺水者的方法：❶從溺水者的背後，將自己的右手從其右腋下繞到下巴、❷藉著手槍握法確保呼吸道、❸左手插入溺水者的左腋下，將其往上抬

④將溺水者拖到游泳池邊或岸上。然後站在溺水者的背後，用右手從溺水者的右腋下繞到下顎。利用「手槍握法」（後述）確保呼吸道。左手插入左腋下，將溺水者往上抬。

＊自己畢竟是外行人，所以最好找人幫忙。

急救處置法

心肺復甦術（CPR）

復甦術……………………確保呼吸道、人工呼吸、心外按摩

可以復甦的範圍………呼吸停止後1分鐘內　幾乎100 %可以復甦

呼吸停止後4分鐘內　50 %可以復甦

呼吸停止後7～10分鐘內　5~0 %死亡

因此，進行復甦術的關鍵，就在於要迅速展現行動。

何謂DR.ABC

進行復甦術時，必須按照「DR.ABC」的順序展現行動。

D－Danger（**避免危險**）　將溺水者抬上來的位置是否有危險？務必要確認自己和溺水者的安全

R－Response（**確認意識**）　在溺水者耳邊大叫「要不要緊」。確認是否有意識

A－Airway（**確保呼吸道**）　如果「無意識」，必須確認口中是否有嘔吐物、舌是否落到喉嚨深處（舌根下沉）。對於無意識、呼吸停止的人，必須確保呼吸道，讓呼吸再度開始，這才能救助。如果「有意識」，讓溺水者側躺或保持輕鬆的體位，等待救護車到來。

B－Breathing（**確認呼吸**）　耳朵貼近溺水者的口邊，確認是否聽到呼吸音、是否有氣息吹到臉頰，同時檢查胸部的鼓動等。確定沒有呼吸時，必須開始做人工呼吸。

C－Circulation（**確認脈搏**）　確認「脈搏是否跳動」。用拇指以外的4指抵住溺水者的頸動脈，確定脈搏跳動的情況。
有脈搏…每4秒鐘進行1次，持續人工呼吸
沒有脈搏…心外按摩與人工呼吸一併進行。
持續急救，直到救護車到達為止。

▲呼吸道閉塞
確認舌根下沈與嘔吐物的情況。發現有嘔吐物時，則讓其身體側躺，利用左手或膝蓋保護其頭部，用右手挖出嘔吐物。

▲呼吸道通暢
利用手槍握法讓頭部往後屈

人工呼吸法（口對口人工呼吸）的技巧

時機是每 4 秒鐘進行 1 次。用力、慢慢的吹氣。

▲利用手槍握法確保呼吸道。為了避免吹入的空氣外漏，必須捏住鼻子

▲張大溺水者的口，吹氣。確認胸部的膨脹情況

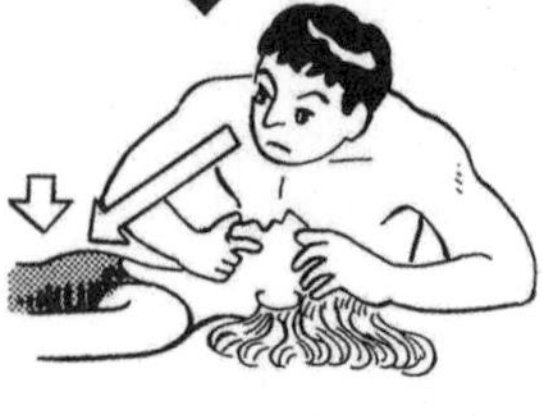

▲放開塞住的口鼻，讓氣息自然吐出，確認胸部下沉

▲氣息吐出之後，再次吹入加以觀察。同時要測量脈搏。

▲若有脈搏時，則持續進行人工呼吸。聽到溺水者發出呻吟聲時，必須暫時停止人工呼吸，觀察情況。

▲沒有恢復呼吸時，要持續進行人工呼吸，直到救護車前來為止

▲不願意進行口對口人工呼吸時，也可以隔著大手帕來進行

何謂手槍握法？

為了確保呼吸道暢通，如圖所示，右手做出手槍形狀，抵住溺水者的下巴，一邊的手捏住鼻子，這樣比較容易保持呼吸道通暢 。

注意退潮（離岸流）

在海中游泳時，會不斷的被推往海中，就是退潮（離岸流）所造成的。一旦隨波逐流，就可能被沖到離岸邊很遠的地方，結果因為害怕而陷入恐慌狀態。雖然想要逆流而上，但最後卻可能因為過度疲累而滅頂。遭遇退潮時，不要焦急，可依圖示的方向游泳，這樣就能夠慢慢靠近岸邊。消波塊或防波堤周圍的暗流較強，一定要避開。

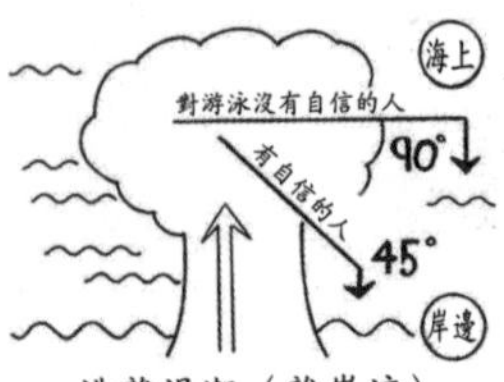

逃離退潮（離岸流）

心外按摩的技巧

心外按摩每10秒鐘做15次。人工呼吸2次。反覆進行1分鐘。

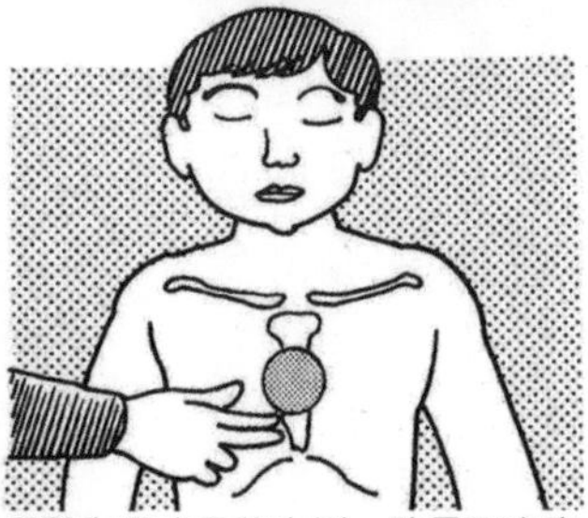

▲重點在溺水者的右側、肋骨下方突起（胸骨劍突）往上 2 指寬的部分

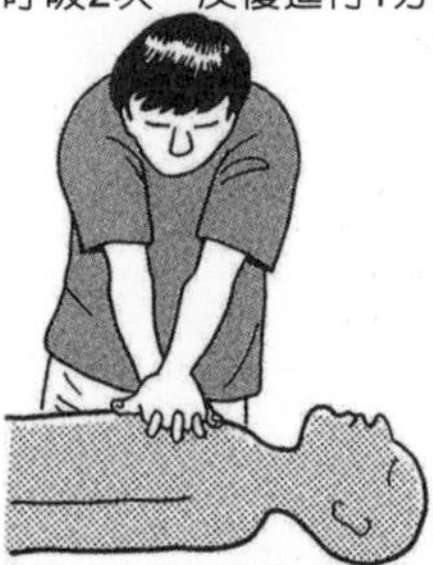

▲按壓時，手肘不要彎曲，從正上方加諸體重。垂直、有節奏的按壓

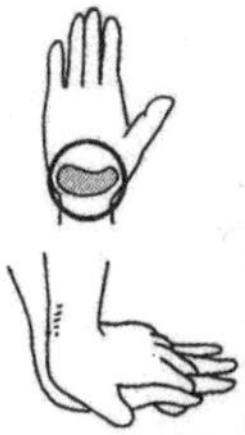

◀手指插入另一隻手的指縫間，抓住下方的手。意識置於靠近手腕的部分進行按壓

受傷時的急救

所謂急救，是指對於傷患實施必要的緊急處置。亦即在將傷患交給醫生或救援隊之前，為避免狀態惡化而進行的處理。

基本是ＲＩＣＥ處置（＋Ｓ）

何謂R-Rest處置？

R-Rest（安靜）

移動會增加患部的疼痛感。故首先不可以移動患者

I-ICE（冰敷）

藉著冰敷降低細胞的代謝，防止傷害惡化

C-Compression（壓迫）

壓迫患部能夠止血，同時抑制成為腫脹原因的物質流入

E-Elevation（上舉）

將患部抬高到比心臟更高的位置，就能夠抑制出血量

S-Stabilization（固定）

固定患部，抑制疼痛

各種症狀的處理法與注意事項

流鼻血

①讓傷患坐下，捏住鼻子膨脹的部分（壓迫止血法）。
②臉部不要上抬，必須稍微朝下。
③注意鼻內不要殘留衛生紙，以免引起化膿。
④冰敷鼻子周圍。
⑤出血不止，表示鼻骨可能斷裂，必須趕緊就醫。

中　暑

①將患者移到通風良好的陰涼處。
②用冷毛巾擦拭身體，降低體溫。
③稍微抬高上半身，在保持呼吸道通暢的條件下，讓患者躺下。

心臟病發作

①患者有意識時，讓其身體有所依靠或坐下來，保持最輕鬆的姿勢，注意保溫。
②沒有呼吸或脈搏時，按照ＤＲ．ＡＢＣ的順序來處置。
③用毛毯或保溫墊包住全身。
④讓患者直接躺在地上，容易喪失體溫，最好使用波紋板等隔熱性較高的物品。

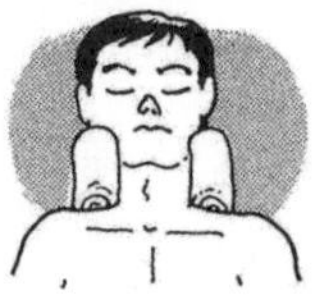

▲將厚毛巾捲成圓形，從左右壓住頸部

頸椎損傷

①盡量不要移動患者。
②請5~6人協助，捲起厚毛巾，從左右壓住頸部。
③不要進行勉強的處置。其他的事項交給醫生處理。

被水母刺到

①用水洗淨患部（讓刺細胞鈍化）。
②利用冷濕布緩和疼痛。

被海膽或海星刺到

①將患部浸泡在熱水（43~48℃）中。
②將布或毛巾浸泡熱水，熱敷患部30~90分鐘。

3 在游泳池快樂游泳的問答

Q　為了能創造健康而開始游泳。但是以往很少動。游泳之前，要注意哪些事項呢？

A　無論對健康是否具有自信心，都必須先進行健康檢查。藉此不僅能夠把握自己的健康狀態，也有助於製作運動課程。與年輕人相比，中高年齡者罹患意外事故的危險性比較高，務必做健康檢查。

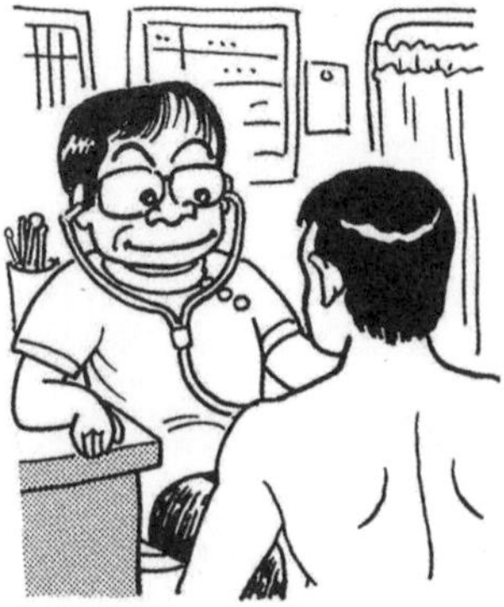
▲把握自己的健康狀態

Q　雖然對健康有自信，但還是感到擔心。前往游泳池必須注意哪些傷害或意外事故呢？

A　為了創造健康而運動固然很好，但是萬一受傷，那就毫無意義了。不過，游泳是傷害比較少的運動，適合高齡者與肥胖者。游泳是在水中運動，與慢跑或騎自行車相比，不必擔心會對於膝或腰造成衝擊，但也不能保證絕對安全。可能會造成眼球或皮膚傷害以及肩膀等關節障礙。這些可說是游泳特有的傷害。游泳前，必須接受指導者或醫生的診斷，確實遵守建議事項，同時採取適合自己的游泳方式，這是快樂游泳的基本條件。

▲高齡或肥胖者最適合游泳

Q　為了健康而和孩子一起游泳。孩子游泳時的注意事項為何？

A　打棒球可能會造成「棒球肘」、打網球可能會造成「網球肘」，相同的，游泳也可能導致「游泳肩」。為了創造健康而游泳時，不必擔心這個問題。但是，成長期的兒童其骨骼與關節容易受傷，勉強運動，可能會因為運動過度而導致

▲和孩子一起快樂的游泳

Q&A

疲勞性骨折。因此，父母或指導者必須進行適當的指導，讓孩子快樂的游泳。前往海中游泳時，必須注意不要讓孩子離開自己的視線。

Q　大多數的游泳池都規定「禁止跳水」。周圍沒有人時，是否可以跳水？

A　規定禁止跳水，不僅是因為「擔心撞到其他人而受傷」，同時，在較淺的游泳池（腳能夠踩到池底）中跳水，頭部可能會因為撞到池底而造成頸椎損傷。此外，有些人會在游泳池中潛水（有些游泳池也禁止潛水），這麼做也很危險。除了專用游泳池之外，都要嚴禁跳水。

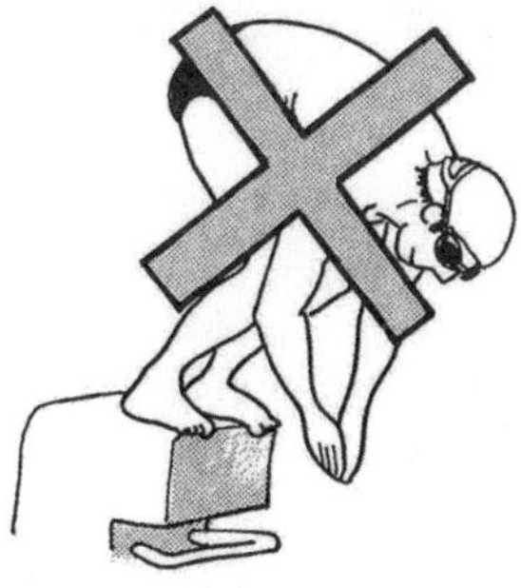
▲跳水會引起傷害

Q　許多游泳池規定下水時必須戴蛙鏡與泳帽。為了保護眼睛，的確有必要戴蛙鏡，但為什麼一定要戴泳帽呢？

A　戴蛙鏡可以保護眼睛、預防疾病，同時也可以去除在水中的恐懼感，具有擴大視野的效果。而泳帽則具有保護頭髮免於受到氯傷害的效果，同時可以減少水的阻力，能夠更輕鬆的游泳。

　當然，也具有防止掉落的頭髮污染水質的效果。因此，基於禮儀，一定要戴泳帽。

▲蛙鏡和泳帽是游泳的必備品

Q　游泳池是公共設施，除了戴泳帽之外，還要遵守哪些事項？

A　為了讓大家都能夠快樂的游泳，必須要顧慮到周遭人的想法。

　不過，只要注意以下幾點就可以了。游泳之前必須①剪指甲、②排尿、排便、③淋浴以去除身體的污垢、④不要在游泳池邊奔跑。在游泳後返回更衣室之前，必須將身上的水氣擦乾。遵守相關規定，快樂的使用游泳池吧！

▲不要忘記處理指甲

聽明的使用水中運動道具

11

初學者不必在意應該準備哪些東西，只要是方便、能夠舒適有效進行訓練的道具都可以。選擇機能完備、多樣化設計的道具，再加上保護身體免於傷害的小配件等，就更能夠快樂的持續進行訓練。為了體貼因為訓練而疲憊的身體，可以進行泡澡或利用按摩道具等。

泳衣

比游泳比賽專用泳衣的質地更柔軟、具有伸縮性。穿著舒適，款式設計新穎而且多樣化。適合上班族或職業婦女在游泳池運動使用。

兩件式泳衣

好像挑選服裝似的，可以自由搭配組合。

游泳派泳衣

適合終年游泳的人使用。不易進水，因此容易行動。穿著舒服，肩帶不易脫落，設計新穎，款式豐富。

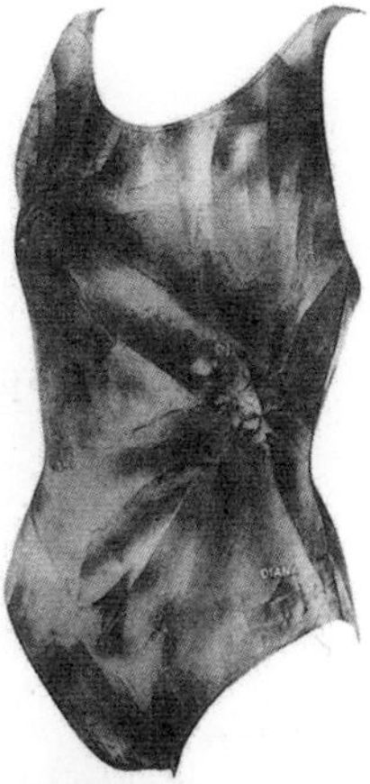

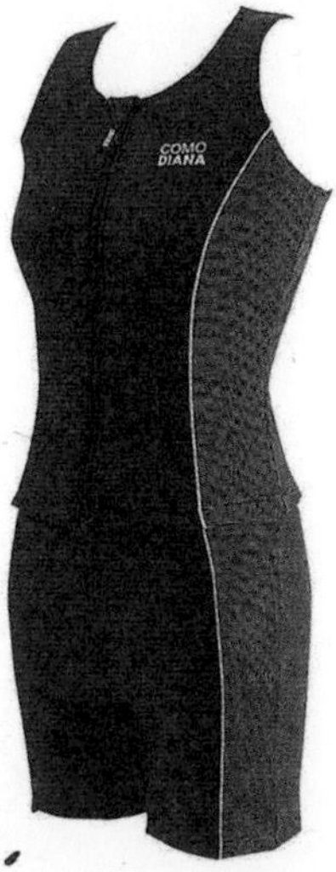

水中漫步與水中有氧運動派泳衣

是為進行水中漫步與水中有氧運動的人所開發的泳衣。能夠防止肌膚露出，活動方便。穿著舒適，是能夠讓初次穿泳衣的人感到安心的設計。

男性泳褲

男性也能夠經由訓練而達成塑身效果。可以配合游泳的目的，選擇適合的泳褲。

重點　泳衣的種類

泳衣大致可以分為三種。配合用途開發出不同機能的泳衣，可以依照目的挑選適合自己的泳衣。

①比賽用

目的是為了游得更快。因此，選擇能夠抑制水的阻力、防止肌肉鬆弛的貼身泳衣。穿著這種泳衣時，無法放輕鬆來游泳。

②創造健康用

比起比賽用的泳衣而言，質地柔軟，富於伸縮性，穿著舒服。肩帶不易鬆脫，方便游泳。

③水中運動用

質地較厚，即使進行劇烈的運動也不容易磨損，同時具有保溫效果。

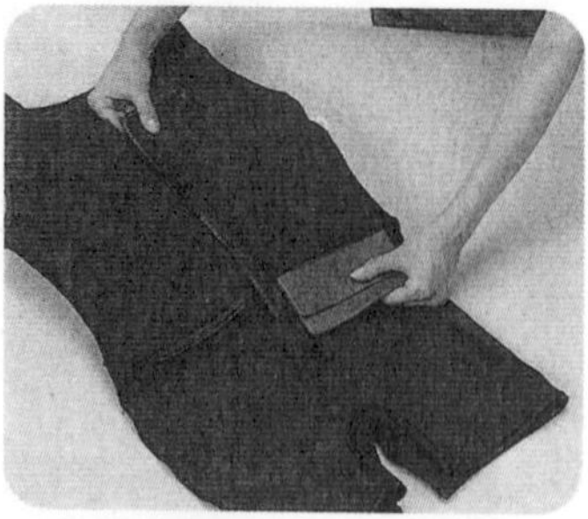

漂浮泳衣

背部和胸部的內袋放入浮力墊，因此，任何人都能浮於水面。可以用來進行水中運動或復健等。游泳時能夠輕鬆的換氣，最適合初學者使用。此外，浮力墊也具有保溫效果。依浮力墊片數的不同，也可以做為復健用具或游泳練習等，可以配合個人的目的或能力調整浮力。無法浮於水面上時，可以穿著這種泳衣試試看。

重點
延長泳衣壽命的秘訣

- 有些泳衣會變色，因此避免讓化妝品（防曬用品、染髮劑等）沾到泳衣。
- 洗三溫暖或泡溫泉時穿著泳衣，會加速泳衣劣質化，必須注意 。
- 游泳池水中的氯會損傷泳衣，成為掉色的原因。因此，脫下泳衣之後，必須立刻用自來水沖洗乾淨。
- 應避免讓泳衣長時間保持潮濕狀態。
- 利用中性洗劑輕輕壓洗，充分清洗乾淨。將形狀調整好之後，放在陰涼處陰乾。
- 禁止使用漂白劑。同時也要避免使用洗衣機或乾衣機處理 。

矽膠泳帽

泳帽大致可分為網狀泳帽與矽膠泳帽兩種。網狀泳帽的特徵是不容易破裂，而且價格便宜。矽膠泳帽則是很難脫下來，不過可以減少水的阻力，加快游速，締造佳績。可以配合目的做選擇。

游泳用毛巾

類似海綿的高密度素材，一擠就乾，能夠反覆吸收水分。

短槳

放在手掌上，能夠輕鬆游得更快的道具。短槳越大，水的阻力越大。可以當成訓鍊臂手臂的道具，也可以用來改善划水動作。

浮板

練習打水時不可或缺的用具。浮力穩定，容易使用，適合長時間游泳的水中有氧運動使用。

有度數蛙鏡

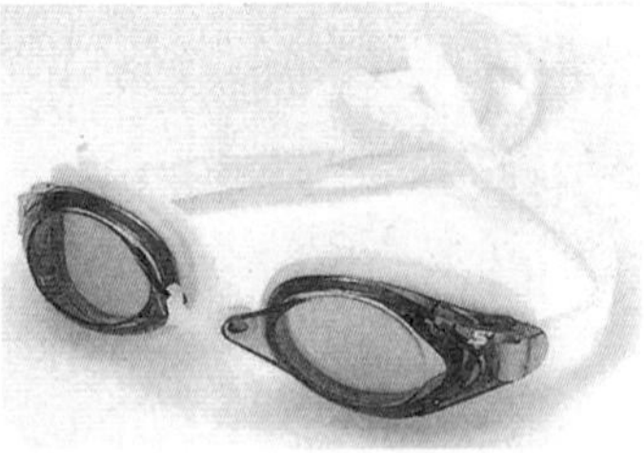

保護眼睛免於污水或游泳池水中氯的傷害，可以配合臉型，選擇適合自己的蛙鏡。有些蛙鏡帶有度數，並且具有各種不同的顏色，可以配合當天的心情或服裝加以選擇搭配。一些帶有度數的透鏡可以單眼更換。

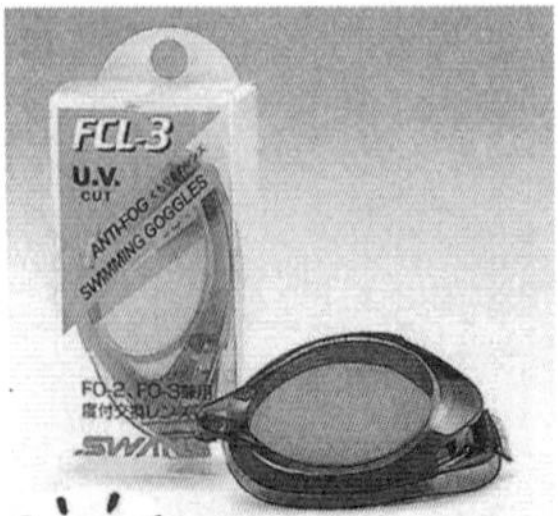

FO－2、FO－3 專用度數更換透鏡

重點
帶有度數蛙鏡的選擇方式

①選擇使用10~15分鐘後不會出現頭痛或頭暈等症狀不會對眼睛造成負擔的蛙鏡。

②可以藉著調整鼻帶或帶子，獲得更好的視力。

③兩眼度數差為0.5左右時，就應該選擇配合眼睛度數較低的蛙鏡 。

鏡子型蛙鏡

在陽光下游泳時，只要戴上鏡子型蛙鏡，就可以避免刺眼的陽光。流線型設計令人印象深刻。經過防霧處理，可以隔離ＵＶ。

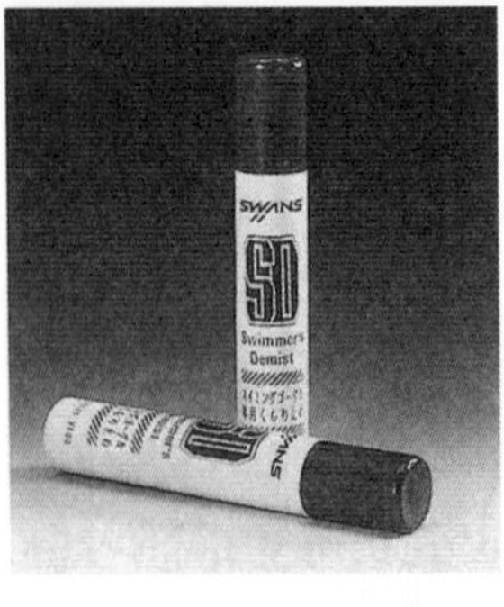

蛙鏡專用防霧液

瓶裝、微香性型。能夠吸收出現在蛙鏡表面的水滴。透鏡內側形成薄膜，具有除霧作用。使用於除霧型蛙鏡上更有效。此外，還有更容易使用的噴霧型。

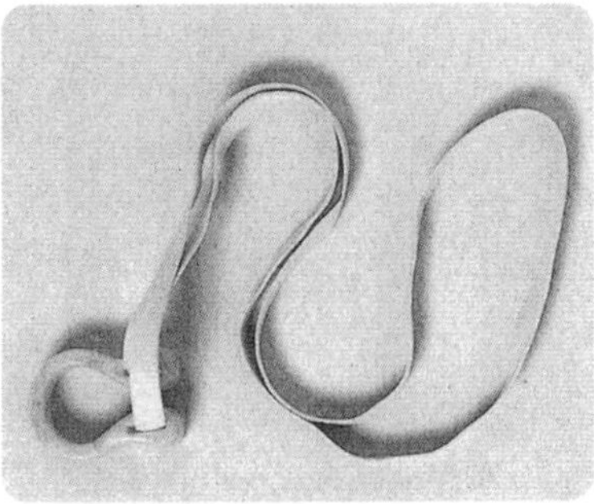

SPEEDO鼻栓

相信大家都有鼻子進水的疼痛經驗。在此建議使用鼻栓。即使無法張口呼吸換氣的人，但只要封閉鼻子之後，換氣就會變得順暢。附有皮帶，不必擔心弄丟。

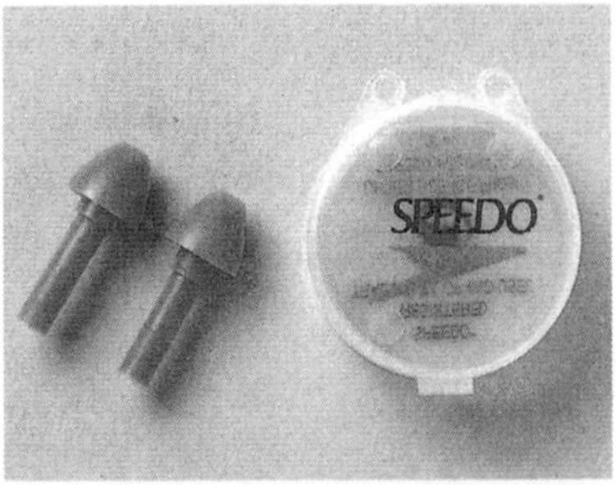

SPEEDO耳栓

耳栓包括海綿型與矽膠型兩種。塞進耳朵的觸感以海綿型較好。矽膠型則好像軟橡皮一樣，能夠完全避免耳朵進水。

VIEW耳栓

採用彈性發泡聚合體，配戴後會稍微膨脹而完全充滿耳朵。屬於抗菌型，可以安心使用。

手提袋

適合用於海邊或游泳池的防水袋。可以放入濕的衣物，不想弄濕的衣物也可以放在裡面收藏。方便攜帶。

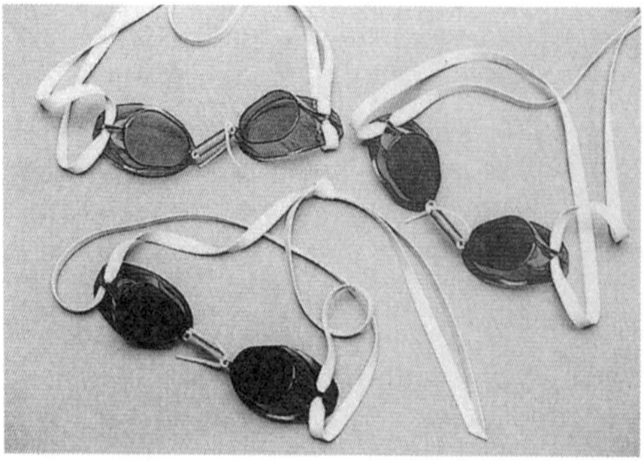

史威迪休蛙鏡

頂尖游泳好手愛用的蛙鏡。質量輕，具有一流的設計與機能，共有八種顏色，可以自行組裝成適合自己的蛙鏡。

蛙鞋

只要穿上蛙鞋，就可以加快速度練習。同時具有增進神經與肌肉的協調性以及最大氧攝取量的效果。許多選手證明了這項效果。

練習帶

游泳者進行陸上訓練用的帶子。固定在牆壁或柱子上，一邊拉帶子一邊進行划水動作。可以藉著與牆壁之間的距離調整負荷，配合程度來進行訓練。

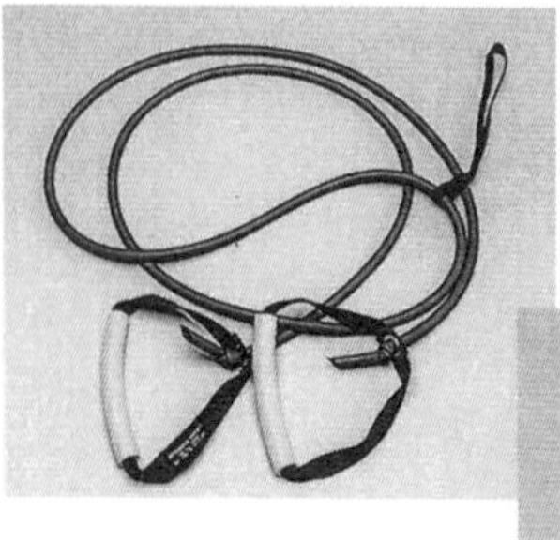

溶岩溫泉 http://www.yougan.com/index.html

熔岩塊

利用大自然的熔岩製造出來的熔岩塊。只要放入水中，就能放射出遠紅外線，對於幽門螺旋桿菌、院內感染菌、O - 157（病原性大腸菌）等具有殺菌效果，同時能夠去除自來水中的氯，使水變成更好喝，效能多樣化。是永久有效的商品。

放入浴缸中

●使洗澡水變成含有豐富礦物質的溫泉。
●藉著遠紅外線效果，使體內溫暖、血液循環順暢。
●對腰痛有效。

放入飲水中

●除氯，使水更好喝。
●含有豐富礦物質，尤其含有許多能夠提高免疫力的鋅，因此不容易感冒。
●藉著殺菌淨化作用淨化水。
●煮出來的飯非常好吃。
＊１公升的水使用５公克（１～２小塊）

放入游泳池中

●具有殺菌淨化作用，因此游泳池中不需要加入氯。同時也能去除自來水中的氯，對皮膚相當溫和。
●具有遠紅外線與礦物質效果，對身體很好。
●能分解油，故身體的油垢不會附著在游泳池中，方便清理。
＊１噸的水使用３公斤。可以貼於游泳池底或池壁來使用

溶岩塊

泡澡小章魚

可以輕柔的按摩肩膀、背部與腰部。圓形的章魚頭能夠給予穴道舒適的刺激，去除一天的疲勞。

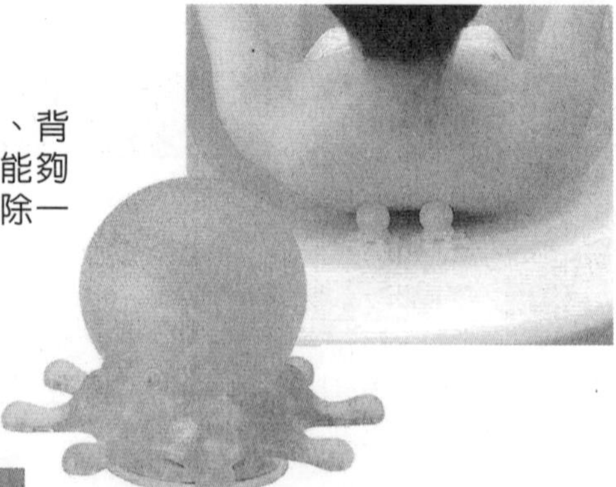

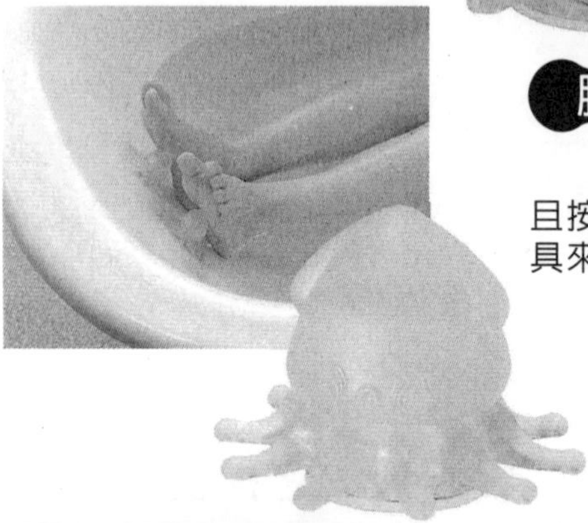

腳底用小章魚

尖銳的頭能夠刺激穴道並且按摩。可以當成洗澡的小道具來使用。

按摩小章魚

可以重點式的按摩肩膀、腰部與腳底穴道。利用硬的突起顆粒，就可以刺激全身的穴道。

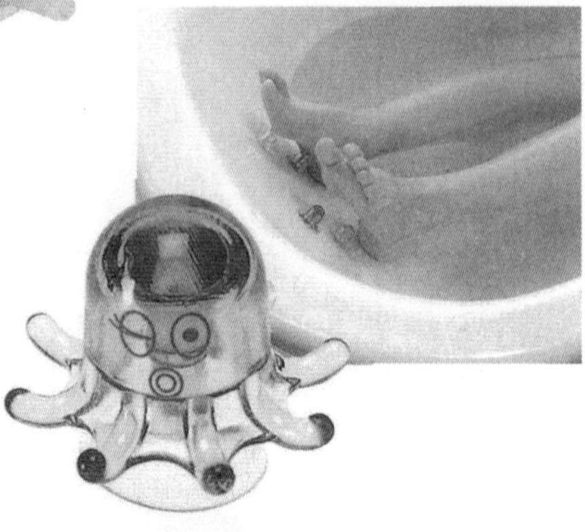

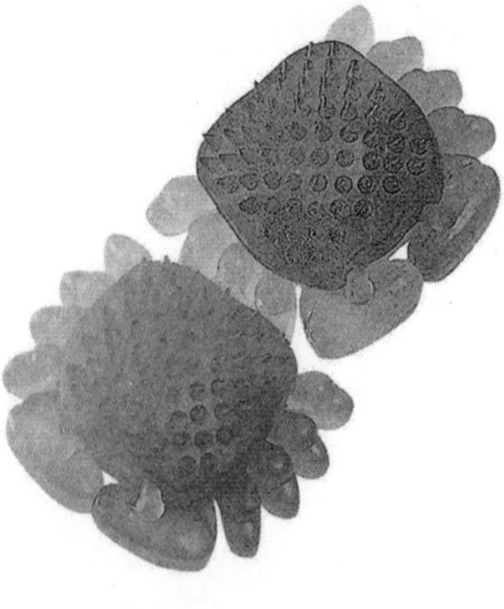

小海葵

突起的頭部可以用來按摩穴道。貼在浴缸裡，可以用來按摩腳底心、肩膀與背部。也可以貼在辦公室的地板上用腳踩，用途廣泛。

沐浴墊

能夠刺激穴道同時進行按摩的橡皮製沐浴墊。依按摩部位的不同，使用面也不同。藉此可以使鬆弛的身體變得緊實。搭配身體按摩油來使用更具效果。泡澡時可加以利用。

重點　按摩

手臂

內側要朝肩膀的方向往上拉。外側則以畫螺旋的方式往上拉。

腰部

沿著腰部線條由下往上抬。

下腹部

以肚臍為主，依順時針方向畫圓。

臀部

以畫圓的方式，將臀部由內側朝外側往上抬。

腿

內側由下往上，輕柔的畫螺旋狀；外側則是由上往下，以直線的方式移動，用力畫螺旋狀。

12 利用大浴場（德國式溫泉）來放鬆與享受

目前備受注目的「大浴場」，原本是盛行溫泉治療的歐洲，為了創造身體健康而利用溫水或海水的特性所想出來的方法。以下就來探討大浴場誕生的背景與其魅力。

利用溫泉或海水等的特性活化自然治癒力（自癒力）

在日本，各地都有「保養地療養」設施，大都是以溫泉游泳池爲主的休閒用設施。

在歐洲，保養地療養具有百年的悠久歷史，主要是利用溫泉或泥、苔等自然產物來進行治療。

此外，還有利用海水的治療，稱爲「海洋療法」，這也是歐洲非常普遍的療法。

與泡溫泉同樣的，身體不會出現明顯的大變化，但是會逐漸的提升自癒力。亦即是藉著溫泉或海水的刺激，就能活化人體的自癒力。

國家負擔保養地療養的費用——德國的嘗試・之一

德國的「巴登巴登」在日本也非常著名。在德國，一年有八千萬人利用保養地療養。

將個人當成社會重要資本的德國，認爲只要在病前提升衰弱的體力，亦即提升人類的力量，就能夠維持成爲社會資本的人類的活力，同時能夠減少醫療費用。

爲了讓身體不好的人利用保養地療養進行治療，因此，由國家支付三週的治療費或交通費。

但是，保養地療養的治療內容受到嚴格限制，必須依規定進入個人用澡堂單獨的進行治療，所以並不是一件快樂的事情。利用保養地療養進行治療的年輕人與壯年人較少，許多保養地都呈現虧損狀態。

讓全民運動！！德國的嘗試・之二

因爲保養地療法無法充分發揮機能，因此，德國更進一步的推出新的增進健康法，也就是創造一個能夠讓所有國民充分運動的環境。

不過，雖然在德國全境陸續興建運動設施，但依然沒有發揮功能。

尤其游泳池更是無法爲眾人所接受。游泳人口只佔全國總人口的十五％，而剩下八十

五%的人則認爲二十五公尺的方形游泳池根本毫無意義。游泳池的利用率沒有提升，再加上又必須支付龐大的維護費，結果幾乎所有的游泳池都呈現虧損狀態。

從運動變成萬人享受的增進健康法

在這種情況下，產生了「大浴場」的想法。所謂的大浴場，就是利用水壓、浮力、水溫、阻力等水的特性，以水爲媒介，快樂的創造健康身體的設施。

溫水設施就是活用溫泉或水的特性，長時間浸泡在溫泉中，使用水中噴射引擎製造水壓來按摩身體，亦即接受水壓等的刺激。

此外，也能在三溫暖區接受熱刺激。三溫暖分爲烤箱或蒸汽室等，種類繁多，可以配合個人的喜好來選擇。

游泳池則除了用來游泳之外，爲了能夠進行水中運動，也製作了各種課程，由專業教練進行指導。

另外，在游泳池的一角設有按摩浴缸，不游泳的人可以和大家一起泡澡，共同享受快樂時光。

由於大浴場和保養地療養設施共存，因此，充分發揮治療效果。

大浴場中有水和溫泉，可以進行水中運動，因此，既是休閒設施也是治療設施。

國內是否應擴大「大浴場」的範圍

男女老幼都可以愜意享受的大浴場，終於被大部分的歐洲人所接受。從一九八〇年代開始，每年都會在各地興建大浴場。

國內的情況又是如何呢？雖然現在已經逐漸了解大浴場的好處，但仍然只是納入休閒或泡澡的內容。

不過，隨著運動與健康意識的提升，只提供泡澡的設施

已經無法滿足眾人的需求了。

而另一方面，從健身房或游泳池的水中有氧運動班盛況空前的現狀來看，只具游泳功能的游泳池已經不敷使用了。

今後國內應該多增闢一些像大浴場一樣富於變化、能夠快樂增進健康的設施。

編輯介紹

◆粟井　英一郎

1954年出生。畢業於龍谷大學。為特爾馬紐姆株式會社董事。在（株）志野陶石游泳池相關設施部門負責德國式游泳池設施的建設（團體游泳池等國內外約50處）。1988年成立（株）桑尼塔斯綜合研究所（現在的特爾馬紐姆株式會社），從歐洲進口了游泳池及三溫暖的設備，進行健康俱樂部以及溫浴設施的綜合設計諮商。著作包括「學校科學」、「指導診所」、「最新溫浴設施的開發計畫．營運實態資料集」等。

◆坪井　明

1973年出生於千葉縣。畢業於日本韋爾涅斯運動學院。在游泳學校擁有 5 年的指導經歷。為健康運動指導師。現為上志津的奧克斯最佳體調俱樂部的指導員。

◆高野　祥子

出生於熊本縣。畢業於國立鹿屋體育大學。為健康運動指導師。是日本孕婦有氧運動協會認定的孕婦有氧運動指導員。擔任個人指導員，在各健康俱樂部進行健康運動指導。此外，也為主婦們主持了健康學校 FUN FITNESS CIRCLE。為健康休閒協會認定的指導員。同時也是特爾馬紐姆株式會社的建議師。

◆小針 千典

為世界體育館東京公認的個人指導員。

1965年出生。畢業於日本體育大學。就讀高中、大學及任職於企業團體的10年間，為美式足球的選手，十分活躍。透過選手生活，深深了解到訓練及復健的重要性，因而投入指導員的世界中。此外，為了援救人命，也取得了ＳＬＳ的資格。

◆富永　典子

1962年出生於千葉縣。畢業於東京ＹＭＣＡ社會體育專科學校。在富士運動俱樂部工作 5 年，指導從 3 歲兒童到小學生為止的體操及戶外課程（露營、滑雪、游泳、溜冰）。後來擔任成人有氧運動教練。1994年，進入（株）奧克斯運動科學研究所。進行有氧運動、氣功、伸展運動、水中健康運動等各種運動的指導並培訓指導員。目前主要負責開發課程的工作。在運動俱樂部及公共設施擔任指導工作。

◆板橋　孝廣

1980年出生於千葉縣。目前就讀青山學院大學。從小學 1 年級開始游泳。從小學 5 年級到高中 3 年級為止成為選手，不斷的練習。現在擔任上志津的奧克斯最佳體調俱樂部的指導員。

◆秦彌

為世界體育館東京公認的個人指導員。

1966年出生。畢業於中央大學法學部。為ＡＦＡＡ認定的個人指導員。ＰＮＦＣ－ＴＥＣ會員。是相當活躍的個人指導員。

◆中谷　麻鯉子

1973年出生。為上志津的奧克斯最佳體調俱部的指導員，也是水中健康運動的指導員，負責指導成人的水中健康運動課程。

◆太田　興

為世界體育館東京公認的個人指導員。

1968年出生。為健康俱樂部的體育負責人，在企業擔任團體運動（成人病等）的負責人，直到現在 。

大展出版社有限公司
品冠文化出版社

圖書目錄

地址：台北市北投區(石牌)
致遠一路二段 12 巷 1 號
郵撥：01669551＜大展＞
19346241＜品冠＞

電話：(02) 28236031
28236033
28233123
傳真：(02) 28272069

・少 年 偵 探・品冠編號 66

1.	怪盜二十面相	（精）	江戶川亂步著	特價 189 元
2.	少年偵探團	（精）	江戶川亂步著	特價 189 元
3.	妖怪博士	（精）	江戶川亂步著	特價 189 元
4.	大金塊	（精）	江戶川亂步著	特價 230 元
5.	青銅魔人	（精）	江戶川亂步著	特價 230 元
6.	地底魔術王	（精）	江戶川亂步著	特價 230 元
7.	透明怪人	（精）	江戶川亂步著	特價 230 元
8.	怪人四十面相	（精）	江戶川亂步著	特價 230 元
9.	宇宙怪人	（精）	江戶川亂步著	特價 230 元
10.	恐怖的鐵塔王國	（精）	江戶川亂步著	特價 230 元
11.	灰色巨人	（精）	江戶川亂步著	特價 230 元
12.	海底魔術師	（精）	江戶川亂步著	特價 230 元
13.	黃金豹	（精）	江戶川亂步著	特價 230 元
14.	魔法博士	（精）	江戶川亂步著	特價 230 元
15.	馬戲怪人	（精）	江戶川亂步著	特價 230 元
16.	魔人銅鑼	（精）	江戶川亂步著	特價 230 元
17.	魔法人偶	（精）	江戶川亂步著	特價 230 元
18.	奇面城的秘密	（精）	江戶川亂步著	特價 230 元
19.	夜光人	（精）	江戶川亂步著	特價 230 元
20.	塔上的魔術師	（精）	江戶川亂步著	特價 230 元
21.	鐵人Q	（精）	江戶川亂步著	特價 230 元
22.	假面恐怖王	（精）	江戶川亂步著	特價 230 元
23.	電人M	（精）	江戶川亂步著	特價 230 元
24.	二十面相的詛咒	（精）	江戶川亂步著	特價 230 元
25.	飛天二十面相	（精）	江戶川亂步著	特價 230 元
26.	黃金怪獸	（精）	江戶川亂步著	特價 230 元

・生 活 廣 場・品冠編號 61

1.	366 天誕生星	李芳黛譯	280 元
2.	366 天誕生花與誕生石	李芳黛譯	280 元
3.	科學命相	淺野八郎著	220 元
4.	已知的他界科學	陳蒼杰譯	220 元

5.	開拓未來的他界科學	陳蒼杰譯	220 元
6.	世紀末變態心理犯罪檔案	沈永嘉譯	240 元
7.	366 天開運年鑑	林廷宇編著	230 元
8.	色彩學與你	野村順一著	230 元
9.	科學手相	淺野八郎著	230 元
10.	你也能成為戀愛高手	柯富陽編著	220 元
11.	血型與十二星座	許淑瑛編著	230 元
12.	動物測驗—人性現形	淺野八郎著	200 元
13.	愛情、幸福完全自測	淺野八郎著	200 元
14.	輕鬆攻佔女性	趙奕世編著	230 元
15.	解讀命運密碼	郭宗德著	200 元
16.	由客家了解亞洲	高木桂藏著	220 元

・女醫師系列・品冠編號 62

1.	子宮內膜症	國府田清子著	200 元
2.	子宮肌瘤	黑島淳子著	200 元
3.	上班女性的壓力症候群	池下育子著	200 元
4.	漏尿、尿失禁	中田真木著	200 元
5.	高齡生產	大鷹美子著	200 元
6.	子宮癌	上坊敏子著	200 元
7.	避孕	早乙女智子著	200 元
8.	不孕症	中村春根著	200 元
9.	生理痛與生理不順	堀口雅子著	200 元
10.	更年期	野末悅子著	200 元

・傳統民俗療法・品冠編號 63

1.	神奇刀療法	潘文雄著	200 元
2.	神奇拍打療法	安在峰著	200 元
3.	神奇拔罐療法	安在峰著	200 元
4.	神奇艾灸療法	安在峰著	200 元
5.	神奇貼敷療法	安在峰著	200 元
6.	神奇薰洗療法	安在峰著	200 元
7.	神奇耳穴療法	安在峰著	200 元
8.	神奇指針療法	安在峰著	200 元
9.	神奇藥酒療法	安在峰著	200 元
10.	神奇藥茶療法	安在峰著	200 元
11.	神奇推拿療法	張貴荷著	200 元
12.	神奇止痛療法	漆 浩 著	200 元

・常見病藥膳調養叢書・品冠編號 631

1.	脂肪肝四季飲食	蕭守貴著	200 元

2.	高血壓四季飲食	秦玖剛著	200 元
3.	慢性腎炎四季飲食	魏從強著	200 元
4.	高脂血症四季飲食	薛輝著	200 元
5.	慢性胃炎四季飲食	馬秉祥著	200 元
6.	糖尿病四季飲食	王耀獻著	200 元
7.	癌症四季飲食	李忠著	200 元
8.	痛風四季飲食	魯焰主編	200 元
9.	肝炎四季飲食	王虹等著	200 元
10.	肥胖症四季飲食	李偉等著	200 元
11.	膽囊炎、膽石症四季飲食	謝春娥著	200 元

・彩色圖解保健・品冠編號 64

1.	瘦身	主婦之友社	300 元
2.	腰痛	主婦之友社	300 元
3.	肩膀痠痛	主婦之友社	300 元
4.	腰、膝、腳的疼痛	主婦之友社	300 元
5.	壓力、精神疲勞	主婦之友社	300 元
6.	眼睛疲勞、視力減退	主婦之友社	300 元

・心 想 事 成・品冠編號 65

1.	魔法愛情點心	結城莫拉著	120 元
2.	可愛手工飾品	結城莫拉著	120 元
3.	可愛打扮 & 髮型	結城莫拉著	120 元
4.	撲克牌算命	結城莫拉著	120 元

・熱 門 新 知・品冠編號 67

1.	圖解基因與 DNA	（精）	中原英臣 主編	230 元
2.	圖解人體的神奇	（精）	米山公啟 主編	230 元
3.	圖解腦與心的構造	（精）	永田和哉 主編	230 元
4.	圖解科學的神奇	（精）	鳥海光弘 主編	230 元
5.	圖解數學的神奇	（精）	柳 谷 晃 著	250 元
6.	圖解基因操作	（精）	海老原充 主編	230 元
7.	圖解後基因組	（精）	才園哲人 著	230 元

・法律專欄連載・大展編號 58

台大法學院　法律學系／策劃
法律服務社／編著

1.	別讓您的權利睡著了(1)	200 元
2.	別讓您的權利睡著了(2)	200 元

國家圖書館出版品預行編目資料

水中有氧運動／粟井英一郎 編著，李久霖 譯
一初版一臺北市：大展 ， 2004【民93】
面 ； 21公分 一（快樂健康站；6）
譯自：「水泳」でカラダを變える
ISBN957-468-319-2（平裝）
1.水上運動

528.96　　93010083

水中有氧運動　ISBN 957-468-319-2

編著者／粟井英一郎、坪井明、高野祥子
小針千典、富永典子、板橋孝廣
秦彌、中谷麻鯉子、太田　興
譯　者／李久霖
發行人／蔡森明
出版者／大展出版社有限公司
社　址／台北市北投區（石牌）致遠一路2段12巷1號
電　話／（02）28236031・28236033・28233123
傳　真／（02）28272069
郵政劃撥／01669551
網　址／www.dah-jaan.com.tw
E－mail／service@dah-jaan.com.tw
登記證／局版臺業字第2171號
承印者／暉峰彩色印刷有限公司
裝　訂／協億印製廠股份有限公司
排版者／順基國際有限公司
初版1刷／2004年（民93年）9月

定價／280元

大展好書　好書大展
品嘗好書　冠群可期

大展好書　好書大展
品嘗好書　冠群可期